Hubert Prolongeau

Partis sans laisser d'adresse

J'AI LU

À Odile, un temps disparue

« OCTAVE : Dis donc, vieux, j'ai envie de foutre le camp, j'ai envie de disparaître dans un trou.
LA CHESNAYE : Et ça t'avancerait à quoi ?
OCTAVE : Ça m'avancerait à ne plus rien voir, à ne plus chercher à savoir ce qui est bien et ce qui est mal. Parce que tu comprends sur cette terre il y a quelque chose d'effroyable, c'est que tout le monde a ses raisons. »

Jean RENOIR, *La Règle du jeu*

AVERTISSEMENT

Soit parce qu'ils me l'ont demandé, soit pour des raisons juridiques évidentes, le nom de beaucoup des protagonistes de ce livre a été changé. Je n'ai laissé leur patronyme qu'aux familles que cela pourrait éventuellement aider à retrouver celle ou celui qui leur manque.

Introduction

Comment n'avait-elle pas été reconnue ? Était-ce la discrétion avec laquelle elle s'était mêlée aux clients de l'hôtel Hydro d'Harrogate ? Était-ce la lointaine Afrique du Sud, pays d'origine déclaré à la réception, qui créait autour d'elle un parfum d'exotisme trop précieux pour être dissipé ? Pendant dix jours, Mrs Neele prit les eaux et se reposa beaucoup. Elle était rousse, élégante, vivante, dansait et chantait beaucoup mais parlait peu, ne semblant préoccupée que de frivolités. Pendant dix jours, tous les journaux anglais publièrent sa photo en première page, sans que personne réagît. Car dix jours plus tôt, Mrs Neele, de son plein gré, avait disparu.

« Il vient de me donner un coup de poignard dans le dos. » La jeune femme s'adresse à Nan Kon, sa meilleure amie. A-t-elle d'autres confidentes en ces heures où elle voit s'écrouler son ménage ? Les scènes l'opposant à Archie ne cessent plus. Elle sait, ce 3 décembre 1926, qu'il est allé voir sa maîtresse, Nancy Neele, chez les James, un couple d'amis qui habite non loin de chez elle, à Godalming. Elle sait qu'elle est plus âgée que sa rivale, que son mari n'a plus pour elle qu'un certain respect (a-t-il d'ailleurs jamais éprouvé autre chose pour elle ?). Mais elle ne parvient pas à s'y résoudre. Elle rage, tempête, se désole. Que faire pourtant ? Car Archie le lui a annoncé solennellement : elle lui est de plus en plus étrangère et n'est plus à ses yeux que la mère de leur fille. Depuis la mort de sa mère surtout, survenue quelques mois plus tôt, il ne la reconnaît plus. Bref, il veut divorcer.

Une sévère dépression la guette. En ce vendredi, elle est seule chez elle. Furieuse, aigrie, elle ne rêve que de jouer un méchant tour à l'infidèle Archie. Elle passe chez Nan Kon, elle-même plaquée par son mari il y a peu. Et les deux complices se mettent à élaborer un plan.

Le vendredi soir, la jeune femme est seule chez elle. Sa secrétaire est partie. Elle monte dans sa voiture, une Morris Cowley, et fonce vers Godalming. La route défile, jusqu'à ce qu'elle arrive à un étang, nommé Silent Pool, la « mare du Silence ». Elle approche la voiture du bord de la pente, vérifie qu'il y a bien à l'intérieur son manteau de fourrure, une valise remplie de vêtements lui appartenant et un sac contenant ses papiers. Puis elle pousse le véhicule dans la pente. Elle n'a plus qu'à se rendre à pied à la gare de West Clandon toute proche et à prendre le train pour Londres.

Le téléphone sonnera tard chez les James. La secrétaire de la jeune femme est inquiète : elle n'est pas rentrée. Le lendemain matin, à 8 heures, un jeune gitan découvre la voiture, phares encore allumés. Il prévient la police. Le surintendant William Kenward est chargé de l'enquête.

Ce même soir, « Mrs Neele » fait son entrée à l'hôtel Hydro. Elle y passera dix jours. Aurait-elle pu y rester plus longtemps ? Peut-être, si l'un des membres de l'orchestre qui, tous les soirs, la faisait danser (aux bras de quels hommes ? Et jusqu'où la faisaient-ils rêver ?) ne l'avait enfin reconnue et dénoncée à la police. D'après Judith Gardner, fille de Nan Kon, son retour n'arrangea rien : « Elle changea du tout au tout, moralement et physiquement. La belle jeune femme enjouée et bavarde devint taciturne, ses cheveux roux devinrent argentés, et elle perdit son entrain. » Archie fut d'ailleurs péremptoire, après être allé chercher son épouse comme une gamine qui a fait une bêtise : « Ma femme, déclara-t-il à la presse, a été victime d'un soudain accès d'amnésie. Elle a besoin d'un grand repos. » La jeune femme elle-même ne démentira jamais cette version, maintenant le mystère absolu sur cette disparition qui ne lui inspirera aucune allusion dans son autobiographie publiée trente ans plus tard. Ce besoin de mystère était bien dans le ton du personnage, puisque « Mrs Neele » avait publié quelques mois plus tôt un roman dont on avait beaucoup parlé, tant il mettait à mal une des règles de base du roman policier, *Le Meurtre de Roger Ackroyd*. Elle l'avait signé de son vrai nom : Agatha Christie[1].

La disparition d'Agatha Christie a été en Angleterre un événement sur lequel il fut abondamment brodé. On raconta que c'était une machination entre elle et son éditeur Godfrey Collins pour faire parler d'elle (ce que les chiffres de vente de ses romans, encore discrets et surtout constants avant et après sa fugue, démentent) ; on prétendit que la romancière avait été victime d'un complot ourdi par le *constable chief* Kenward ; on affirma qu'elle avait eu une amnésie consécutive à son « accident » de voiture, version qui devint d'ailleurs « officielle » pour sa famille et ses premiers biographes. Un film fut même tiré de l'aventure, signé Michael Apted, où la reine du crime était incarnée par Vanessa Redgrave, tandis que le chevalier servant que lui prêtait un scénario assez faible avait les traits de Dustin Hoffman. On en oublia du coup pendant un demi-siècle les vraies raisons de cette fuite : déprime, amour déçu, besoin de changer d'air, envie de vengeance... Raisons sans doute trop humaines et trop simples pour retenir l'attention face à de rocambolesques extrapolations.

Agatha Christie n'est pas la seule personnalité à avoir voulu disparaître. N'en citons que quelques-unes : l'avocat Jacques Vergès s'éclipsa entre 1970 et 1978. D'après les dernières enquêtes, il aurait quitté la France « pour des raisons de sécurité » et serait parti en Asie où il aurait passé son temps entre la Chine, le Vietnam et le Cambodge. Alexandre Grothendieck, mathématicien français émérite, médaille Fields en 1966, a disparu en 1991, et

1. Cette reconstitution doit tout au livre de François Rivière, *Agatha Christie, duchesse de la mort*, Le Masque, 2001.

seuls quelques-uns de ses proches savent où il est et communiquent encore avec lui. Ambrose Bierce, écrivain américain, s'embarqua pour le Mexique à l'âge de 71 ans et nul n'eut plus de ses nouvelles[1]. Mexique où disparut également en 1918 le boxeur et poète Arthur Cravan, qui monta sur un bateau et ne resurgit jamais…

Les « fatigués du quotidien »

Pourquoi ? Cette envie folle touche tout le monde, un jour ou l'autre. Partir, être un autre, refaire sa vie, qui peut prétendre n'en avoir jamais rêvé ? La plupart d'entre nous en sommes retenus : par peur ou par lâcheté sans doute, mais aussi par sens des réalités, des responsabilités, parce que l'affection des nôtres est un lien qui ne se rompt pas ainsi. Ceux qui pourtant le font, osant jusqu'au bout, brisent ce qui est le plus sacré aux yeux de beaucoup : la famille, l'amour filial ou paternel. Les engagements, quels qu'ils soient, ne comptent plus devant ce besoin soudain, sauvage, irrésistible. J'ai voulu comprendre ce qui pouvait pousser tant de gens à rompre avec leur vie, à fuir pour trouver… Pour trouver quoi, justement ?

En France, 15 000 disparitions[2] sont déclarées chaque année à la police. Elles s'avèrent volontaires dans leur immense majorité. Quatre-vingt-quinze pour cent de ces fugueurs sont retrouvés assez vite – ce qui ne veut pas dire pour autant qu'ils rentrent chez eux. Les autres sont toujours en fuite : faut-il rappeler l'émotion que suscita la disparition, en septembre 1999, du docteur Yves Godard, parti à bord d'un bateau avec ses deux enfants et, peut-être, le cadavre de sa femme ?

---

1. Cet épisode inspira le livre de Carlos Fuentes, *Old Gringo* (Gallimard, 1994) dont Luis Puenzo tira un film portant le même titre.
2. Chiffre en dessous de la réalité, mais hélas seul disponible : beaucoup de disparitions ne sont pas signalées à la police parce que les proches du disparu se moquent qu'il ne donne plus de nouvelles.

D'où la nécessité, pour ne pas mal étreindre à vouloir trop embrasser, de limiter cette enquête au plus méconnu de ces phénomènes, même s'il est quantitativement le plus important : les disparitions volontaires d'adultes[1]. Méconnu, parce que ces disparitions n'ont pas l'impact émotionnel provoqué par celle d'un enfant et suscitent moins l'attention des médias[2] ; méconnu aussi, parce qu'elles se placent dans un contexte juridique qui soulève bien des problèmes mais les extrait du champ policier : la loi, au nom de la liberté individuelle, n'interdit à personne de disparaître. Ceux qui le font ne sont passibles d'aucun délit, malgré l'ampleur du désarroi dans lequel ils plongent ceux qu'ils laissent derrière eux.

Le romanesque sera assez absent de ce livre. Faut-il dire hélas ? La disparition mirifique, celle qui fait rêver, où celui qui s'en va refait sa vie et connaît ailleurs un bonheur qui eût été impossible s'il n'avait eu le courage de se désengluer de l'existence quotidienne, ce destin grandiose qui fait les Monte-Cristo et les Capitaine Nemo, je ne l'ai pas trouvé. Est-ce à dire qu'il n'existe pas ? Sans doute est-il rare.

Ce sont plutôt des fatigués du quotidien, des désespérés de la banalité que j'ai croisés. En un an d'enquête, j'ai vu de nombreuses familles touchées par ce drame, rencontré tous ceux qui gravitent autour : policiers, détectives privés, associations, radiesthésistes… J'ai pu aussi joindre une trentaine de disparus. Ils m'ont raconté leurs raisons, leurs fuites, leurs découragements, leurs désillusions… Certains m'ont sans doute menti ; d'autres ont exprimé leur vérité, celle qu'ils s'étaient reconstruite, quelle que soit son inadéquation aux faits. Qu'importe !

---

1. Et ma surprise fut grande de m'apercevoir qu'il n'existait aucune étude sociologique ou médicale sur ce phénomène seul. Celles qui l'abordent le font toujours en incise dans une étude plus générale : sociologie de la famille, études de la fugue adolescente…
2. Seules treize affaires de disparition d'enfants restent non résolues depuis dix ans.

Mon rôle n'était pas de rétablir la vérité, mais de les écouter. J'ai découvert un monde de souffrances, de malentendus inconciliables, d'ambiguïtés, où les raisons invoquées étaient plus ou moins bonnes.

Ce livre est fait de ces paroles de disparus, même si tous n'y figurent pas, par manque de place, parce que leurs histoires étaient souvent semblables, parce qu'ils ne pouvaient pas toujours analyser ce qu'ils étaient partis chercher. Mais, dans une société qui, pour des raisons parfois idéologiques (le disparu brise l'unité sacro-sainte de la famille), parfois pratiques (il est tellement plus facile de convoquer sur les plateaux de télévision des familles éplorées que ceux qui ont choisi de les fuir), donne essentiellement la parole à ceux qui sont restés, il me semblait important, sans faire abstraction de la douleur qu'ils causent, de les écouter eux aussi.

I
Montrer

1

Perdu de vue ou l'art d'accommoder le disparu

Sept ans de diffusion, dix millions de téléspectateurs, un présentateur à l'image devenue, malgré ce succès, tellement déplorable qu'il ne s'en est pas encore remis[1], l'un des records d'audience de la télévision française – certains commissariats auraient même, selon la rumeur, conseillé à des plaignants de s'y adresser plutôt qu'à eux –, *Perdu de vue*, émission vedette de la chaîne privée TF1, fut un vrai phénomène de société et mourut à la fois emblème et victime d'un débat éthique sur la mode passagère des *reality shows*, ces spectacles qui mettent en scène la vie quotidienne des gens. Pour des millions de personnes, le drame des disparus, c'est d'abord Jacques Pradel et son arène mensuelle.

L'intérêt d'évoquer longuement *Perdu de vue* en démarrant cette enquête n'est pas anecdotique. D'abord, parce que son impact fut énorme et que, pour toute personne intéressée par la disparition, l'émission reste, en bien ou en mal, une référence. Ensuite, parce que la vision délibérément « grand public » qu'elle donna du phénomène, ses errements comme ses réussites, son utilité comme sa dérive, permettent d'en dire beaucoup sur l'image qu'en

1. Il refusa d'ailleurs d'évoquer l'émission pour ce livre, parce qu'elle « appartenait à son passé ».

ont les Français, image qu'elle a fortement contribué à dessiner.

Petite histoire d'un grand succès

Sur une musique à la fois dramatique et lancinante, dans un décor sombre, sobre, sorte de théâtre où les gens sont assis face à un présentateur debout, apparaît, dans une lumière douce, le *deus ex machina* de l'émission, le magicien qui va résoudre les problèmes des invités : Jacques Pradel. Grand blond au visage poupin, sa popularité dans ces années-là fut immense et focalisa sur sa personne la plupart des critiques qui accompagnèrent *Perdu de vue*[1]. En prenant en charge ce *show* mensuel inventé par le tandem Pascale Breugnot-Bernard Bouthier, il estime le projet « novateur et risqué », pose sur les choses « un regard pragmatique et pas idéologique » et accepte l'émission – dont le CSA (Conseil supérieur de l'audiovisuel), estimant qu'elle favorisait la délation, avait refusé une première version, *La Trace*, au printemps 1990. Le triomphe durera six ans.

Au fil de ces six années, *Perdu de vue* évolue. Diffusée la première fois le 17 septembre 1990 à 23 heures et durant une heure, l'émission est programmée en *prime time* à partir du 6 janvier 1992, rallongée de dix minutes puis d'une demi-heure et coupée désormais de deux

1. Il fit sa carrière dans le service public avant de rencontrer la productrice Pascale Breugnot, dont il devint l'emblème. Beau parcours pour un garçon qui se voulait « pilote de ligne ou diplomate » (*Libération*, 16 novembre 1994), fut étudiant en droit et à qui un petit boulot au standard d'Europe 1 permit de rencontrer Michel Lancelot et l'émission *Campus*. Trois ans en Hollande, un engagement à Radio-France, où il anime *Le Temps de vivre, Adrénaline, Contact, Vous avez dit étrange*, puis, à la télévision, *Découvertes* sur TF1 en 1978. Il juge l'expérience « horrifiante », mais accepte quand même en 1986 la proposition de Pascale Breugnot de le mettre à la tête d'*Aujourd'hui la vie*, sur Antenne 2. Elle l'appelle ensuite pour présenter *Perdu de vue*, à la place de Ladislas de Hoyos, initialement prévu.

entractes de publicité. C'est la première fois qu'un *reality show* connaît cet honneur. Mensuelle, coûtant environ 1 800 000 francs par numéro, elle regroupe, à son meilleur niveau, près de 10 millions de téléspectateurs[1]. Elle disparaît pourtant le 30 avril 1997, quelques mois après sa sœur jumelle (même présentateur, mêmes producteurs) *Témoin n° 1*. Pourquoi ?

Les raisons n'ont jamais été clairement données. Érosion de l'audience ? Sans doute : la part de marché, qui tournait autour de 40 %, commençait à s'effriter. Sur les dernières émissions, les coupures publicitaires, vendues plus de 300 000 francs les trente secondes, avaient dû être renégociées autour de 250 000 francs. La fameuse ménagère de moins de 50 ans n'était plus assez accrochée : deux des dernières émissions, celles des 12 février et 26 mars 1997, n'en avaient attiré que 31 et 26,5 %. Et la contre-programmation par France 2 de fictions (*Dans un grand vent de fleurs, Les Steenfort, maîtres de l'orge* ou *L'Instit*) rencontrait un succès grandissant.

Mais surtout, en 1996, TF1 était à la reconquête de son image. *Perdu de vue* avait une réputation déplorable. Partout on avait dénoncé la mise en scène du malheur, le voyeurisme des séquences, quelques dérapages gênants[2] et l'impudeur mielleuse et souvent hypocrite des présentateurs (Pradel répétait régulièrement : « Il n'y a pas de questions indiscrètes, il n'y a que les réponses qui le sont », ce qui l'autorisait à demander n'importe quoi à des invités sous le coup de l'émotion). Même un fin connaisseur comme Patrick Sébastien était allé jusqu'à la qualifier de « télé-poubelle ». Jean-Marc Morandini, passé à la radio depuis, et Dorothée, grande prêtresse des programmes enfantins, également très critiqués, allaient d'ailleurs couler avec Pradel lors de cette grande opération de nettoyage.

---

1. Ce qui la mettait quand même loin derrière tous les films du dimanche soir. Mais les *reality shows* avaient 60 % d'attention maximale en moyenne.
2. Voir plus loin.

Soyons justes : *Perdu de vue* paya aussi pour les dérapages de deux autres *reality shows* présentés par Pradel : *L'Odyssée de l'étrange*, qui élabora, autour d'une vidéocassette (vraisemblablement truquée) de l'extraterrestre de Roswell, une mise en scène qui fit au moins la fortune des fabricants de gadgets ; et *Témoin n° 1*, qui voulait aider la police dans des affaires difficiles et s'engagea, à propos de la profanation d'un cimetière juif à Carpentras, sur une piste mettant en cause des fils de notables locaux à partir du seul témoignage d'une adolescente. Malheureusement pour TF1, l'enquête prouva que c'était bien, comme désignés en premier lieu, des jeunes d'extrême droite qui étaient à l'origine du délit.

Pradel, qui avait promis un ton plus léger pour les derniers *Perdu de vue* et fut démenti par l'évanouissement en direct de deux jeunes Malgaches lors de la « dernière », tint pourtant à affirmer qu'il s'arrêtait en plein accord avec sa direction et annonça de nombreux projets, dont aucun ne vit le jour.

Qu'est-ce qu'une « bonne histoire » ?

Le principe de l'émission était simple : aider des gens séparés à se retrouver par l'intermédiaire de la télévision, ce qu'énonçait, sans reculer devant le cliché poétique, sa présentation : « Un seul être vous manque et tout est dépeuplé. Votre enfant a disparu, votre père est parti depuis le divorce de vos parents, votre sœur s'est enfuie à l'étranger. L'équipe de *Perdu de vue* met tout en œuvre pour renouer le contact. »

« Nous pouvions dire à ceux qui étaient motivés pour une recherche : "100 millions de personnes pourront voir votre appel." Il était facile de les décider », raconte un des huit enquêteurs qui travaillaient pour l'émission. Les demandeurs sélectionnés passaient à l'antenne, où l'équipe tentait, en direct, avec l'aide des téléspectateurs, de résoudre leur cas.

Il y eut plusieurs essais, de nombreuses évolutions. Certaines des séquences de l'émission ont été gardées tout au long des six années, d'autres non. Laissons d'emblée de côté celles qui n'avaient aucun rapport avec le thème principal[1] pour nous concentrer sur les deux séquences vedettes. L'une, « La disparition », était un appel lancé à des mineurs fugueurs. L'autre, « Retrouvailles », mettait en scène, devant la caméra, ceux que l'émission avait réussi à remettre en contact. Les disparitions proprement dites ne représentaient d'ailleurs que 30 % des cas traités dans l'émission, les autres étant plutôt des séparations : on ne sait pas ce qu'est devenu le frère d'un premier lit, le vrai père (pour des adoptés), etc., mais il n'y a pas d'inquiétude sur leur sort. D'autres séquences déclinaient les réponses possibles à une disparition : « Le cri » était un appel lancé à une personne retrouvée mais qui refusait de reprendre le contact. « Es-tu toujours vivant ? » tentait, sans grand succès, de retrouver des adultes disparus.

Pour la préparation de chaque émission, étaient d'abord utilisées les lettres d'appel au secours que recevait l'équipe. Il en arrivait des centaines chaque mois. « Nous en avions chacun un paquet, pré-trié par un comité de lecture », se souvient Patricia Fagué, entrée comme enquêtrice à *Perdu de vue* à sa sortie de l'école de journalisme de Strasbourg. « Souvent, nous pouvions résoudre les affaires en trois coups de fil, voire par une simple recherche sur Minitel. Parfois, c'était très long. Je suis restée quatre ans sur un dossier. » Les retrouvés étaient alors contactés, on leur demandait s'ils accepteraient éventuellement de participer aux « retrouvailles », de revoir leur famille ou ceux qui les recherchaient. Ensuite se posait le seul vrai problème : « passables » ou non ?

1. « L'accord » aidait une personne à résoudre des problèmes avec l'administration. « J'ai tout perdu » permettait, avec l'aide de Médecins du monde, à un chômeur ou à quelqu'un de démuni de retrouver un travail ou de bénéficier d'un mouvement de solidarité.

« Jamais le critère humain n'a été celui qui déterminait un passage à l'antenne », se souvient Christophe Dumazer, un autre enquêteur, entré dans l'équipe en 1991. « Les choix étaient purement télévisuels. Il fallait que les gens "passent" bien et que leur histoire corresponde à ce que demandaient les producteurs. Ensuite, on en discutait en comité de rédaction, où chacun défendait ses "clients". Il y avait là Jean-Marie Perthuis, parfois Bernard Bouthier. Pradel, lui, n'intervenait qu'à mi-course, deux ou trois fois par mois. »

Qu'était un bon « client » ? « Il fallait une vraie histoire. Un garçon parti parce que son père était trop autoritaire ne nous intéressait pas. Il fallait un mystère dès le départ, ou au moins que la cause de la disparition paraisse incertaine, pour que Pradel puisse créer un suspense à l'antenne. Ensuite, celui qui "passait" devait s'exprimer correctement et le spectateur pouvoir s'identifier à lui. » Il devait aussi avoir les nerfs solides : lors de la première émission, une femme avait fondu en larmes, provoquant une pluie d'accusations de voyeurisme. Les animateurs étaient décidés à ce que l'incident ne se reproduise pas. Mais surtout, dès le début, le tri devait éliminer ce que Patricia Fagué appelle le « glauque », les affaires trop sordides. « Soyons clairs : un SDF ne serait jamais passé à *Perdu de vue* », affirme Christophe Dumazer.

Et les autres, ceux qui n'étaient pas retenus ? On leur envoyait une des lettres types (numérotées L1, L2, L3) correspondant à leur cas. J'en ai vu deux chez des « recalés », deux fois la même, à la fois courtoise et dure : « Madame, Monsieur, Nous avons bien reçu votre courrier et nous vous remercions de l'intérêt que vous portez à notre émission. Cependant, compte tenu du nombre des demandes de recherches que nous recevons, nous ne pourrons pas enquêter sur la disparition de votre fils. » Suivaient des conseils orientant les familles vers la gendarmerie ou les Recherches dans l'intérêt des familles, les fameuses RIF.

Chez ceux qui l'avaient reçue, la blessure de n'avoir pas été considérés comme dignes d'intérêt, de voir s'évanouir ce qui souvent était un dernier recours, restait ouverte... Mais cela ne voulait pas forcément dire que tout s'arrêtait là. Hors antenne – et cela ne peut être ôté à l'émission, quoi qu'on en pense par ailleurs –, les enquêteurs continuaient leur travail, parfois parce qu'ils pensaient être sur la piste d'une bonne histoire, parfois aussi parce qu'« il était si simple d'aider les gens » (Patricia Fagué). Les renseignements étaient alors communiqués au demandeur, sauf quand les retrouvés s'y opposaient. Cela n'allait pas sans parfois quelques réticences. Nicole Vernes était recherchée par son fils, qu'elle avait quitté quelque vingt-deux ans auparavant. Retrouvée, elle accepta de participer à l'émission, mais son mari s'y opposa formellement. « J'ai appelé pour dire que je ne pouvais plus venir. Et j'ai demandé les coordonnées de mon fils, puisque c'est lui qui avait souhaité me revoir. Ils ont refusé de me donner l'adresse. Pendant une semaine, ça a été la catastrophe, le chantage de leur part : "C'était prévu, il faut que vous passiez les premiers." La veille seulement, ils ont consenti à ce que je vienne récupérer mon fils à l'émission, sans y participer, le samedi vers 11 heures du soir. Mais ils ne m'ont pas donné son adresse. »

Pour Patricia Fagué, ces enquêtes furent une révélation. « La souffrance des gens était incroyable. Les retrouver était passionnant. J'étais souvent au bord des larmes quand j'avais réussi à joindre quelqu'un après qui je courais. Un jour, j'ai localisé un homme que sa fille recherchait. Il était à l'hôpital, mourant. Ils ont pu se réunir juste avant. Oui, on a fait de belles choses... »

Il y eut des succès. Nombreux. Faciles aussi. Quand l'émission s'arrêta, Pradel et Perthuis claironnèrent les chiffres : 60000 demandes de recherches, parmi lesquelles 6000 dossiers avaient été choisis. 1400 cas avaient été résolus et 16000 retrouvailles en avaient découlé. « Ces chiffres sont vrais, raconte Dumazer, mais ce sont les résultats d'enquêtes peu difficiles. Les demandeurs avaient souvent cherché de leur côté sans grande ardeur. Les adolescents retrouvés étaient souvent pris dans des rapports de force compliqués et ne demandaient qu'à rentrer. Je me suis occupé de la séquence "Es-tu toujours vivant ?", séquence où nous courions après des adultes disparus depuis longtemps, avec la pensée plus ou moins avouée qu'il s'était passé quelque chose de criminel. Là, en deux ans, je n'ai eu qu'un succès. Nous étions beaucoup moins équipés que la police et n'avions aucune raison de réussir là où ils échouaient. » Ce que confirme Michel Auffret, commandant du 9e cabinet de délégation judiciaire (CDJ), seul service de police en France spécialisé dans la recherche de personnes disparues : « Jamais *Perdu de vue* n'a permis de résoudre un de nos dossiers, même si quelques-uns d'entre eux sont passés à l'émission. À notre grande satisfaction, d'ailleurs », ajoute-t-il malicieusement.

Les motivations des demandeurs n'étaient pas toujours aussi simples qu'il y paraissait. « Beaucoup, ajoute Dumazer, nous appelaient parce qu'ils avaient envie de passer à la télé. Je me souviens d'un couple de professeurs du Croizic, dont le fils avait disparu. Ils sont venus, et ont d'ailleurs été plutôt bons en plateau. Mais on sentait que ça leur coûtait. Alors que d'autres jubilaient. » Les Milleret, dont la fille Marie-Édith n'a toujours pas été retrouvée, avaient la même répugnance : « Passer à la télé pour raconter nos problèmes, merci bien. Pourtant, nous l'avons fait, parce que nous représentions l'association "Disparition espoir". Maintenant, nous parlons sans problèmes de la disparition de Marie-Édith. Pour cela, *Perdu de vue* nous a fait du bien. Mais ce temps d'antenne très court a été frustrant. » Dans une des émissions, ce désir douteux paraît patent : un père cherchait son fils en vain depuis seize ans, affirmant avoir tenté tout ce qui était en son pouvoir. Le fils a été retrouvé par Minitel : il habitait à moins de trente kilomètres du domicile de son père. Sa première question a été : « Pourquoi n'as-tu pas essayé plus tôt de me retrouver ? », ce à quoi l'invité a eu bien du mal à répondre.

Les enquêtes étaient faites par téléphone, après une première recherche par Minitel, qui donnait souvent déjà un résultat, suivie par un passage par les mairies d'origine des disparus, où l'on apprenait parfois un décès ou un remariage. « Les témoins du mariage étaient des appuis souvent efficaces. Même si eux avaient perdu tout contact avec le disparu, ils se souvenaient parfois de quelqu'un qui pouvait encore le connaître… Puis c'était l'appel à des administrations plus fermées : Sécurité sociale, caisses d'allocations familiales, impôts… La popularité de l'émission était telle que nous n'avions souvent aucun problème à convaincre nos interlocuteurs de la légitimité de notre démarche. Ils nous voyaient en chevaliers des temps modernes, alors que nous combattions surtout pour l'audimat. »

Les retrouvés recevaient généralement bien les enquêteurs. « Sur quatre ans d'enquête, je n'ai eu qu'un refus, se souvient Patricia Fagué. L'homme que nous cherchions habitait à Acapulco. Il avait la soixantaine. Il était parti depuis quinze ans et avait laissé derrière lui deux enfants, dont une fille de 8 ans sourde et muette. C'est à leur demande que nous avons démarré les recherches. J'ai rencontré dans l'avion un avocat mexicain qui a accepté de m'aider et de venir avec moi. Nous sommes allés chez le disparu. Dans son jardin, sur une corde à linge, pendaient des vêtements d'enfant. C'était mauvais signe. S'il y a des traces d'enfants, c'est souvent qu'ils ont refait leur vie. Un homme m'a ouvert la porte, immédiatement agressif. "Qui êtes-vous ? Que venez-vous faire ici ?" Il avait entendu dire que quelqu'un enquêtait sur lui et ne m'a même pas laissée franchir le seuil. Je suis rentrée par le premier vol. »

Le sketch des retrouvailles

Les retrouvailles hors antenne ont été nombreuses, mais les plus intéressantes pour l'émission étaient celles qui pouvaient se faire en direct. « La disparition » mettait en scène la famille d'un adolescent fugueur, dont, parfois, des séquences filmées reconstituaient le départ, à qui un appel était lancé. Le standard recueillait les appels et tentait d'amener le fugueur à intervenir en direct dans l'émission pour renouer avec sa famille.

Tout était mis en scène pour favoriser cet instant d'émotion. Amis du fugueur, parents, témoins intervenaient en direct. Sur le plateau, Pradel insistait sur le pardon possible, préparant le terrain pour les retrouvailles, faisant déclarer aux parents que le fugueur les aimait, qu'il ne lui serait fait aucun reproche, leur faisant même reconnaître leurs torts. Fil rouge de l'émission, « La disparition » donnait lieu à trois bilans successifs. Si l'adolescent n'avait pas donné de nouvelles, les indices recueillis par les coups de fil de SVP étaient exploités dans la semaine qui suivait. « Nous la passions à suivre les pistes mises au jour par les fiches de SVP, 10 à 40 chaque fois. La plupart du temps, c'était sans intérêt, et nous éliminions assez vite les fausses pistes en interrogeant les témoins sur des éléments que nous étions seuls à connaître. Mais parfois, cela aboutissait. » Cet aboutissement heureux était exploité dans une autre séquence, « Les suites », qui montrait l'aboutissement et les retrouvailles.

« Les retrouvailles » mettaient en scène encore davantage ce moment magique vers lequel courait toute l'émission : la réparation du lien. L'invité a demandé que l'on recherche quelqu'un, mais il ne sait pas encore si cela a été fait ou non – interrogation toute théorique puisque les retrouvailles sont la finalité même de la séquence. Pradel lui fait raconter ce qui lui est arrivé. Généralement, l'invité en profite pour signaler à quel point *Perdu de vue* représente pour lui le « dernier recours ». Puis, avec une admirable candeur, Pradel finit par lui annoncer : « Je ne vais pas faire durer le suspense plus longtemps » et se tourne vers l'écran, où, en duplex, son compère Jean-Marie Perthuis, Gérard de son vrai prénom, est avec le disparu. C'est le premier pas vers une rencontre, généralement déjà planifiée.

À regarder à la suite plusieurs séquences « Retrouvailles », on a le sentiment d'assister au même sketch indéfiniment répété. Est-ce parce que la situation provoque toujours les mêmes sentiments (joie de la retrouvaille, étrangeté de se revoir, indécision sur ce que l'on a à se dire) ? Ou parce que l'émission est préparée avec un soin qui laisse peu de place aux sentiments réels de l'invité ? Le magazine *Entrevue*, prompt à la polémique, avait accusé Jean-Marie Perthuis de carrément dicter leurs réponses aux invités en se basant sur une émission du 9 janvier 1995 pendant laquelle une mère et sa fille devaient se retrouver. Le discours de la fille était extrêmement proche de celui que Perthuis lui avait tenu avant l'enregistrement. L'animateur se défendit en jurant qu'il ne faisait que « mettre le contact » et « lui faire répéter lors d'un essai du son ses propres mots pour les lui remettre en mémoire » [1]. Manipulation ? Sans doute, mais pas plus que le reste de l'émission qui est, par essence, la mise en scène d'une situation dramatique. Elle a d'ailleurs évolué. Perthuis, au début, débarquait chez les gens sans prévenir. Devant le côté hasardeux de la manœuvre (le refus était toujours possible, et l'émotion en cas d'accord devenait envahissante et difficilement exploitable, noyée par la surprise et souvent les larmes), les producteurs décidèrent alors de s'installer chez le retrouvé avant l'émission. Mais le résultat des recherches restait, quelle que soit son inquiétude, caché à l'invité, qui devait voir ses vœux se concrétiser en direct.

Une hystérie télégénique

Ces 66 émissions ont mis au jour quelques histoires étonnantes. Celle des jumeaux, Patrick et Sid Ali, est devenue emblématique. Ils sont nés en 1949 à Alger. Peu après leur naissance, leur mère les abandonne. Ils sont placés dans un orphelinat. Ce n'est que vingt-sept ans plus tard que les parents adoptifs de Patrick lui appren-

1. *Le Parisien*, 6 février 1995.

dront non seulement qu'il n'est pas leur fils mais qu'en plus il a un frère jumeau dont toute trace a été perdue. Ce frère s'appelait Gérard. Eux-mêmes l'auraient bien accueilli, mais Gérard avait été adopté quelques jours auparavant. Malgré leurs efforts, l'administration fut inflexible : le secret devait être gardé, et l'identité des parents adoptifs de Gérard ne pouvait être révélée. Plus qu'ébranlé (son ménage battait en plus sérieusement de l'aile), Patrick se lance dans une quête qui va devenir la grande affaire de sa vie pour retrouver ce frère qui n'est même pas au courant de son existence. Après sept mois d'enquête, Gérard est retrouvé par *Perdu de vue* en Algérie. Alors que Patrick est devenu juif par son adoption, le jumeau est musulman et s'appelle Sid Ali. Les ressemblances sont étonnantes et longuement exposées à l'antenne : les deux frères exercent le même métier, chauffeur routier ; ils se sont mariés la même année et ont eu la même maladie au même moment...

En octobre 1992, une jeune fille sourde et muette est trouvée dans le XIIe arrondissement de Paris. Elle ne s'exprime qu'en faisant des dessins étranges, épouvantablement fouillés, où ses parents jouent un rôle satanique. Dans le service psychiatrique où elle est suivie, les médecins n'obtiendront d'elle que de maigres renseignements, que leurs enquêtes ne sauront confirmer : elle s'appellerait Hélène Rodriguez et serait née à Lyon. *Perdu de vue* est contacté. La première émission ne donne rien : personne n'identifie la jeune fille. L'interprétation de ses dessins et son comportement permettent de reconstituer un scénario rocambolesque : de bonne famille, elle aurait été kidnappée et droguée par sa mère, puis aurait participé à une sorte de messe noire où son chat aurait été sacrifié, enfin elle aurait été ramenée à Paris et abandonnée là où la police l'a trouvée. D'autres dessins donnent à penser qu'elle viendrait de l'étranger. Entre-temps, des examens médicaux révèlent que la jeune fille n'est pas du tout sourde et muette, mais simule d'une façon stupéfiante et inconsciente. Une deuxième émission a lieu avec, cette fois, une conférence de presse européenne. Un article paraît dans la presse britannique avec une photo de la jeune fille. Elle est alors identifiée par un policier anglais: c'est une malade mentale, en fuite d'un hôpital psychiatrique de l'est de la Grande-Bretagne. Elle s'appelle Kate Mayle et a déjà fugué en se faisant passer pour sourde et muette; elle est atteinte d'un cas très rare de dédoublement de la personnalité. Rendue à ses parents, elle a aujourd'hui recouvré la parole et un semblant d'équilibre, mais on ne sait toujours pas ce qui a pu inspirer à Hélène ces horribles dessins. Ce cas limite d'hystérie a permis à l'émission de battre ses records d'audience[1].

Les producteurs se félicitent aussi d'avoir retrouvé Olga, une jeune basketteuse du Clermont Université Club, restée à Sarajevo. Ce sont ses ex-coéquipières qui, sans nouvelles d'elle, avaient signalé leur inquiétude à *Perdu de vue*. Perthuis est parti à sa recherche, dans des conditions dangereuses qu'il a largement fait valoir par la suite: le meilleur ami d'Olga a été tué quelques jours plus tard lors du fameux tir d'obus qui frappa un marché de la ville yougoslave. « Peut-être lui avons-nous sauvé la vie », confiait-il modestement au *Parisien*[2]. Peut-être... L'opération en tout cas ne réussit que d'extrême justesse, et ce grâce à l'intervention du consul de France.

La mésaventure arrivée à un autre amnésique est moins heureuse, du moins pour lui. Daniel Kindermans s'était tourné vers *Perdu de vue* pour tenter de reconstituer son passé. Sous le nom de Marco, accompagné d'un caniche nain abricot, seul témoin de sa vie passée, il était venu à l'émission raconter sa jeunesse dans un camp de gitans et son trouble quand une vieille gitane lui avait appris qu'il ne faisait en fait pas partie, par le sang, des « gens du voyage ». Depuis, il ne se souvenait plus de rien et cherchait des témoins de

1. Le psychiatre Édouard Zarifian, qui interviendra au chapitre 6, avait refusé de venir en direct commenter les dessins d'Hélène.
2. Le 12 juin 1995.

son passé. L'émission, diffusée en Belgique, trouble un gendarme de Neufchâteau, qui avait arrêté l'amnésique deux ans plus tôt, errant sans papiers près de la frontière française. Mais son émotion est moindre que celle des inspecteurs de la police judiciaire bruxelloise qui, eux, reconnaissent en Marco l'homme qu'ils recherchent depuis deux ans pour l'agression sauvage d'une vieille dame à qui il a fracassé les dents et cassé la mâchoire avant de s'enfuir avec ses économies, la laissant pour morte, grièvement blessée à la tête. Lui-même choqué par l'agression, il avait alors perdu la mémoire. Ce qui n'a pas empêché le SRPJ de Paris de l'interpeller dans un centre d'hébergement de Saint-Dizier et de le livrer à la police belge. Le 6 mai 1994, il a été condamné à trois ans de prison ferme. Mais il sait maintenant qu'il est.

Les disparus d'Avignon

Ces succès n'empêchèrent ni les dérapages ni les protestations. Certaines sont amusantes, d'autres plus profondes. En mars 1994, la ville de Fécamp protesta contre l'image que donnait d'elle un reportage sur un jeune disparu, dans lequel n'étaient montrés que des bars sordides et des adolescents passablement imbibés. Cinq cents Fécampois avaient même signé une page de protestation dans *Le Progrès*. En 1996, le mouvement « Enfance et familles d'adoption » protesta contre une séquence qui devait être diffusée le 28 octobre 1996 et montrer une femme péruvienne à la recherche de ses enfants adoptés en France en 1982 par l'intermédiaire d'une filière clandestine. D'après les signataires, « la famille adoptive est protégée par le secret du placement, et il appartient à l'adopté et à lui seul de faire des recherches sur sa filiation d'origine ».

Les limites de l'émission furent atteintes avec l'affaire Aymar-Jouve,.dite aussi des « disparus d'Avignon ». Le 4 août 1996, Suzanne Aymar-Jouve part du Vaucluse avec son petit-fils Nicolas-Paul, dans une Peugeot 106, pour se rendre dans les Alpes-de-Haute-Provence. Elle n'arrive pas. Le père de l'enfant, Philippe Aymar-Jouve, contacte *Perdu de vue* après que les gendarmes ont ratissé la région entre Avignon et Pra-Loup. Six itinéraires possibles sont auscultés, surveillés par les hélicoptères de la gendarmerie et les planeurs et ULM de la région. Rien. L'émission suscite peu d'appels : cinq seulement. Mais *Perdu de vue* a un émule en Italie : *Qui l'a visto ?* Et là, le standard explose. L'émission italienne recueille près de 110 appels. Certains sont étonnamment précis et proviennent tous de la même région. Ainsi, un marchand de légumes affirme avoir servi la grand-mère et son petit-fils.

Le fils de la disparue lui-même fait son enquête. Sa mère fréquentait de près une association religieuse, la Mission catholique italienne d'Avignon, dont elle était secrétaire et comptable. Philippe Aymar-Jouve se méfie de l'association. « Ma mère a peut-être été enlevée parce qu'elle avait appris des choses compromettantes », soupçonne-t-il. Retransmis par la télévision, ses soupçons mettent directement en cause le père Davino, responsable de la mission. Des journalistes de *Perdu de vue* partent interviewer le « suspect numéro un », qui a une phrase jugée révélatrice par la famille : « Un jour, on saura la vérité. Bientôt, j'espère. » Est-ce un aveu ?

La vérité, effectivement, ne tardera pas à se faire jour, mais pas celle prévue. Le 19 octobre, un promeneur découvre en France, dans un ravin, une voiture rouge avec deux corps à l'intérieur. Ce sont ceux des « enlevés », dont la voiture avait quitté la route et s'était écrasée là où les fouilles « minutieuses » des gendarmes ne l'avaient pas retrouvée. « Nous avons été troublés par les témoignages d'Italiens montrés par la télé », avouèrent alors les pandores, avant que l'un d'eux n'aille sur le plateau de *Qui l'a visto ?* expliquer à l'émission italienne la pénible incompétence de ses services.

Un effet culpabilisateur

Plus important que ses dérapages et ses succès, *Perdu de vue* aura, au fil de ses six années, dégagé une certaine vision de la disparition. Une ethnologue, Anne-Sylvie Pharabod[1], a étudié selon des critères ethnologiques les deux premières années de l'émission. Elle en arrive à une conclusion: *Perdu de vue* met en scène un spectacle, dont le but profond est de valoriser le lien familial, au risque d'égratigner à la fois la loi et la liberté individuelle. Elle va, ce faisant, bien au-delà de la simple volonté, définie par le sociologue Jean-Louis Missika[2], de mettre en valeur des « héros positifs ».

La structure de *Perdu de vue*, explique Anne-Sylvie Pharabod, est celle du conte, et l'émission fonctionne sur deux éléments constitutifs: le manque et sa réparation. La télévision, elle, tient le rôle de l'intermédiaire magique permettant le miracle, à savoir ici retrouver la personne disparue. Parfois même, elle sollicite le concours du téléspectateur, qui se retrouve impliqué dans le processus. Comme le conte, elle fonctionne sur la répétition: tous les mois, la même histoire ou presque est présentée, tendant à transformer les invités en archétypes, illustrant chaque fois le nouveau déroulement de la même fable.

Perdu de vue a donc très clairement posé en principe une valeur suprême: la restauration du lien familial, restauration mise en scène dans « Les retrouvailles ». La liberté d'aller et venir, le respect de la vie privée, la loi même sont mis de côté. La sociologue Gabrielle Mitrani[3] voit dans *Perdu de vue* l'obligation des retrouvailles, au détriment de la vérité psychologique: « Quand il y a séparation dans une famille, c'est une réaction de survie, et il

1. Anne-Sylvie Pharabod, « *Perdu de vue*, ethnographie d'un *reality show* », in *Cinéma, rites et mythes contemporains*, École pratique des hautes études, Sciences religieuses, 1993.
2. *La Folle du logis: la télévision dans les sociétés démocratiques*, Gallimard, 1983.
3. *Libération*, 11 avril 1997.

y a des familles tellement fusionnelles qu'il vaut mieux s'en séparer pour survivre. »

Tout est mis en œuvre pour culpabiliser le disparu. Le téléphone restant muet dans l'attente de son appel est longuement filmé, élément fondamental et ridicule de la mise en scène, puisque Pradel le tient à son oreille alors que la conversation est diffusée dans le studio et audible de tous. De son aventure, on ne connaît que la douleur des victimes, sans qu'il ait le loisir de s'expliquer. « Le récit que voyait le téléspectateur n'était pas toujours celui que nous connaissions. Je me souviens d'un couple qui recherchait son fils. Il s'est vite avéré que le père était extrêmement autoritaire et avait totalement étouffé son enfant. Mais à l'écran, nous avons eu deux parents éplorés à qui leur petit manquait. Et il ne fallait pas compter sur Pradel pour leur faire le moindre reproche, voire suggérer que peut-être le disparu avait eu des raisons de disparaître. » Christophe Dumazer cite comme autre exemple le seul disparu qu'il ait retrouvé avec « Es-tu toujours vivant ? » : « Nous avons passé deux jours avec sa femme, et, après cela, je ne pouvais que comprendre son geste. » Pourtant, l'homme est retrouvé, et convaincu de passer à la télé. Convaincu ? Pas tout à fait. Dumazer doit passer tout l'après-midi avec lui, arpentant les rues de Nice, le vieux port, et discutant beaucoup, ces discussions ancrant sa conviction que son geste avait des raisons profondes. Le soir, finalement, en direct, l'homme refusera de parler à sa femme.

L'évolution de l'émission a été symptomatique de cette démarche. Elle avait démarré en tentant de retrouver des très jeunes enfants. Devant la difficulté, elle s'est ensuite tournée, avec « La disparition », vers les enfants fugueurs, ce qui permettait un succès plus vraisemblable et l'organisation des retrouvailles à l'écran. Puis, bien que son animateur ait à ses débuts prévenu qu'on ne rechercherait pas les adultes, la législation ne permettant pas la diffusion d'appels à témoins dans ce cas afin de ne pas attaquer la liberté du disparu, elle a rapidement intégré la séquence « Es-tu toujours vivant ? » dont c'était la finalité. Et Jean-Marie Perthuis confiait à Anne-Sylvie Pharabod, malgré l'absence totale de résultats de la séquence : « Je prends le parti du demandeur, quitte à égratigner le droit à disparaître. »

La famille est devenue l'interlocutrice privilégiée, la seule à légitimer une intervention. Que raconte l'histoire de Patrick et de Sid Ali et ses mystérieuses correspondances, sinon la permanence du lien familial à travers les épreuves ? À la mort de l'émission, 70 % des demandeurs étaient des parents au premier degré (père, mère, frère, sœur) du disparu, alors qu'au début cette optique familiale n'était pas prévue. Deux séquences du projet d'origine avaient fait long feu, à cause justement de cette absence de légitimité. Dans l'une, un invité voulait retrouver le secouriste qui l'avait sauvé ; ce dernier, qui n'avait fait que son travail, n'avait visiblement pas compris la démarche. Dans l'autre, une femme cherchait à revoir un ancien amant, lequel ne se souvenait plus d'elle et ne chercha guère à le faire.

L'histoire était parfois arrangée pour servir ce but, au risque de ne plus être reconnaissable. « Les invités ne participent d'habitude pas à l'élaboration de la progression dramatique de leur séquence », avouait Perthuis. Il est arrivé qu'à l'écran certains détails soient cachés, alors que les invités auraient voulu les voir exposés. Ces enfants, par exemple, cherchant leur mère qui s'était un temps prostituée et qui voulaient lui dire qu'ils lui pardonnaient : Jean-Marie Perthuis déconseilla d'évoquer ce détail qui, effectivement, cadrait peu avec l'image familiale donnée par l'émission.

M. et Mme Lenotre, dont le fils a disparu mystérieusement lors d'un voyage en ferry[1], ont été orientés de *Perdu de vue* vers *Témoin n° 1*. Là, le beau rôle fut donné à un témoin douteux, et leur affaire reconstituée ailleurs que sur les lieux où elle s'était passée. Conclusion du

1. Voir chapitre 6.

père, regardant la cassette de l'émission: « Ce qui est passé à la télé, ce n'est pas ce qui nous est arrivé. »

La plupart des retrouvés acceptèrent de reprendre contact avec leur famille, souvent en direct et en regardant l'émission. Un quart d'entre eux pourtant refusèrent. Jamais ce refus ne s'exprima à l'écran. Les justifications du disparu n'entraient pas dans la logique de *Perdu de vue*. La télévision, de sa toute-puissance, niait la légitimité de cette décision: celui qui refusait de reconnaître la valeur sacrée de l'amour familial n'avait rien à faire sur le plateau. Refusant, par cette attitude, son rôle de médiateur au petit écran, il troublait l'ordonnance du spectacle et ne pouvait qu'en être banni.

Comme s'il fallait d'ailleurs affirmer ce choix en faveur de la famille, voire le justifier *a posteriori*, Jean-Marie Perthuis comme Jacques Pradel se sont sentis obligés de personnaliser leur démarche en racontant chacun sa propre histoire, dans le premier des deux livres qu'ils ont publiés chez Lattès[1], et en faisant chacun une révélation: dans le cas de l'animateur, enfant adopté, le fait de ne jamais avoir connu son père biologique, et, dans celui de son compère, le regret de ne jamais avoir osé demander au sien, divorcé, s'il avait ou non eu des enfants de son premier mariage.

Entrebâiller une porte...

On a accusé *Perdu de vue* de tous les maux, pas toujours sans raison. Mais son succès ne peut être réduit à cette facile indignation. En fabriquant en coulisses une émotion artificielle, ce spectacle a aussi permis à de vraies souffrances, souvent niées par ailleurs, d'être montrées à tous. Elle a mis le doigt sur le désarroi des parents, même si elle l'a beaucoup déguisé. Elle leur a offert, bien que biaisée, l'assistance que n'offrait pas

1. Jacques Pradel et Jean-Marie Perthuis, *Perdu de vue*, Lattès et TF1 Éditions, 1992.

assez une police qui allait trop souvent jusqu'à nier leur inquiétude. Ce faisant, elle a rempli un vrai rôle de service public, et l'on peut rêver à ce que ferait une émission qui éviterait ces dérives pour se concentrer sur l'essentiel. Dans la mesure (mais le jeu médiatique l'autoriserait-il ?) où elle respecterait la liberté des disparus, elle serait réellement un outil utile. Elle rouvrirait la porte qu'avait entrebâillée avec justesse *Perdu de vue*, avant que ses excès mêmes ne la fassent se refermer.

II
Rester

2

La douleur des familles

> « Il me semble que la condition de ceux qui restent est toujours plus triste que celle des personnes qui s'en vont. »
>
> MARIVAUX, *La Vie de Marianne*

Un jour, il n'est pas rentré. Ce jour-là, leur vie s'est arrêtée.

Dès l'entrée, on ne peut manquer de voir la bougie qui brûle devant la photo d'un adolescent souriant, aux cheveux longs. « C'est mon sanctuaire », dit Mme Belloir, qui s'essaie à sourire dans la cuisine où elle reçoit. Ailleurs, dans le salon, un portrait pend au mur, réalisé d'après la même photo. Sur les deux : Fabrice, le fils des Belloir, disparu depuis le 31 juillet 1993.

Mme Belloir a les traits tirés, empreints d'une fatigue qui semble ne jamais devoir se dissiper. Son mari s'assoit à côté d'elle, petit homme discret. C'est lui qui commence à raconter, mais elle l'interrompt vite pour prendre en main la conversation d'une voix lente, sous-tendue d'une vaine révolte. Il ne fera plus guère qu'acquiescer, jetant de temps en temps vers le jardin de leur ferme un regard qui semble ne rien voir. « Je l'avais emmené sur la route, à Crevin. Il devait aller à Nantes, puis à Bordeaux. » Fabrice partait pour trois semaines de vacances. La veille, il avait rappelé à sa mère qu'elle devait s'occuper de son linge, et était allé, comme souvent, au café d'Amanlis, le village normand où vivent encore ses parents. Gestes banals, figés depuis par l'absence comme étant les « derniers » et, du coup, porteurs d'une signification à laquelle ils n'ont à offrir que leur quotidienneté, devenue indécente : « Depuis, nous ne savons plus rien. Il ne nous a pas donné un coup de téléphone, alors que d'habitude il appelait, envoyait une carte. Nous lui laissions toujours de l'argent pour cela. »

Cette fois, il avait 500 francs sur lui. « On n'était pas contents. On se disait : quand il reviendra, il nous entendra. » Il avait laissé un mot avant de partir, suspect maintenant de dissimuler une réponse à leurs questions : « Je pars en direction de l'Espagne trouver le soleil et m'éclaircir les idées. Ne comptez pas avoir de nombreuses nouvelles (cô d'hab). J'espère que ton séjour à l'hôpital ne sera pas trop ennuyeux. À dans trois semaines. » L'écriture est régulière, ferme. Consulté plus tard, un graphologue y verra « une intelligence concrète », un côté « volontaire et déterminé » mais aussi un « état un peu dépressif ».

Ce silence paraît sur le coup d'autant plus incompréhensible que, pendant les vacances de son fils, Mme Belloir doit subir une grave opération du cerveau. Tout ne se passe d'ailleurs pas aussi bien que prévu : elle part ensuite en maison de repos, y fait une méningite, est réhospitalisée d'urgence. Ces péripéties éloignent les pensées de la famille du vacancier indélicat.

Mais au bout des trois semaines, Fabrice ne regagne pas son travail. Objecteur de conscience, il était employé dans une association qui s'occupait de jeunes handicapés mentaux. Il avait trouvé lui-même ce poste, après de très longues démarches, et y était parti plein d'enthousiasme. « Il avait le contact facile », raconte son frère. Faut-il chercher dans ce centre la clé de la conduite de Fabrice ? D'après ses parents, au bout de neuf mois il était devenu dépressif, ne parlait plus, rentrait au centre dès le dimanche midi au lieu de passer la fin du weekend avec eux, ne sortait plus avec son frère Hervé, « son meilleur copain avant d'être son frère ». « C'est là que j'aurais dû lui parler, comprendre. Je n'ai pas fait mon travail de maman», s'accuse la mère, avant d'extrapoler: «Je crois qu'il avait vu quelque chose à son travail.» Elle a mené son enquête, obtenu des témoignages affirmant que le directeur du centre savait que Fabrice fumait des «pétards», voire en avait fumé avec lui. La piste reste floue.

Dès que l'absence de Fabrice à son travail est constatée, le père va voir les gendarmes, qui le reçoivent fort mal: «Il est pas au trou? demandent-ils immédiatement. C'est pas un voyou? Il fait pas partie d'une bande?» «Je leur en ai voulu, dit la mère d'un ton presque neutre. Je me suis presque mise à genoux à la gendarmerie pour qu'ils prennent ma déposition. Ils m'ont à nouveau expliqué qu'il était majeur et m'ont renvoyée à *Perdu de vue*.»

D'emblée, l'absence ne laisse que cendres chez Mme Belloir, qui déploie une énergie qui tourne à l'obsession pour savoir ce qui s'est passé. Elle en est consciente, s'en excuse plusieurs fois auprès de son mari: «Pendant deux ans, je ne me suis plus occupée de vous.» Lui ne répond pas, ou peu, hoche la tête. «J'ai été très dure avec ma belle-fille, celle qui a épousé Hervé. J'ai eu beaucoup de réticences à ce qu'ils fassent la fête pour leur mariage: ça me semblait indécent, un grand mariage, la famille, l'amusement alors que Fabrice n'était pas rentré. Hervé pensait que Fabrice aurait voulu que ce soit comme ça. Moi, j'avais du mal. C'est dur d'arriver dans une famille comme la nôtre.»

Les moindres détails sont auscultés, dans l'espoir que s'y cache une amorce de réponse. Fabrice avait l'habitude de la route et emportait toujours les mêmes choses: le *Guide du routard*, deux casseroles, son réchaud à gaz. Cette fois-là, il n'avait pris ni réchaud ni casseroles. «Je pense en fait qu'on l'attendait et qu'il partait avec des gens.» De même, à sa demande, son père ne l'avait pas déposé à l'endroit habituel où il commençait à faire du stop. «Il voulait aller au Maroc. On se demande bien pourquoi.» La veille au soir, au café, il avait encore parlé du Maroc à un de ses copains. Mais ni la douane espagnole ni le consulat de France sur place ne seront capables de dire s'il a franchi la frontière.

À coups d'affichettes

Dans un grand cahier, elle a noté toutes ses démarches. Soigneusement rangés, on y trouve les témoignages, certains recueillis par elle-même, sur les problèmes de drogue régnant à l'intérieur du centre où travaillait Fabrice, les lettres envoyées, les démarches faites, depuis l'avis de RIF jusqu'au refus de *Perdu de vue*, en passant par des courriers à la députée d'Ille-et-Vilaine, au procureur, au garde des Sceaux, les réponses négatives des consulats d'Espagne et du Maroc, les avis de recherche émis – le premier souligné d'un « Il ne te sera fait aucun reproche », le second d'un « Où que tu sois, quoi que tu fasses, tous nous t'attendons et nous t'aimons. Vite un signe… un appel… » –, une analyse graphologique et astrologique du jeune homme, les lettres expédiées au bureau des objecteurs de conscience pour leur expliquer la situation puisque la disparition de Fabrice fait de lui un déserteur, celle d'un médecin certifiant l'état dépressif du jeune homme. Une page énumère les démarches : distribution d'affichettes et recherches de témoignages parmi les amis, les personnes l'ayant croisé, les passants fréquentant les lieux où il aurait pu aller.

Toute la vie de Mme Belloir depuis sept ans est là, dans ces cinquante pages, crue, nue, ne dissimulant même pas la réponse très dure du directeur du centre qui lui a écrit : « Je ne pense pas que c'est en portant des accusations que vous trouverez une solution à la douleur que vous vivez. Ce n'est pas en faisant du mal aux autres que vos douleurs s'estomperont. »

Effectivement, elles ne s'estompent pas. La blessure de l'absence est la même aujourd'hui qu'au premier jour. Il faut vivre avec, tout le temps, tous les jours. « C'est lancinant. La nuit, ça nous prend et après c'est fini, on ne dort plus », dit le père, qui ajoute : « Faut vraiment être occupés ailleurs pour pas y penser. »

Jusqu'à cette année, ils travaillaient encore. « Je me forçais à aller sur les marchés vendre mes volailles. Ça m'a sortie de ma dépression. Si j'avais pas été obligée, je ne sais pas ce que j'aurais fait. » C'est en faisant les marchés, par un petit encart dans un journal, qu'elle a découvert l'association « Disparition espoir ». « Il a fallu des mois avant qu'on sache qu'il existait une association. »

Les fausses alertes viennent bercer ces temps d'espoir d'autant plus cruels qu'ils sont vite déçus. Un de ses copains, qui croyait avoir vu Fabrice avec une guitare, à Paris, dans un groupe de jeunes, déclare au commissariat lui avoir même donné une cigarette. Le procureur, ravi, considère que le dossier est clos. Hervé part une semaine à Paris, erre en vain dans les lieux où peuvent se trouver des musiciens plus ou moins errants. Des jeunes l'assurent pouvoir lui faire retrouver son frère : il les entretient le temps de leurs « recherches », jusqu'à ce que son père lui dise de rentrer : « Ils te mènent en bateau. »

On leur signalera l'avoir vu vendre des journaux dans les gares ; ils les parcourront toutes. Ils iront au printemps de Bourges pour questionner les « zonards ». Certains envieront la chance qu'il a qu'on s'occupe ainsi de lui ; d'autres les insulteront presque en leur disant de le laisser tranquille. Ils mettront des affiches partout, contacteront *Ouest-France*, qui refusera de passer un avis sans l'autorisation du procureur. « Puis on s'est dit : il aurait peut-être mieux valu ne pas faire d'affiches de peur que cela ne l'effraie. Qu'est-ce qu'il faut faire ? On ne sait jamais. »

Après un premier refus, Mme Belloir fera jouer ses relations pour passer à *Perdu de vue*, où elle apparaîtra quarante-cinq secondes. C'est assez pour qu'arrivent plusieurs appels. Aucun n'aboutira. Elle ira à Calais, où plusieurs personnes ont vu un jeune qui ressemblait à Fabrice, mais ce sera en vain. Quand elle sollicitera une aide supplémentaire de l'émission pour approfondir ses recherches, elle lui sera refusée.

Le 12 juillet 1994, le téléphone sonne. Mme Belloir décroche. Un silence. Elle dit, vite: « Parle, Fabrice, parle. » Une voix lui répond: « Nantes, maman, adieu, Nantes », avant de raccrocher. Était-ce lui ? Elle ne peut en jurer. Était-ce un handicapé du centre ? Était-il drogué ? Ils appellent tous les hôpitaux de Nantes et les gendarmeries ; ils se déplacent. En vain.

Quelque temps après, un gamin appelle pour signaler l'avoir vu. « Toi tu y as cru, dit la mère au père. D'habitude, pourtant, c'est le contraire. » Le lendemain, le gamin rappelle. C'est Mme Belloir qui répond et il lui dit: « Tu m'as cru, hein, salope ! » « Ah ! j'étais fumasse », ajoute le père sur un ton pourtant presque neutre, très en dessous de la cruauté de l'incident, comme s'il n'y avait dans le fond plus rien de très grave.

Ils créent une association des « Parents et amis de Fabrice ». Le maire d'Amanlis, des membres du personnel du centre où Fabrice était objecteur les rejoignent. Ils se partageront les démarches, les recueils de témoignages, les affichettes à coller. Mais au bout de deux ans, plus personne n'est venu aux réunions ; ils se sont retrouvés seuls. La lassitude avait tué la bonne volonté. Elle, sa mère, jusqu'à quand va-t-elle continuer ? « J'ai promis à Fabrice que tant que je n'aurai pas de nouvelles je n'arrêterai pas. On ne va pas faire le deuil (d'un coup, elle se met presque à crier, et le père la coupe: “Faire le deuil de quoi ?”). On apprend à vivre avec, c'est pas pareil. J'ai beau dire “je perds espoir”, et c'est vrai que je le perds, il y a quand même une lueur. Ce que j'ai le plus de mal à dire, c'est quand on me demande l'âge qu'il a. Je n'arrive pas à réaliser qu'il a 27 ans. Pour moi, il en a toujours 20, l'âge de sa disparition. »

Le plus dur, c'est de ne pas savoir

Ce long calvaire, les familles le parcourent toutes avec, pour toutes, un leitmotiv: « Le plus dur, c'est de ne pas savoir. » « Elle me manque beaucoup, c'est sûr, mais quand même, ne pas savoir... », dit M. Barbey, un Alsacien dont la femme a disparu depuis trois mois. « On veut savoir, même si c'est une mauvaise nouvelle », assure Jacques Arnoult, dont la fille Sophie a disparu en septembre 1985. « Un accident tragique aurait été préférable », affirment M et Mme Hervo, dont la fille Claude a disparu vers Gap à l'automne 1978. Même Alain Boulay, le père de la petite Delphine, disparue en août 1988 – qui a malheureusement eu une certitude quand le corps de sa fille a été retrouvé dix jours plus tard –, dit des journées précédant la découverte : « Le plus insupportable, c'était de ne pas savoir si elle était morte ou vivante[1]. »

« Cela pose une vraie question, affirme Édouard Zarifian, professeur de psychiatrie à l'université de Caen. Qu'est-ce qui est le plus dur : la certitude ou l'incertitude ? » Pour la plupart des parents et familles[2] que j'ai rencontrés, la réponse était très claire. Et M. Arnaud, dont le fils a disparu pendant sept ans, a eu ce lapsus terrible : « Nous n'avons jamais eu l'espoir qu'il soit décédé. »

Cette douleur de l'incertitude existe encore, petite flamme invincible, même quand, comme chez les Lenotre, il y a une très grande probabilité que le disparu soit mort. Le 18 février 1994, Dominique, 25 ans, embarque avec trois camarades de sa petite amie Véronique à Plymouth, direction Roscoff, départ à 23 h 30 pour une arrivée le lendemain matin. Il vient de passer dix jours chez elle, au pays de Galles, où elle enseigne, semaine où, d'après la jeune fille, tout s'est très bien passé. Si eux-mêmes n'en parlent peut-être pas encore, leurs familles les voient mariés.

---

1. Cité par Jacques Mazeau, *Enquêtes sur les disparitions*, Favre, 1999.
2. J'écris « parents et familles » car c'est le cas le plus fréquent, mais il est bien évident que ces remarques s'appliquent à tous ceux qui souffrent de l'absence d'un disparu, même si le lien qui les unit est purement affectif.

Deux des filles ayant une cabine et lui non, ils se séparent. Comme il a peur de s'ennuyer dans le grand salon où il dort, il emprunte un baladeur à l'une de ses compagnes, qui viendra le lui redemander un peu plus tard. Le lendemain, le ferry *Quiberon* arrive à l'heure. À terre, son futur beau-père et son futur beau-frère l'attendent. Ne le voyant pas descendre, ils montent à bord. Sur son siège, on ne retrouvera que ses bagages et son pull.

Depuis, mystère. Des témoignages plus ou moins fiables ont permis d'établir des scénarios vraisemblables, mais aucune certitude. Rien dans l'état du garçon ne permet *a priori* de penser au suicide. Les mesures de sécurité à bord, sauf funambulisme sur la rambarde, interdisent l'accident. Reste l'agression, rendue crédible par deux témoignages.

Le premier est celui d'une jeune Anglaise de 16 ans, Annette Beaman, dont les parents ont une résidence secondaire près de Roscoff. A 2 heures du matin, elle serait sortie sur le pont et aurait fumé une cigarette avec Dominique. Un homme serait alors arrivé et se serait pris de bec avec le jeune Français. Son témoignage est extrêmement précis. Elle aurait entendu plusieurs fois le mot « argent », le ton serait monté, Dominique aurait appelé l'homme Gérald (ils se tutoyaient), et ce dernier aurait eu au doigt une chevalière marquée d'un « G ». Mais des points étonnent : comment Annette et Dominique sont-ils restés dix minutes à discuter sur le pont, alors que lui ne parle pas un mot d'anglais et elle très mal le français ? Le père d'Annette, que la famille est allée voir en Angleterre, leur confiera plus tard : « Il ne faut pas croire tout ce que dit ma fille, elle a tendance à s'inventer des histoires. »

L'autre témoignage est celui de trois mécaniciens du *Quiberon* qui croient avoir entendu une cavalcade sur le pont vers 3 heures du matin. Dominique aurait-il été poursuivi et jeté à l'eau ?

Plus tard, une Mlle Guérin, qui était également présente dans le salon aux côtés de Dominique, dira l'avoir vu faisant des allers et retours entre l'extérieur et le salon, comme s'il avait été malade. Elle évoquera aussi un barbu qui l'aurait suivi, membre d'un groupe de la Royal Navy anglaise.

Dominique est-il mort ? « On ne peut pas être sûr », répond la mère, qui avoue : « J'espère encore un peu. » Patricia, sa sœur, est lucide : « Pour moi, il y a 1 % de chances qu'il soit encore vivant. » Ont-ils pour autant pu faire leur deuil ? « Non, on ne peut pas, crie presque Mathurin, le père. On n'a rien, on n'a pas d'endroit pour se recueillir. Au début, je ne voulais plus voir la mer. Et puis, finalement, je me suis dit : c'est son tombeau, c'est là qu'il est. » Mais l'espoir n'est pas mort. Quelle que soit la probabilité que Dominique soit décédé, ils ne veulent pas tout à fait le croire. Et leur vie, encore accrochée à cet espoir, en est à la fois soulagée et gâchée, alourdie par un boulet dont ils ne veulent pas se défaire.

Entre l'espoir et le deuil

La plupart des parents demandent une certitude, au risque de tuer l'espoir. Mais ils ne couperont pas eux-mêmes le cordon. Il est là, il se refuse à mourir. « Espérer, c'est encore vivre », assure M. Grondin, membre de « Disparition espoir », dans une lettre à son association. Combien de parents n'affirment-ils pas la conviction que leur disparu est vivant ? Beaucoup sentent même encore un lien. Pendant la disparition de son fils, qui a duré sept ans, Mme Arnaud a eu la conviction qu'il était toujours vivant.

La question est simple : comment faire son deuil de celui à la mort duquel on ne veut, on ne peut pas croire ? « C'est un travail impossible », explique Carole Damiani, psychologue à l'INAVEM (Institut national d'aide aux victimes et de médiation). Le deuil a été longuement étudié. Son processus est connu, aussi bien celui du deuil classique que celui du deuil pathologique, ainsi qualifié lorsque le travail normal se prolonge au-delà du délai habituel d'un an. « Le deuil ou l'affliction sont un processus indispensable pour que l'individu s'habitue à la perte qu'il a subie, écrit le Dr Robert Kavanaugh[1]. Par le deuil on apprend à s'adapter aux changements qui doivent intervenir à la suite d'une perte. Si le processus ne s'effectue pas de façon satisfaisante, les chances de s'accoutumer à la perte sont moindres. » « C'est un travail personnel, unique, que l'on peut aider quelqu'un à faire, mais que l'on ne peut pas faire à sa place », précise Édouard Zarifian. Il a besoin pour cela de reposer sur une matérialité constatable, à savoir un corps. Même la certitude de la mort est souvent impuissante seule à permettre un deuil complet. Les Anglais ont fait ainsi des études sur les bébés mort-nés et les troubles que pouvait entraîner le fait pour la mère de ne pas avoir vu, si douloureuse que soit cette vision, le corps de l'enfant. Combien de femmes de soldats disparus restent persuadées, même contre toute vraisemblance, que leur mari est en fait prisonnier et qu'il reviendra un jour ? Les familles de victimes de catastrophes aériennes, qui ne peuvent avoir de doute sur le destin de celui ou celle qu'elles aimaient, souffrent énormément de l'absence de corps.

Les dictatures latino-américaines avaient bien compris cette cruauté supplémentaire, elles qui faisaient disparaître les opposants au lieu de les exécuter. Là (mais aussi en Afrique, aux Philippines, en Afghanistan), la disparition était utilisée comme une arme politique, reprenant ainsi un programme défini par un maréchal nazi, Wilhelm Keitel. En février 1942, répondant à une injonction de Hitler estimant que toute personne dont la culpabilité ne pouvait être clairement définie devait être emmenée en Allemagne « sous le couvert de la nuit », il précisait : « Ces mesures auront un effet dissuasif, car a) les prisonniers disparaîtront sans laisser de traces ; b) il ne

1. In *A Psychology of Death and Dying*.

pourra être donné aucune information sur le lieu où ils se trouvent ni sur leur sort[1]. »

La disparition s'apparente au deuil jusque dans certaines de ses manifestations. « Dans tout deuil, explique Claude Halmos[2], psychiatre, l'une des premières étapes est de refuser la réalité de la mort. C'est l'époque des hallucinations : on croit voir le mort. Avec la disparition, le processus de deuil en reste bloqué à ce stade. » L'hallucination, ou du moins le sentiment de voir le disparu, est fréquente. Fils d'un dessinateur-graveur à succès, disparu alors que ses affaires battaient de l'aile, Jacques est convaincu de l'avoir reconnu un soir de 1990 à Toulon. Il se promenait avec un ami, quand il vit s'avancer vers eux un clochard. Il se retourna, étonné, mais n'aurait sans doute pas plus réagi si son ami ne lui avait dit : « Tu ne trouves pas qu'il ressemble à ton père ? » Alors il s'élança, mais trop tard. Jamais il ne retrouva l'homme, même s'il revint dans le quartier à de nombreuses reprises. Si improbable soit-il que l'homme aperçu ait bien été son père, signalé à la même période par d'autres témoins en Amérique latine, il reste convaincu que c'était lui et se mord encore les doigts de cette occasion ratée.

Faire comme si…

Cette impossibilité de faire le deuil amène dans le meilleur des cas les familles à des cérémonies du souvenir qui ritualisent l'absence sans l'évacuer. Les Lenotre

1. Une étude fut faite au Chili sur 203 enfants de parents « disparus » en observation dans un établissement psychiatrique de Santiago entre fin 1973 et début 1977 : 78 % d'entre eux présentaient des symptômes d'inadaptation sociale, 70 % souffraient de dépression et 78 % de frayeur panique totale face à certains bruits. La moitié étaient très dépendants de leur mère, avaient de gros problèmes scolaires et souffraient de perte de poids et d'insomnie. Les mêmes effets ont été observés dans 20 familles argentines exilées au Mexique.
2. *Parler, c'est vivre*, Nil Éditions, 1998.

font dire tous les ans une messe pour leur fils. Les Belloir ont voulu offrir une journée particulière, un 14 juillet, au souvenir de Fabrice. Ils ont invité leurs familles et leurs amis par un faire-part sur lequel s'inscrivait la phrase de Simone de Beauvoir : « Dans toutes les larmes s'attarde un espoir. » Chacun devait apporter son pique-nique. La famille de M. Belloir n'a pas compris : personne n'est venu. Un chêne fut planté, « l'arbre de Fabrice », dont ils surveillent maintenant la croissance par la fenêtre. « Nous voulions penser spécialement à Fabrice pour qu'il sache le jour de son retour que son souvenir est resté intact. On a beaucoup évolué. Au début, on n'aurait jamais accepté qu'il nous ait laissés comme ça. Maintenant, on tuerait le veau gras, quelles que soient les circonstances. Nous, cette journée nous a fait du bien. » Mme Valois, mère de Cédric, jeune homme très dépressif disparu le 11 septembre 1997 alors qu'il venait de rentrer d'un séjour de deux semaines en hôpital psychiatrique, a fait refaire sa chambre « pour qu'il se sente bien quand il reviendra ». Mme Andujar, dont la fille Tatiana a disparu en 1997 à l'âge de 17 ans, fait avec l'association qu'elle a créée des lâchers de ballons blancs au bout desquels des enfants ont accroché des messages d'espoir.

Beaucoup refusent de toucher à l'espace du disparu, sa chambre, son bureau, vite transformés en sanctuaires. Mme Belloir vient, à chaque Noël, déposer sur le lit de Fabrice les cadeaux qu'il n'ouvre plus. Sa chambre est dans l'état dans lequel elle se trouvait lorsqu'il est parti. « C'est une sorte de sanctuaire dans lequel nous rentrons pour y mettre des fleurs, prendre ou poser quelque chose, aérer. Puis nous ressortons sans trop nous attarder », dit Mme Pinçon, dont la fille Aurore, anorexique, a disparu depuis décembre 1995 après avoir laissé une lettre où elle annonçait son intention de mettre fin à ses jours. Par ces gestes, ils espèrent montrer au disparu que rien n'a changé, voire lui marquer que son retour est bienvenu. Mme Andujar ne part plus en vacances au cas où sa fille reviendrait. La famille d'Emmanuel Bonnissant, un jeune homme disparu en 1996 alors qu'il faisait son service dans la Marine nationale, a, dès le lendemain de sa disparition, mis sur la porte une enveloppe sur laquelle il est écrit en gros caractères rouges : « Pour Manu, lettre », et dans laquelle toute sa famille lui réaffirme qu'elle est prête à l'aider s'il en a besoin.

Ne faudrait-il pas rompre avec ce cercle infernal où leurs vies s'engluent désormais ? « Évidemment, il faudrait ! s'exclame Carole Damiani. Mais comment ? Arrêter de chercher, ce serait abandonner le disparu, le trahir. Une mère de disparu m'affirmait l'autre jour avec violence : "J'ai le droit d'arrêter de le chercher." Bien sûr, elle a le droit. Mais qui est capable d'assumer le fait d'enterrer soi-même le disparu ? Même quand des parents arrêtent les recherches, leur arrêt n'est jamais total. Et il suffit d'une petite piste pour ranimer l'espoir. » Pierre Lassus, président de l'Union française pour le sauvetage de l'enfance, est assez ferme : « Il y a un moment psychologique où il faut rompre avec tout ça. » « Je ne conseillerais pas l'arrêt des recherches, dit en revanche Édouard Zarifian. Que se passerait-il si jamais le disparu revenait ? Un de mes patients, homme d'affaires prospère, était contraint par une dépression à passer huit mois sur douze en institution. C'était comme s'il avait disparu de sa vie, comme s'il vivait hors de lui-même. » Les traitements au lithium, que Zarifian fut l'un des premiers à utiliser dans les années 1970, permirent à cet homme de retrouver ses facultés. Il voulut alors reprendre en main ses affaires. Mais sa femme, qui s'était improvisée chef de l'entreprise, ne l'entendit pas de cette oreille : « Elle me dit même : "Docteur, qu'avez-vous fait là ?"[1] »

1. Dans *Les Disparus* (Éd. du Seuil, 1981), Amnesty International analyse les réactions des familles de disparus, qui sont à peu près les mêmes : période de culpabilité et de crainte, période de recherche obsessionnelle et, dans une troisième phase – possibilité que les familles françaises ont moins qu'ailleurs, sauf par le biais des associations –, action collective et politique.

Le père en allé…

> « J'aime être l'homme fort et taciturne, le responsable, le patron, l'homme de pointe, le lieutenant, le chef de famille, et cætera, un goût qui me vient peut-être d'avoir été l'aîné de cinq enfants avec une mère plus ou moins incompétente et un père qui est parti pour l'Alaska quand j'avais douze ans et n'a plus jamais donné signe de vie. »
>
> Russell BANKS, *De beaux lendemains*

Enterré, le père de Muriel l'a été. Elle sait que la disparition est définitive. Muriel a aujourd'hui l'allure à la fois ronde et primesautière d'un Maillol, s'habille comme dans les années 1970, ne peut écouter Claude François sans commencer à prendre le rythme et rayonne d'une gaieté permanente. À 30 ans, elle a un fils de 7 ans. Le père ne vit plus avec eux. Du sien, elle n'a guère de souvenirs. Ses parents se sont séparés quand elle avait 5 ans. Entre 5 et 7 ans, lorsque sa mère s'est remariée et l'a emmenée vivre avec elle à Toulouse, elle l'a vu deux fois. Puis il a disparu. « Un samedi, on nous a habillés, mon petit frère et moi, parce qu'il devait venir nous chercher. Il n'est jamais venu. » Elle n'en a réentendu parler qu'à l'âge de 10 ans, pour apprendre sa mort. « On me l'a dit, j'ai rigolé, mon beau-père m'a mis une baffe. J'ai compris qu'il fallait pleurer, alors j'ai pleuré. » Personne d'autre que sa grand-mère ne savait où il était parti. Mettant les voiles sur Madagascar, il avait tenté d'y monter deux affaires, une entreprise de pêche et une autre de dératisation, qui s'étaient soldées par deux catastrophes.

« Enfant, on a une grande faculté à zapper beaucoup de choses. » Ce père absent dont elle croyait se moquer allait s'inscrire sur tout – ce dont elle ne devait s'apercevoir que plus tard. « Je crois que j'ai commencé à faire mon deuil le jour où j'ai démarré une analyse. D'un coup, je me suis effondrée en pleurant. Je n'avais jamais auparavant pleuré sur la mort de mon père. Je n'ai appris comment cela s'était passé qu'à 23 ans, à la naissance de mon premier fils, par un de ses amis qui vivait avec lui à Madagascar. Cela n'avait rien de très gai : il était alcoolique, sans le sou, et la femme avec qui il vivait là-bas l'avait quitté. Il n'avait que 32 ans. J'ai alors rêvé pour la première fois de mon père : je le retrouvais, le prenais dans mes bras et lui disais : "Je savais que tu n'étais pas mort." »

Le souvenir ne s'était nourri que de quelques photos, pas beaucoup (« Mais dessus il était très beau », ajoute-t-elle, avant d'éclater de rire), et de moments qui resurgissent parfois comme des flashes : « Je me souviens qu'il me mettait la tête sous l'eau, quand j'étais toute petite, à la plage. Quand je rentrais de Toulouse à Paris pour aller chez ma grand-mère, je voyais les villes illuminées la nuit. J'avais envie de pleurer. C'était un souvenir que j'avais avec lui, quand nous rentrions par l'autoroute. J'étais allongée derrière et je voyais ce genre de choses : les tunnels avec les lumières orange, les torchères. » Elle revoit aussi des coups, des cris, une violence incohérente : son père, ancien conducteur de train puis mécanicien à Air France, avait la main leste et le vin rude.

Elle n'est pas allée à son enterrement : « C'était une bêtise, une décision de ma mère et de ma grand-mère. » Après, chaque fois qu'elle allait chez sa grand-mère, des larmes inexplicables l'envahissaient : « C'était le retour de toutes mes angoisses dans un lieu où les souvenirs de mon père étaient très forts. On me l'a présenté en permanence comme alcoolique, dépressif, dépensier. Il a fallu que je le protège contre ça. Toute mon enfance, j'ai essayé de coller à cette image de lui qu'on me donnait. Quand on me disait "Tu es dépensière comme ton père", j'étais ravie. Ce qui n'était pas évident à gérer, parce qu'il était malgré tout complètement irresponsable. Lui en vouloir ? Je ne peux pas. Je n'ai jamais eu personne en face à qui faire des reproches. J'aurais voulu le sauver, et j'étais très frustrée qu'il soit mort alors que j'étais si jeune. Je n'ai rien pu faire pour lui. »

Autour d'elle, le silence reste de mise : « Ma mère ne m'a jamais parlé de lui, ni n'a émis d'hypothèses sur sa disparition. De mon côté, je ne lui ai rien demandé. Ma grand-mère était en contact avec lui. Je me souviens de l'avoir vue une fois cacher une lettre : elle était de mon père. En fait, jusqu'à sa mort, je n'ai jamais cru à son départ définitif. Je vivais dans l'idée qu'on allait se retrouver. Disparaître comme ça, ça ne se fait pas. »

Bien malgré lui, le beau-père a subi les conséquences de cette absence : « Jamais il ne l'a remplacé alors que c'est quand même lui qui nous a élevés. J'ai refusé son autorité. Je ne voulais pas l'appeler papa, ce à quoi ma mère prétendait nous forcer. Je ne voulais pas non plus l'appeler par son prénom. Je l'appelais "Hé". Et puis, un jour, il a été évident que je ne pouvais plus porter ça toute seule. J'étais angoissée pour un rien, tout le temps. » L'analyse démarre, et c'est le début du deuil, un rapprochement qui se fait par-dessus la mort, construit sur une image idéalisée, peut-être encore plus présente du fait de son absence.

« Aujourd'hui encore, cette absence influence toutes mes relations avec les hommes. Je ne peux aimer que des gens qui ne sont pas là. Je me suis tellement construit une image fantasmatique de mon père disparu que je ne peux pas, dans une histoire d'amour, voir la personne qui est en face de moi. J'ai beaucoup de relations avec des garçons qui fuient, qui n'assument pas. Je ne peux pas entendre un homme me dire qu'il est amoureux de moi. J'ai toujours peur du départ. Qu'il parte sans me dire au revoir m'angoisse énormément : je redeviens l'enfant incapable de gérer une situation. Quand le père de mon fils partait en claquant la porte, ça me détruisait. Dans le fond, je me suis toujours sentie coupable du départ de mon père. S'il était parti, c'est aussi parce que je n'étais pas digne de son amour. Un jour, j'irai à Madagascar. Je chercherai ses traces pour de bon. Dans deux ans, peut-être. Je me suis toujours dit que je mourrai comme lui, à 32 ans. Aujourd'hui, j'en ai 30. Il est temps. »

Une horreur intérieure

Christine Herp a, elle, un peu plus de 30 ans. Elle naît en 1964. Ses parents divorcent en 1968, et le père part peu après, d'après lui à la suite de difficultés financières cruelles et chassé par la mère qui aurait pris un amant. « Je voulais savoir d'où je venais », affirme Christine. Elle cherche dans ses souvenirs, concentrée, traquant le mot juste, le rendu fidèle de ce qui l'a longtemps dévastée, oubliant même de retenir l'enfant dont elle a la garde et qui préfère partir courir. « Je m'inventais des rapports avec lui. Tout ce qui était bien en moi venait de mon père. S'il m'avait faite, c'est forcément qu'il n'était pas aussi mauvais qu'on me l'avait dit. » Elle aussi s'appuie sur quelques photos d'un Méditerranéen ténébreux, pendant que sa mère vit avec un nouvel homme, qui mourra quand elle a 11 ans, puis avec un autre qu'elle ne considérera jamais que comme un intrus. Elle aussi doit lutter contre l'image désastreuse qu'on lui renvoie de l'absent. « On l'appelait "le bougnoule". En Lorraine, c'est assez mal vu d'être pied-noir. J'en avais du coup une vision très romanesque. On dit : "Les absents ont toujours tort." C'est faux. J'idolâtrais l'absent et j'en faisais voir à ceux qui restaient. Je voulais le protéger, même si j'étais consciente qu'il n'avait rien fait pour nous. Je me racontais des histoires. » Il reviendra une fois pour les revoir, mais son beau-père le mettra dehors. Elle avait 5 ans. Personne ne le lui dira avant de longues années. « J'en ai toujours voulu à ma mère de ne pas l'avoir obligé à nous revoir en le forçant à user de son droit de visite ou en le poursuivant pour qu'il paie sa pension. Quand j'ai appris sa visite, je me suis dit ensuite : "On ne peut pas trop lui en vouloir, il est quand même venu." »

La mort du beau-père quand elle a 11 ans est l'occasion de renouer avec la famille paternelle. « Du jour au lendemain, on devait devenir pour notre grand-mère, que nous ne voyions jamais, des petits-enfants modèles. Chez elle, il y avait des photos de mon père. Je me suis dit : “Ça, ça m'appartient.” Chaque fois que quelqu'un venait à la maison, je les montrais. Il fallait que je me prouve à moi-même qu'il existait. J'en étais très fière, quoi qu'il ait fait. Je n'inventais rien, mais je disais tout ce que je savais. Il fallait bien que j'aie quelque chose à raconter aux copines. Enfant, j'aurais voulu avoir un père qui me fasse chier. J'en avais assez d'avoir deux noms, le mien et celui de mon beau-père. J'aurais aimé dire “papa”, pouvoir le voir, pouvoir lui dire tout cela au moment où je le pensais. L'adolescence a été très dure. Et, à mon mariage, il m'a énormément manqué. » Un temps : « Mais ce qui n'a pas été fait ne se rattrape plus. »

Elle n'a pas de reproches à lui faire, pas encore. « Je voulais juste savoir pourquoi il était parti, et s'il avait pensé à nous toutes ces années, s'il avait eu une pensée à nos anniversaires. Le plus dur, c'était le jour de la fête des pères. Une horreur intérieure. J'offrais à mon beau-père les cadeaux que j'avais faits à l'école. » Lequel, là encore, n'a guère droit à l'indulgence : « Paix à son âme. Il a fait ce qu'il fallait, il a pris ma mère avec trois enfants, ce qui est tout à son honneur. Il nous a fourni un schéma classique. Mais il nous faisait sentir que nous n'étions pas à lui, et il n'a rien remplacé. »

À l'adolescence, le besoin de savoir se fait trop fort. Elle va consulter des voyantes, des cartomanciennes. « Elles m'ont promis qu'il reviendrait. Je me suis raccrochée à cela. Bien sûr, je savais qu'il ne fallait pas trop y croire. Mais on ne s'empêche pas de rêver. » C'est la naissance de sa première fille, aujourd'hui âgée de 14 ans, qui la fait réagir. « En la voyant, je me suis dit : on ne peut pas abandonner un petit comme ça. Pour elle, je devais savoir. Je me disais depuis longtemps qu'il fallait le faire, mais c'était dans l'absolu. Là, cela devenait concret. Alors, j'ai fait une RIF. Et je l'ai retrouvé[1]. »

1. Voir la suite de son histoire au chapitre 8.

Les heures qui suivent

Dans son roman *Naissance des fantômes*[1], Marie Darrieussecq analyse avec rigueur les réactions d'une femme dont le mari ne revient pas. On y retrouve ces mêmes constantes: l'inquiétude monte, la colère vient, qui accuse d'abord les autres. Puis c'est la peur, la quête au-dehors, les questions, le sentiment du ridicule. Enfin, l'héroïne réalise.

« Au début, on n'y croit pas, explique Mme Arau, épouse d'un homme dépressif disparu il y a seize ans. On sait que ça n'arrive qu'aux autres, et tout est bon pour rejeter le sentiment que cela vous est arrivé à vous. Petit à petit pourtant, la conviction s'ancre. Et d'un coup, on sait que tous ces alibis n'ont plus cours, et que l'autre ne reviendra pas. » Alors les souvenirs affluent: le moindre moment fait penser au disparu, le plus petit objet ignoré jusque-là prend d'un coup sa place dans une histoire d'autant plus lumineuse qu'elle est interrompue, figée. « Je traînais des heures dans l'appartement, je m'arrêtais devant chaque objet, il me revenait mille et mille souvenirs à chaque fois. »

Des sentiments contradictoires envahissent celui qui reste: envie de vengeance, certitude que l'autre n'est pas mort. « L'absence de corps renvoie à la pensée magique de l'enfance, où il suffit de vouloir très fort que quelqu'un disparaisse pour que cela arrive », explique Claude Halmos. Les réponses sont toutes personnelles, parfois inattendues, rarement positives: recommencer à fumer, se bourrer de somnifères. Les nuits en particulier sont décrites comme des moments très difficiles. À peine les défenses tombent-elles que les fantômes reviennent. « Chaque fois que je rentrais chez moi, j'avais peur. Peur d'être confrontée au souvenir, peur d'apprendre quelque chose de définitif. Et parfois, espoir fou, voire conviction absurde qu'il était revenu. » Ce sont des gestes méca-

---

1. *Naissance des fantômes*, POL, 1995.

niques : se mettre à tout ranger pour son retour, garder sa chambre intacte…

Y a-t-il un parcours commun ? « Cela varie bien sûr d'une personne à l'autre, mais en gros on peut définir un cheminement, dit Édouard Zarifian. Il y a d'abord une période de stupeur. Puis l'inquiétude : on fait le tour des hôpitaux, on fait appel à la police. Les fantasmes deviennent beaucoup plus imaginatifs, et on envisage les kidnappings, l'enlèvement par des réseaux de prostitution. Enfin, et c'est l'étape la plus difficile, on se remet en cause soi-même en reconnaissant la disparition comme volontaire, donc faite pour s'éloigner de nous. »

Quand j'ai rencontré M. Barbey, sa femme avait disparu depuis trois mois. Il parlait beaucoup, revenant sans cesse sur les mêmes détails, tournant vite en rond, répétant plusieurs fois sa conviction qu'elle était encore vivante. Le samedi 4 décembre 1999, les époux se disputent. Il lui demande de trier les factures de son frère handicapé, qui vit avec eux ; elle refuse. Il la traite de feignante, mot qu'il se reproche depuis comme une faute, puis s'en va, la laisse rouspéter. « C'était souvent comme ça, les disputes. » Le dimanche se passe bien. Ils travaillent tous les deux à un projet que depuis il continue seul : un bosquet de fleurs qui compose leurs initiales à tous deux : CM et HC. « Parce que, je vais vous dire, j'aimais bien ma femme. » Le lundi matin, avant qu'il parte au travail, elle lui repasse sa chemise. Un seul détail le heurte : elle est déjà habillée alors qu'habituellement elle ne le fait qu'après son départ. L'après-midi, il l'appelle du travail vers 14 heures, s'aperçoit qu'elle a bu mais n'y fait guère attention. En rentrant, il trouve d'ailleurs sorties et entamées une bonbonne de vin et une bouteille de pastis. « Depuis, j'ai arrêté de boire. » À côté, il y a un mot : « Je m'en vais pour ne plus être feignante. » Un mot signé seulement « maman » : « C'est sans doute qu'elle m'en voulait. » Elle est partie sans argent. Il sait quel pantalon et quelles chaussures elle portait, ignore si elle a pris un pull ou un blouson. Tous ses manteaux sont là, il ne manque

que le sweat d'un des enfants. Le soir même, il croit au suicide, fait le tour du canal avec son fils de 9 ans, ne trouve rien. Deux jours après, il prévient les gendarmes. « Au début, j'ai cru à une fugue pour la journée. Je n'ai été vraiment inquiet que le lendemain matin. » Deux témoignages leur parviennent : le docteur du village l'a vue entre Froidefontaine et Grandvillars, le village voisin. Un petit voisin l'a vue à Grandvillars.

« Il faut s'occuper »

C'est tout. Il n'a que ces maigres détails pour bâtir son histoire, lutter contre la déprime, essayer de comprendre. Les hypothèses, contradictoires, se succèdent. Il suppose que leur dispute y est pour quelque chose, s'en veut et pourtant se donne de bonnes raisons. La présence de son frère handicapé à la maison lui pesait-elle ? Elle était pourtant depuis le début d'accord pour le prendre. « Peut-être que, pour elle, ça a été un gros changement et qu'elle ne l'a pas dit, parce qu'elle avait du mal à se confier. Son père est algérien : chez eux, on ne montre pas ses sentiments. Moi, je faisais toujours les premiers pas. Ma maison s'appelle Aline, comme elle. En fait, elle s'appelait Halina, mais on a francisé son nom. L'an dernier, j'ai fait du vin de groseille, je l'ai vendu à l'usine ; je lui avais donné son nom. Elle était libre, allait où elle voulait. »

Il occulte la seule information vraiment inquiétante : sa femme n'a pas utilisé son compte bancaire. Il fait le tour des amis, soupçonne sa belle-famille, met en avant ses mauvaises relations avec son beau-père (« Il est algérien, vous savez comment ils sont : c'est le père qui prend les décisions pour tout le monde ; tout ce que je déteste »), pense qu'il la cache dans son appartement inoccupé à Sète. La troisième fois qu'il appelle, cela sonne occupé. « À moins que je n'aie fait une erreur... » Il saute dans sa voiture, avale la route, prévient la police de Sète : cela ne donne rien.

Les hypothèses se mêlent dans sa tête. « Pour moi, elle avait envie de rester seule dans son coin ; elle va revenir. Mais quand même, trois mois, ça fait long, juste pour me donner une leçon. » Il répétera souvent la phrase, comme pour s'en convaincre. « On s'est mariés jeunes, j'avais 21 ans, elle 18. On s'est toujours serré la ceinture, sauf maintenant où ça allait mieux. Elle a bien élevé ses gosses. Peut-être qu'elle en avait marre de faire mère au foyer. » Il s'interroge : « Elle est encore belle, elle est encore jeune, elle a pas assez profité de la vie. Avec son père, elle pouvait pas sortir ; avec moi, c'est elle qui voulait pas, je vous mens pas. » Le moindre détail est passé au crible : « L'an dernier, au camping, y avait une boîte de nuit, c'est elle qui a pas voulu y aller. » Et parfois, c'est la certitude : « Elle a quelqu'un dans sa vie. Quelqu'un qui l'attendait, et puis elle est partie avec lui. C'est tout. Mais qu'elle me le dise. Dans ce cas, je me disais au début : elle veut divorcer, OK. Mais au fond de moi-même je ne veux pas divorcer. » Il court d'une hypothèse à l'autre, perdu devant chacune. Pourtant, il le sait : « Il faut que j'évite de faire trop de suppositions. On devient parano. J'ai soupçonné un voisin qui était parti quinze jours avant. Là, je me suis dit : "Arrête, tu vas te faire mal plus qu'autre chose." » Et puis, d'un coup, un aveu parmi d'autres : « Un truc que je lui reprochais, c'est que j'aurais bien voulu qu'elle soit un peu plus amoureuse de moi. Elle ne m'a jamais dit : "Je t'aime." Ça doit être parce que, dans sa famille, elle n'a jamais entendu personne le dire. »

Il faut qu'il agisse. Le premier jour de l'an 2000, il le passe à surveiller l'appartement de ses beaux-parents. « À l'époque, j'étais sûr que c'étaient eux : j'avais la rage contre eux. » Il lui adresse des messages par l'intermédiaire de sa famille. « C'est un peu un message d'amour que je lui envoie. Même si c'est le beau-père qui est derrière tout ça, je lui pardonne et je veux qu'elle revienne. Peut-être que je mérite la leçon qu'elle me donne. » Mais sa première lettre provoque de sérieux remous dans le cercle familial.

Alors il se tourne vers les journaux. Il fouille dans son cartable («je suis un peu fouillis en ce moment») pour en extraire quelques articles parus dans la presse régionale. « Ce que je veux, c'est qu'elle les lise et qu'elle sache que je l'attends. » Il fait imprimer des avis de recherche, qu'il regarde en s'interrogeant : « J'ai choisi la photo où elle était la plus belle, parce que j'en étais fier. Mais j'aurais peut-être dû en prendre une plus ressemblante. » Son paquet d'avis à la main, il s'est rendu au Marathon de Paris, qu'il court régulièrement, envoyant des fax à tous les journaux et espérant une couverture médiatique qui, malheureusement, ne se fera pas.

Ses amis ne le voient plus : « J'en ai deux, trois à Belfort, mais j'évite de les rencontrer. J'ai peur que les gens croient que j'ai fait quelque chose. » Il se lance dans une activité débordante : « Il faut s'occuper. Autrement, on devient fou. Le soir, je prends des cachets pour dormir, c'est aussi bien. Autrement, je me réveille à 2 heures du matin, et je ne pense qu'à ça. Alors je m'occupe. » Cette frénésie d'occupation est la seule règle de vie qu'il conseillera à ceux qui peuvent se trouver dans la même situation : « Le soir, je fais la cuisine, le ménage, le repassage. Le plus dur, c'est le dimanche après-midi. J'ai pas envie de sortir. Je suis allé deux trois fois au cinéma, une fois dans une boîte de nuit. Ça ne me dit rien. » Il s'est lancé dans la construction d'un mur en béton autour de leur jardin, qu'il avait commencée avec elle, et énumère comme on lit un catalogue : « J'ai déplacé 60 tonnes de terre, crevé 73 sacs de ciment, fait 33 tonnes de béton... » Tous les soirs, il s'y consacre. « Faut bien s'occuper. » Il a vu un psychologue à son travail, chez Peugeot. « Ça aide beaucoup de parler. Au début, j'étais sur des charbons ardents. Fallait pas m'énerver. La belle-famille, je voulais même pas la prendre au téléphone. Maintenant, ça va mieux. J'ai retrouvé mon poids, après avoir beaucoup maigri. Je me sens mieux. Sauf quand je ne fais rien. »

Il réfléchit beaucoup. Le soir, en faisant les travaux ménagers, il se met à sa place, essaie de comprendre ce qu'elle a pu vivre. « J'ai l'impression de mieux voir ce qu'était sa vie. » Souvent, le doute empoisonne ses certitudes. Il cherche à comprendre, achète les livres de Jacques Pradel. « Ça m'a quand même rapproché des enfants. Ils ne m'ont pas encore fait de reproches. Ça viendra sûrement. Je m'y attends. »

Combien de temps imagine-t-il que cela puisse encore durer ? D'une phrase à l'autre, cela varie. Parfois, elle ne peut pas rester absente plus longtemps. Trois mois, c'est déjà énorme. À d'autres moments, il s'interroge : « Pour l'instant, ça va encore, mais dans deux ou trois ans, comment est-ce que je serai ? »

Pourquoi me faire ça à moi ?

Après cette impuissance à faire le deuil, ce questionnement sans fin, sous-tendu par plus ou moins de culpabilité, atteint toutes les familles de disparus. La disparition est aussi une blessure narcissique : me faire ça à MOI ? Comment a-t-il [elle] pu ? La plupart ne comprennent pas, et cette incompréhension ruine leur vie.

Frédéric Stalberger[1] vit en Belgique. Quand il avait 19 ans, sa mère, après avoir été mariée vingt-cinq ans et avoir donné le jour à quatre enfants, est partie. Une semaine plus tard, la famille recevait un télégramme annonçant davantage de nouvelles pour le 16 du mois. Le 16, un fax arriva leur signalant : « Tout va bien. Je vais me remarier. Aidez Pepe. » « Pepe », c'était son mari. Lequel, un mois plus tard, après s'être jeté dans l'alcool et des crises de désespoir presque hallucina-

1. Les déclarations de Frédéric Stalberger, comme celles plus loin d'Élisabeth Auerbacher, d'André Roulez, des parents de Cécile Vallin, sont extraites d'une émission de *Ça se discute* consacrée aux disparitions. Je me permets de les retranscrire, car j'étais invité à cette émission et j'ai pu en discuter avec eux. C'est d'ailleurs sur le plateau et devant la richesse humaine des témoignages qui y ont été présentés que l'idée de ce livre, que je traînais sans la concrétiser depuis plusieurs années, s'est « cristallisée ».

toires, se suicidait. Frédéric n'a plus eu aucune nouvelle depuis. Il pense qu'elle est au courant du suicide de son mari, puisqu'un commerçant affirme l'avoir vue dans le quartier après l'événement. Face à cet abandon, il ne peut que réaffirmer son incompréhension, la voix parfois vacillante, le visage buté sur l'inexplicable, tentant encore quinze ans après de comprendre ce qui a pu se passer: « C'est inconcevable. » Il répète le mot plusieurs fois, et on sent ses efforts pour calmer la passion, tenter de rester clair autant que mesuré. « Il n'y avait pas de situation de crise, pas de différends avec son mari. Avec nous, je peux l'affirmer, il n'y avait pas de problèmes, pas de malentendus. Elle aimait ses enfants comme n'importe quelle autre mère, j'en suis certain. » Il a tenté de la rechercher, allant voir celui qu'il pensait être son amant. « C'était quelqu'un de très proche d'elle, qui lui rappelait beaucoup son père. Je l'ai retrouvé, il habitait Bruxelles. Il m'a juré qu'il n'y avait rien eu entre eux. » Depuis, il a tenté de refaire sa vie: « J'ai perdu le goût de vivre. J'ai souvent fait semblant de l'avoir, mais c'était un masque. » Voudrait-il la revoir ? Il réfléchit, pesant chaque mot: « C'est difficile parce que je pourrais lui reprocher des tas de choses. Mais je voudrais qu'elle m'explique, pouvoir lui demander ce qui s'est passé. »

Un jour de 1997, Cécile Vallin, jeune fille de 18 ans, a disparu. Depuis, ses parents ne savent pas. Souvent invités sur des plateaux de télévision, fondateurs d'une association active, ils ne peuvent eux aussi présenter que l'image de l'incompréhension. « Elle était sociable, heureuse de vivre, allait avoir le bac, raconte la mère. Elle n'avait aucun conflit, ni avec son père, ni avec sa mère, ni avec ses frères et sœurs. Elle avait des amies, des projets. Un week-end, on revient : plus de Cécile. J'ai tout de suite compris que c'était grave. Son départ n'est pas volontaire. Ce n'est pas choisi. Cécile est allée dehors car elle était perturbée. Elle n'arrivait pas à affronter son week-end, où elle avait flirté avec un garçon qui n'était pas son petit ami habituel. Elle a cherché à communiquer avec ses amis, avec son père. C'était important pour elle, dans la période de tension du bac. Elle a voulu aller dehors prendre l'air et quelque chose a disjoncté. Il s'est passé quelque chose, on ne sait pas quoi. On ne sait pas si c'est l'enlèvement, la mort, on ne sait pas. » Le père, qui a interrompu le cours des deux émissions où je l'ai vu[1] pour lire la même lettre d'amour à sa fille, avoue également son incompréhension : « C'est très dur de comprendre. Quand on connaît sa fille tellement sociable, tellement épanouie, tellement heureuse… C'est ça qui est le plus dur à comprendre. »

La théorie du complot

Tous cherchent, et se perdent dans un magma de raisons, conscientes ou inconscientes. « Il faut réaliser, dit Claude Halmos, que le disparu quitte souvent autre chose que les gens qu'il laisse derrière lui, quelque chose qui touche au plus profond de lui-même, qu'il n'est pas forcément capable d'exprimer et dont il n'est peut-être même pas conscient. En disparaissant, on fait aussi souvent disparaître à ses yeux ceux qui vous entourent. Les familles de disparus trouveront la paix quand elles arrêteront d'interpréter la disparition en termes d'amour (il est parti parce qu'il ne nous aime plus) mais qu'elles en rechercheront la cause ailleurs, chez le disparu. Alors, elles pourront faire le deuil. » On y revient. « Le pire, continue Claude Halmos, c'est l'imaginaire. Ce qui est parlé est toujours douloureux mais jamais destructeur, à partir du moment où c'est vrai. Une réalité, aussi atroce soit-elle, a des limites. Dans l'imaginaire, le fantasme, lui, n'en a pas. »

Rechercher en soi les raisons du départ du disparu, c'est limiter cet imaginaire, mais aussi prendre le

---

1. *Ça se discute* et une émission spéciale de Mireille Dumas consacrée aux enfants disparus.

risque de réveiller une culpabilité qui parasite tous les efforts faits pour se sortir de la situation. L'hypothèse du départ volontaire s'impose au bout d'un moment, au risque de leur faire relire en d'autres termes leur propre histoire. Certains la nient jusqu'au bout au prix parfois de toute vraisemblance et en surestimant la possibilité de situations dramatiques mais rarissimes que l'on retrouve comme supposition première chez tous : l'enlèvement vers un réseau de prostitution, une filière pédophile[1]...

« Après avoir cru à des épisodes rocambolesques, avoue Mme Bain, dont le mari est parti après douze ans de vie conjugale, je me suis vite rendu compte que le plus vraisemblable, c'était quand même qu'il en ait eu marre de nous, sa famille. Alors j'ai essayé de revoir toute notre vie commune, de chercher dans chaque incident ce qu'il pouvait cacher. C'était épuisant. Je me réveillais la nuit en sueur parce qu'un détail venait de me revenir. Je me levais souvent pour le noter sur un papier et quand, le lendemain matin, je le relisais, cela ne m'apparaissait plus avoir de sens. Aujourd'hui, je ne suis pas tellement plus avancée. La douleur s'est estompée, la vie a repris ses droits. Il y a dans mon cœur un nouvel homme, qui est d'ailleurs terrorisé à l'idée que mon mari revienne. Mais je n'ai toujours pas compris. »

Cette obsession finit par virer parfois à la théorie du complot. Plusieurs des familles que j'ai rencontrées m'ont confié qu'on leur cachait des choses, qu'on ne leur disait pas tout, qu'ils dérangeaient par leur obstination et que la disparition de leur enfant ou parent avait des conséquences que l'on ne soupçonnait pas. « Il y a des protections. On est trop petits pour arriver à savoir. »

---

1. Il ne s'agit pas, bien évidemment, de nier ici l'existence de ces réseaux (voir plus loin au chapitre 6), mais de mettre en avant la façon dont ils peuvent servir à masquer des causes plus anodines et sans doute plus déstabilisantes pour ceux qui restent.

Je n'ai, bien sûr, pas vécu à la place des gens que j'ai rencontrés. Parfois, pourtant, en quelques heures de conversation, il m'a semblé sentir des raisons à la disparition qu'eux-mêmes n'avaient jamais soupçonnées, ou ne voulaient pas paraître avoir notées. Il aurait été à la fois présomptueux et cruel de le leur faire remarquer. Mais l'univers dépeint par certaine mère éplorée n'était-il pas étouffant au point de justifier le départ d'un enfant difficile ? Mais l'aveu de tel époux sur sa femme («elle ne m'a jamais dit qu'elle m'aimait») qu'il évacue comme un détail ne cache-t-il pas plus qu'un simple problème à se confier ? Mais la vision parfaitement idyllique que l'abandonné a de ses relations avec le disparu n'est-elle pas récrite après coup, même inconsciemment ? Peut-être. Peut-être pas.

Beaucoup de ces réactions sont aussi des réflexes de défense face à une réalité trop dure pour être lucidement analysée. Le disparu n'étant plus là, ceux qui restent ont tout loisir de forger, consciemment ou non, leur vérité et d'en gommer tout ce qui est gênant. Les histoires racontées par les familles laissent parfois deviner aussi d'étranges sous-textes. Quand il m'a été possible de les confronter à celles que racontait le disparu, je n'ai pu que constater que c'étaient rarement les mêmes. Cela ne diminue en rien la détresse de ceux qui restent. Mais ne pas le noter reviendrait aussi à décerner trop vite des rôles de victimes et de bourreaux alors que les situations sont sans doute beaucoup plus complexes et que la parole autorisée n'existe que d'un côté[1].

De cette ambiguïté, je ne citerai qu'un cas extrême, une situation qui fut extrêmement désagréable à vivre. Avec une équipe d'enquêteurs, je suis un jour allé voir la mère d'une disparue. Ceux que j'accompagnais étaient, après une longue enquête, convaincus que la jeune fille avait en fait été tuée par son beau-père et sans doute enterrée

1. La difficulté à rencontrer des disparus amène les émissions de télévision traitant du problème à n'inviter généralement que des familles de victimes, ce qui accentue encore ce déséquilibre.

dans le jardin. Le but de notre visite était d'arriver à savoir s'ils prendraient des vacances pendant l'été afin de pouvoir envoyer un huissier fouiller le jardin. Sous couvert d'une rencontre qu'elle croyait amicale, elle raconta son calvaire avec les mêmes mots que d'autres parents que j'avais rencontrés. Soit elle était effectivement sincère, et nos soupçons étaient parfaitement odieux ; soit ils étaient justifiés, et c'est elle qui était un monstre.

Le besoin d'agir

L'absence jette dans une activité débordante, obnubilée sur la recherche et ses buts jumeaux : retrouver le disparu et savoir pourquoi il est parti. Ces démarches entraînent tous les parents, les familles, les amis dans des marathons trop souvent stériles.

En six mois, la mère d'une jeune fugueuse a parcouru 15 000 kilomètres pour la retrouver, se précipitant sur la moindre piste. Mme Valois, mère d'un jeune garçon disparu, a circulé pendant des mois parmi les sans-abri, arpentant les gares au moindre indice avec une pancarte et des photos, se faisant parfois gruger par des petits malins. Les parents de Dominique Lenotre, sur la simple indication d'un radiesthésiste, ont inspecté pendant des jours la côte bretonne pouce par pouce, y passant leurs week-ends. Presque tous ont connu ces heures épuisantes où ils « faisaient » les supermarchés pour y coller des affichettes et des avis de recherche dont l'efficacité reste discutée : « Dans l'Ain, je suis toute seule à me battre. J'en ai mis à Villefranche et à Belleville : ils ne sont restés que quinze jours. J'ai contacté un patron routier pour affichage sur les camions, mais c'est interdit. J'ai pensé aux bus lyonnais : je vais m'en occuper. Mais nous sommes isolés et ce n'est pas facile », écrit la mère d'un disparu dans un des bulletins de « Disparition espoir ». Depuis 1990, les parents de Sophie Arnoult mettent des avis régulièrement dans les grandes surfaces : « Des clients intrigués les observent attentivement. » Pour Mme Andujar : « Ça aide énormément. Je ne veux pas que la disparition de Tatiana devienne une habitude. Il y a au moins une personne qui sait : peut-être un jour parlera-t-elle ? »

L'accueil n'est pas toujours bon. Mais rien ne les arrête. Ils sont au-delà des vexations, parfois même du découragement. « Les affiches sont déchirées, même dans les églises. Ça ne fait pas bien. Ici, même à la mairie, il n'y en a qu'une, raconte Mme Belloir. J'avais demandé au "Carrefour" d'en mettre une dans les toilettes. Le gérant m'a dit que ça faisait désordre. »

Les lieux de la disparition sont explorés année après année. Les parents de Sophie Arnoult, disparue en Corse, y vont tous les ans continuer de fouiller un terrain qui n'a sans doute plus rien à leur apprendre. Chaque espoir devient immense, chaque indice capital, chaque piste est suivie jusqu'au bout, parfois avec un amateurisme qui vide de toute façon la quête de ses possibilités d'aboutir. Cette frénésie cache aussi le besoin de s'occuper et, en monopolisant leur énergie, les détourne de dépressions trop graves.

« J'alternais, raconte M. Ivoi, père d'un disparu de 28 ans, des périodes de grande déprime avec d'autres où il me semblait toucher au but. Alors je laissais tout tomber, je me précipitais à l'autre bout du pays, j'arpentais les rues avec sa photo à la main en espérant que quelqu'un l'aurait vu. Et puis, après des jours de quête infructueuse, je retombais dans la déprime. Professionnellement, cela a été difficile à gérer. Heureusement, nous sommes dans une petite boîte, et les patrons ont été compréhensifs au début, ils m'ont accordé les jours dont j'avais besoin. Puis ils se sont lassés, ont jugé que je devais tourner la page. J'ai commencé par consacrer tous mes congés à ces recherches, puis par prendre quelques faux arrêts maladie. Je me suis arrêté avant d'être licencié, mais ça a été juste. »

Notons également que tout cela (suite de petits frais) finit par représenter un budget non négligeable : l'association « Disparition espoir » propose par exemple un jeu de 1 000 étiquettes avec la photo du disparu pour 550 francs (dont l'association prend la moitié à sa charge). Des revenus modestes ont été engloutis par les recherches.

Certains poursuivent cette quête en lui donnant un sens plus général et plus global, voire en y trouvant une nouvelle raison de vivre. Mme Andujar fait de la prévention dans les écoles : « Les enfants réagissent très bien, écoutent, font attention. Les parents, eux, ne viennent que très rarement. Je suis surprise par leur indifférence. » Les parents de Sophie Arnoult ont créé cette association, « Disparition espoir » ; ceux de la petite Delphine Boulay, assassinée en août 1988, ont créé l'APEV (Association des parents d'enfants victimes)[1].

Cela ne fait rien oublier. Dix ans après, les Arnoult ont toujours du mal à dormir, ils continuent d'alterner des périodes de dépression et des périodes de confiance : les nuits où ils imaginent la souffrance, la prostitution sont les pires de ce calvaire. « On ne le dit pas trop quand ça arrive. Heureusement, c'est rarement aux deux ensemble. Je préfère être à la guerre qu'attendre que le mari revienne. Bien sûr, je vis mal. Mais tant qu'on agit... » Cet investissement dans l'action peut finir aussi par envahir la vie, remplacer tout ce qui n'est pas la quête du disparu.

Ils veulent, ils ont besoin qu'on en parle. La télévision montre souvent les mêmes, parce que toute apparition est un espoir que le disparu les entende et donne enfin un signe de vie. Même ceux qui n'aiment pas ce jeu médiatique y succombent. Devenus représentants sur Paris de l'association « Disparition espoir », M. et Mme Milleret ont vécu la disparition, dans les années 1970, de leur fille Marie-Édith[2]. Dans l'appartement très élégant qu'elle occupe avec son mari à Nogent-sur-

---

1. Voir au chapitre 4.
2. C'est à elle qu'est dédié le livre de Jacques Mazeau, *Enquête sur les disparitions, op. cit.*

Marne, surchargé de bibelots et de tableaux, Mme Milleret est d'une grande élégance et arbore un maquillage soigné. Elle commence à parler, l'air gêné, me demande contradictoirement d'arrêter le magnétophone parce que cela la gêne, mais souhaiterait que, sans les nommer, leur fille soit mentionnée dans le livre « au cas où ». « Peut-être que nous aurions dû en parler plus tôt, que nous avons perdu du temps au début. De l'orgueil, sans doute. » Elle n'aime pas les interviews, a refusé de participer à *Perdu de vue* pour « ne pas passer à la télé et raconter ses problèmes ». Elle y est pourtant allée plus tard, mais comme représentante de l'association. « Maintenant, nous en parlons sans problèmes. Au début, non : nous attendions qu'elle revienne sans rien dire à personne. Nous avons peut-être eu tort. Pour ça, l'émission nous a fait du bien parce qu'on en parle plus facilement, malgré ce temps d'antenne très court et frustrant. » Même pudeur chez Mme Arnoult, qui annonce : « Mes larmes ne sont pas publiques. »

Cette médiatisation et la place que prend une quête obsessionnelle peuvent être envahissantes. Certains y trouvent aussi une importance donnée à leurs problèmes qu'il serait sans doute injuste de croire déterminante mais malhonnête de passer totalement sous silence. On en arrive à cette scène surréaliste lors d'une émission de Mireille Dumas[1] où une jeune fugueuse, partie cinq mois sans donner la moindre nouvelle à ses parents, se permet de reprocher en direct à la police de n'avoir pas fait assez d'efforts pour la retrouver. La même fugueuse d'ailleurs, sans doute ravie de sa prestation, retournera témoigner six mois plus tard sur *52 sur la une*, où elle rejouera sur fond de chanson d'Higelin[2], sac au dos et sébile à la main, la période où elle a fait la manche. « La télé et les médias peuvent aider à combattre la dépression, en donnant aux

1. Une émission spéciale consacrée aux enfants disparus et exceptionnellement diffusée en *prime time*.
2. *Pars*, extraite de l'album *No man's land*.

parents le sentiment que l'on s'intéresse à leur douleur, explique Carole Damiani. S'ils peuvent en tirer un bénéfice secondaire, pourquoi pas ? À condition d'éviter de tomber dans le fétichisme. Il pourrait même arriver qu'une identité se reconstruise, que la personne ne se voie plus qu'en mère ou femme de disparue. J'ai vu cela se produire pour des victimes d'attentat, qui finissaient par n'être plus que LA victime de l'attentat. » Cette médiatisation de ceux qui ont la « chance » d'en bénéficier rend d'ailleurs souvent jaloux les parents des autres, et j'ai entendu plusieurs fois une certaine rancœur se déverser sur les parents de la petite Marion Wagon, dont le cas a bénéficié d'une émotion publique à nulle autre pareille dans ce genre de situation : « Ils ont eu tous les médias[1], ils peuvent aller voir les gendarmes quand ils veulent. Moi, j'ai eu des envies suicidaires pendant deux ans, et ça n'a ému personne », s'est plainte entre autres une mère.

La foi aide certains, pas d'autres : « Cette épreuve a renforcé notre croyance, affirment les Arnoult. Nous avons toujours la certitude que Sophie est vivante quelque part. Nous savons que si personne ne la retrouve sur cette terre, nous nous retrouverons un jour, ailleurs. » D'autres sont plus sceptiques : « Croyante, ça aide quand même, dit Mme Prévot[2]. Mais vous savez, ça ne donne pas la solution. » Et la révolte a pris pour les Belloir la forme de tous les reniements : « S'il y avait un Dieu, ça n'existerait pas. » La maman de Fabrice en parle au passé. « C'est une révolte qui a duré. » Un silence. « Elle dure encore. J'essaie de croire à nouveau. L'an dernier, j'ai fait un pèlerinage à Medjugorge qui m'a beaucoup apporté. J'ai donné la photo de Fabrice dans mon groupe de prières. Je me suis fait vraiment de bons amis. » Elle se tourne vers son mari : « Mais, toi, tu ne veux plus, tu n'y arrives pas. » Lui reste penché sur la table : « C'est fini. »

---

1. Ce qui n'a d'ailleurs pas permis de retrouver la petite fille.
2. Voir plus loin.

Le refus du silence

Ce silence est pour certains un refuge, le seul refuge… « Ah ! si je savais ! » Le cri est étouffé et pourtant encore chargé d'espoir. Eh, oui ! Si elle savait…

Mme Prévot habite Bordeaux, au rez-de-chaussée d'une petite échoppe, dont la porte vitrée s'ouvre sur un jardinet, dans une rue calme et triste. Elle avance, menue mais encore énergique, trottant malgré ses 75 ans, incapable de rester en place, se levant régulièrement pour aller ouvrir la porte du jardin à un chat qui ne sait plus trop s'il doit entrer ou sortir. « Je suis hypernerveuse. Tout le monde l'est dans ma famille et Serge l'était aussi. Moi, je ne dors que cinq heures par nuit. Lui encore moins. »

Chez elle, tout est impeccablement rangé. Il flotte dans l'air une odeur de propre, de fraîchement récuré. Les fauteuils sont recouverts de housses, les tables de napperons brodés. Une bibliothèque vitrée abrite trois romans de Bernard Clavel et la série des *Louisiane*, les seuls livres de la maison. Dans un fauteuil recouvert d'une couverture à carreaux, son mari, 90 ans, frappé par une attaque, le teint jaune, paralysé, attend, peinant pour s'exprimer quand parfois elle le somme de le faire.

Attendre. Ils ne font plus que cela depuis que Serge est parti. Un enfant à problèmes, Serge. Élève médiocre qui ne dépassera pas le certificat d'études, il se laisse aller à toutes les bêtises. « Il ne voulait plus habiter chez nous parce que, du jour où j'ai su qu'il avait volé, j'ai fouillé partout. Chez nous, il n'avait plus sa liberté. Quand il avait des ennuis, il ne le disait pas. C'était toujours après qu'on savait quelque chose. Mais il n'était pas méchant. Il avait bon cœur. Il aurait tout donné, quitte à manger son pain sec. »

À 25 ans, il part vivre dans sa caravane, et s'installe à Lille, pour suivre la femme mariée dont il est amoureux, une ancienne maîtresse qui l'avait rejeté. Quand elle quitte le Nord pour Paris, il la suit. « On était bien placés pour savoir qu'il ne fallait pas le contredire. Sa copine, on ne pouvait rien dire sur elle. Une fois, je l'ai prévenu : "Méfie-toi, elle ne reviendra pas avec toi." Un autre jour, j'ai eu le malheur de lui dire que c'était une coureuse. Qu'est-ce que j'avais pas dit là ! »

Il avait 30 ans. Sa caravane a été retrouvée incendiée dans Paris le 13 juillet 1987, mais aucune trace de lui. Ayant trouvé du travail dans la capitale, il les avait appelés la veille du jour où il devait se présenter pour annoncer qu'il n'irait pas, parce qu'il avait autre chose en vue. Quoi ? Jamais elle ne l'a su. Elle l'avait vu la dernière semaine de juin. Le premier week-end de juillet, il était chez des amis, qui leur ont envoyé deux photos. « Mais elles étaient prises sur le sable à Dunkerque, il est allongé avec un livre. On ne le voit pas beaucoup. »

Il téléphonait, mais revenait peu souvent les voir. Elle interroge son mari : « Hein, il venait pas souvent du Nord ? » et le vieil homme hoche la tête, un filet de bave aux lèvres. « Il voulait qu'on lui donne de l'argent. Mais pour quoi faire ? Je lui ai dit : "On travaille tous les deux. On ne peut pas." Une fois, il nous a demandé 30 000 francs pour ouvrir un garage avec un copain. Peut-être ils auraient eu l'idée de voler des voitures, puis de les maquiller. Alors on lui a pas donné l'argent. Une somme pareille, on pouvait pas. Si on avait su qu'il n'avait pas à manger dans le Nord, on lui aurait dit : "Reviens à Bordeaux." Et on ne lui aurait pas compté l'argent pour sa nourriture. »

Mais il y a eu « ses problèmes ». Elle ne livrera la vérité que par petits bouts. Il a « eu des problèmes », « fait des bêtises ». Puis elle avoue, comme si c'était elle : il a fait un peu de prison à Bordeaux, pour vol : « Ça nous a fait tellement honte. Pour lui, ce n'était peut-être pas grave, mais pour nous… Évidemment, quand on voit ce qui se passe maintenant… J'allais le voir à la prison. Il y avait des femmes à l'entrée, et moi je travaillais dans un établissement pour lequel je devais aller au palais de justice. Alors, vous savez, je regardais tout le temps tout autour de la place… » Elle ne sait plus combien de temps il y est resté. « Pas longtemps », dit le mari.

Aujourd'hui encore, personne dans sa famille n'est au courant. « Nous ne les voyons plus beaucoup. Quand ils me demandent : "Comment va Serge ?", je réponds : "Ça va." On a des amis en Suisse, c'est pareil. Quand ils écrivent, on ne leur donne pas de nouvelles. On ne raconte pas nos affaires à tout le monde. » Seule la femme de ménage l'a appris, par le mari. Elle lui jette un regard mi-figue mi-raisin. « Des fois, je me demande si nous avons eu raison de le lui dire. »

Les voisins, le qu'en-dira-t-on sont si importants… Du coup, elle n'a pas fait de démarches quand il a disparu : « Qu'est-ce que j'aurais été faire à Paris ? La police m'a presque rejetée en me disant qu'il était majeur. Pourtant, je me dis : qu'est-ce qui s'est passé là-bas ? Pourquoi cette caravane brûlée ? C'est ça qui nous intrigue beaucoup. L'a-t-il brûlée lui-même ? Pour moi, ça aurait été plus simple de ramener la caravane là où il l'avait achetée et de la revendre. »

Mais la vraie raison est ailleurs. « S'il avait encore fait des bêtises ? On n'allait pas lancer la police à ses trousses. » Elle se tait, semble jauger l'horreur de l'hypothèse. « On s'entendait bien, pourtant. Il m'avait amené un paquet de linge à laver avant son départ à Paris. Je ne lui ai même pas proposé de rester avec nous, ici, et de coucher là. Quand j'ai vu tout ce que j'avais à passer à la machine et à faire sécher… L'idée ne m'est pas venue de dire : il ne va pas venir. "Si tu peux pas tout sécher, je le ferai", m'avait-il dit. Où a-t-il été, où a-t-il couché ? Je n'en sais rien. Il s'inquiétait de ce qu'il allait manger avec ses amis. Je lui ai donné des bocaux de prunes. Évidemment, les prunes, quand elles sont faites… Je lui en ai donné un second. »

Elle écrit aussi au journal *Notre temps*, qui passe parfois des avis de recherche, mais ne retient pas le sien : « J'ai résilié l'abonnement. Ça a été tout de suite fait. » Toutes ces démarches sont soigneusement rangées dans un classeur. De lui adulte, elle n'a plus qu'une photo, celle qu'elle avait choisie pour l'avis de recherche. « C'est vraiment pas une belle photo. » Elle la range parmi d'autres papiers.

Cette douleur qui lasse

Cette quête incessante dévore souvent la vie familiale. « Ça fait deux ans que ma mère ne s'occupe plus de moi », constate pourtant sans grande amertume Henri, 12 ans. Sa sœur, de cinq ans son aînée, a disparu après des scènes difficiles. « Moi aussi, je la regrette ma sœur, ajoute-t-il. Mais j'ai encore mes copains, et puis mon père. Maman, elle, elle n'a plus que ça. Plus personne ne compte. Je me débrouille tout seul, je me fais à manger parce qu'elle oublie beaucoup. Des fois, je la console, mais ça m'énerve parce qu'il n'y a plus que là qu'elle me fait des câlins. Autrement, on n'a pas le droit de parler d'autre chose que de ma sœur. » Alors que son fils de 8 ans dort à côté de nous sur le canapé, Mme Andujar avoue : « Pendant un an, je n'étais plus là pour personne sinon pour Tatiana. Le plus grand de mes enfants a mal tourné, il s'est fait prendre dans des histoires de vol. C'est ma faute : je n'étais pas là. »

Les couples ont aussi du mal à s'en sortir. « J'ai passé un an sur le canapé à attendre un coup de fil. Nous avons été à deux doigts de la séparation », continue Mme Andujar. Mme Belloir avoue ce même enfermement, et il ne faut pas être grand clerc pour deviner que l'enfer qu'a traversé le couple a aussi été intérieur.

Les amis aussi se lassent. Mme Dulong, amie de la mère d'un disparu, avoue : « Au bout d'un moment, il y en avait marre. On avait envie de lui dire : "Fais ton deuil et pense à autre chose." C'est odieux, mais cette présence permanente de la Douleur avec un grand D à tout moment de la vie est épuisante pour l'entourage. On se sent en faute dès qu'on s'amuse, qu'on a l'air en leur présence de penser à autre chose. » Douleur qui, dans ce cas précis, ne cesse point. « Les gens nous ont beaucoup lâchés, constate Mme Belloir. On a l'impression qu'ils écoutent pendant six mois et puis qu'ils en ont assez. Ils aimeraient bien qu'on fasse notre deuil, et puis voilà. Des amis très intimes nous ont laissés tomber parce que nous n'allions plus réveillonner avec eux. » Après notre rencontre, Mme Belloir m'a un jour téléphoné pour me donner une précision. Mon « Bonjour » fut chaleureux et suivi d'un « Comment ça va ? » qui ne l'était pas moins. D'emblée, la réponse fut un « Comment cela pourrait-il aller ? ». J'avais oublié. Elle, jamais, et ma simple cordialité apparaissait d'entrée comme une incongruité face à son quotidien. Beaucoup n'ont trouvé de l'écoute que dans les associations[1], dans la rencontre avec d'autres victimes, aptes à comprendre, voire à ressasser ensemble la même douleur.

Pour les plus chanceux, il reste les petits-enfants. « Avec eux, la joie est revenue. » Chez les Belloir aussi, le petit-fils, l'enfant d'Hervé, a été le seul rayon de soleil de ces années noires.

La quête s'accompagne toujours de commérages, reflets de leur relation à l'entourage. M. Barbey a appris que le bruit se répandait dans le village qu'il battait sa femme, voire qu'il l'avait tuée. Mme Andujar a entendu de tout sur Tatiana : que c'était une traînée, qu'on la maltraitait. On lui a reproché de ne pas assez marquer son deuil. « Mais pourquoi ? s'exclame-t-elle. Je ne suis pas en deuil ! » Elle a dû aller elle-même chez la voisine qui se répandait en commérages sur son fils pour régler les choses. « J'ai envoyé mon second fils en pension pour qu'il échappe à ces ragots. Ça s'est calmé, mais on vit toujours avec. »

Beaucoup reçoivent des coups de téléphone anonymes. Aux Arnoult, on disait de « vilaines choses ». Encore

1. Voir chapitre 4.

récemment (donc plus de dix ans après le drame), un plaisantin leur a téléphoné. Les gendarmes l'ont retrouvé, mais ils se sont contentés de lui faire quelques remontrances.

III
Chercher

3

Les hommes des « dispas »

« Ça va être une grosse journée. » Michel Auffret pose sur son bureau une pile d'enveloppes, qu'il commence à ouvrir. L'homme est maigre, petit, porte une longue barbe à la Don Quichotte. Il est commandant de police à la Brigade d'enquête sur les atteintes à la personne[1], située dans un immeuble du XIIIe arrondissement construit en creux dans la rue du Château-des-Rentiers. C'est là qu'officie, entre autres services de police, cette unité à part, la seule en France à s'occuper des disparitions. Car la brigade, également dite (mais cela l'irrite) « SOS cocus », et dont tous les membres rêveraient qu'elle ait des petites sœurs en province, a une particularité fort injuste : elle est réservée à Paris et aux trois départements dits de « la petite couronne ». Ailleurs, il n'y a guère que le recours à la gendarmerie, dont on verra plus loin[2] les très nettes insuffisances, et la demande de Recherche dans l'intérêt des familles (RIF). Cette dernière est purement administrative : elle consiste essentiellement, après une demande de recherche aux anciennes adresses du disparu et une autre auprès de la mairie d'origine, en une inscription au fichier national des personnes disparues et à la délivrance, après six mois, d'un « certificat de vaines

1. Nom donné depuis le 2 octobre 2000 à l'ancien 9e cabinet de délégation judiciaire (CDJ).
2. Voir chapitre 4.

recherches » qui, bien que dénué de valeur légale, est souvent pris en compte par les tribunaux.

Neuf hommes et femmes officient à la brigade, chargés de s'occuper des disparitions inquiétantes de personnes majeures. La notion juridique est floue et sert de prétexte à bien des malentendus. « "Inquiétant", qu'est-ce que ça veut dire ? s'interroge Michel Auffret. Le seul critère, c'est qu'il n'y en a pas. On ne sait qu'une disparition est inquiétante qu'une fois qu'on a retrouvé le disparu. » Deux mille cinq cents disparitions sont traitées ici tous les ans. Cinq à dix d'entre elles recoupent des histoires criminelles. Neuf sur dix sont des départs volontaires, pouvant concerner des personnes au libre arbitre défaillant : vieillards, malades mentaux, malades d'Alzheimer… Soixante-quinze pour cent d'entre elles sont réellement inquiétantes. Le reste se juge au cas par cas, selon des critères forgés par l'expérience. « La déclaration elle-même peut beaucoup nous éclairer. Avoir une idée du requérant, c'est aussi avoir une idée de la disparition. L'absence d'explications est un des signes qui nous font juger un départ inquiétant. Mais ceux qui viennent nous voir en savent-ils vraiment aussi peu qu'ils le disent ? » Très souvent, les conjoints qui signalent une disparition le font tout en sachant qu'il s'agit d'un simple abandon du domicile conjugal, situation « non inquiétante », subterfuge que sont malheureusement obligées de conseiller toutes les associations de parents et de disparus pour faire réagir les gendarmeries. « Souvent, on s'aperçoit que le requérant a fait en parallèle une déclaration d'abandon du domicile conjugal au commissariat. Alors, on arrête nos recherches. Ce n'est pas pour nous. »

La plupart des demandes arrivent par télégrammes des « ciats », les commissariats. Déjà un tri a été effectué, bien que pas toujours à bon escient. « Cela dit, on préfère qu'ils nous signalent des disparitions qui n'en sont pas que de passer à côté d'affaires d'homicides, comme c'est arrivé. » Parfois, les demandeurs viennent d'eux-mêmes s'asseoir sur les bancs en bois face aux guichets d'entrée, devant des portes automatiques qui ne s'ouvrent qu'avec une carte et que tout le service maudit. La plupart sont inquiets. Le sont-ils tous légitimement ? Le premier travail est de le déterminer et de faire la part entre le danger réel et la simple fugue. Ou de mettre au jour une réalité bien pire que celle annoncée au départ.

Les larmes de l'assassin

C'était sa première enquête. Christophe Dumazer venait d'entrer à *Perdu de vue* quand on lui a demandé d'aller voir une jeune femme dont le père, garagiste à la retraite, avait disparu depuis quatre mois. Dumazer se rend donc sur place pour enregistrer les témoignages de la famille, voir les gendarmes, retrouver le chasseur avec qui le disparu a eu son dernier rendez-vous. Il effectue l'ensemble de ses tâches, assez classiques. Il ne lui manque plus qu'une interview : celle du gendre du disparu, qui a repris le garage. Tous les enfants le suivent.

Il commence par filmer les lieux : garage, salon. Au premier étage, deux portes : l'une abrite un débarras, l'autre est fermée à clé. « Et là, c'est quoi ? » demande-t-il. « Sa chambre », répond le gendre. « Il faudrait que vous ouvriez la porte, que nous puissions la filmer. » Le gendre se crispe, refuse tout net : « Non, ce n'est pas possible. Si jamais il revenait et s'apercevait qu'on a fouillé sa chambre ou que quelqu'un y est entré, il le prendrait très mal. Ce n'est pas possible. » Le journaliste insiste, propose de filmer depuis la porte sans entrer. Le refus est catégorique et l'énervement commence à poindre. Il s'étonne de cet entêtement qui tranche avec le désir manifesté jusque-là par la famille de coopérer pleinement, mais n'insiste pas outre mesure : ce qu'il a appris du disparu lui a prouvé qu'il était peu commode et que la crainte de colères homériques était justifiée. L'équipe redescend dans la cuisine pour filmer l'interview du gendre. Au bout d'un moment, l'aîné des enfants, que l'on avait entendu monter à son tour à l'étage, les rejoint. Il murmure, livide : « Il est là-haut », avant d'éclater en sanglots. Étonné par la fermeté du refus de son père, il était monté à son tour, avait trouvé les clés de la chambre condamnée et venait d'y découvrir le cadavre de son grand-père, un fusil déchargé à son côté. Le vieil homme avait été tué à coups de chevrotines par son gendre, qui ne s'était pas débarrassé du corps mais l'avait enfermé. Par un phénomène très rare, ce dernier ne s'était pas décomposé[1]. On imagine la stupéfaction du journaliste venant de mettre au jour un meurtre là où il venait recueillir les larmes des abandonnés…

Patricia Fagué, une autre enquêteuse de *Perdu de vue*, a vécu une aventure presque semblable : « Une femme était venue nous voir pour nous demander de retrouver son mari disparu. Elle était en larmes, exposait les faits de manière très mélodramatique. La dernière vision que j'ai eue d'elle était celle de son regard dans le rétroviseur quand elle partait : elle pleurait. » En fait, c'est elle qui avait tué son mari et était allée jusqu'à prévenir la télévision pour renforcer la crédibilité de son émoi.

Alain Dubois, qui dirigea le service pendant douze ans, de 1985 à 1997, raconte également l'histoire d'un fils venu trois semaines après la disparition de sa mère la signaler au 9e CDJ. Le retard étonne, d'autant que le fils ne vient pas à la première convocation, expliquant qu'il n'y a finalement pas de quoi s'inquiéter. Méfiante, la brigade lance une opération « escargot », ainsi nommée à la fois en raison de sa lenteur et de son évolution en spirale, tous les proches du lieu de la disparition étant interrogés les uns après les autres durant la journée, puis en soirée, les personnes fréquentant un même quar-

1. Le même phénomène a fait crier au miracle quand on a découvert qu'il s'était produit sur le corps de Bernadette Soubirous, la petite voyante de Lourdes.

tier à ces heures différentes n'étant pas les mêmes. Aucune des précautions habituelles de la mère quand elle s'en va (donner sa clé aux voisins, par exemple) n'a été prise, ce qui est déjà inquiétant. Un témoin affirme avoir vu une femme se débattre dans la salle de bains de la « disparue ». Enfin, dernière surprise : à l'arrivée de la police, le fils est installé dans l'appartement de sa mère, comme s'il était sûr qu'elle ne reviendrait pas. Les soupçons se renforcent. Un témoignage ultérieur viendra accabler l'ingrat : un ami de sa mère affirme (et prouve) l'avoir appelée le lendemain du jour où le fils prétend qu'elle a disparu. Elle lui aurait dit que son fils devait venir dîner le soir même et qu'elle était furieuse car c'était sûrement pour lui demander de l'argent afin de financer un projet de journal… Les présomptions se renforcent. Mais le cadavre, si cadavre il y a, reste introuvable. Il faudra encore des heures d'enquête avant que le procureur ne confie (frustration pour la brigade) l'affaire à la « criminelle ». Le fils, mis en garde à vue puis interrogé, avouera, mais le corps ne sera pas retrouvé : rendu fou par le refus de sa mère, il l'avait assommée puis étranglée ; avec un couteau à découper il l'avait ensuite saignée, puis avait jeté le cadavre dans une poubelle dont le contenu avait été broyé par la benne de ramassage. Bien qu'il soit revenu sur ses aveux et que le corps n'ait (et pour cause) jamais été retrouvé, il a été condamné à quinze ans de prison.

Sans être fréquent, le cas se présente régulièrement, et l'on se souvient du cynisme de Patrick Henry, assassin d'un petit garçon, jouant à la télévision le proche éploré. Le meurtre d'un parent oblige forcément à déclarer soi-même une disparition dont il serait anormal de ne pas s'inquiéter. Pour beaucoup, le nombre de « crimes parfaits » dissimulé sous le couvert de disparitions est plus grand qu'on ne le pense. Fantasme ou réalité ? Seule une extension réelle des moyens policiers et le lancement systématique d'une enquête après toute disparition permettraient de le savoir.

Une vie au peigne fin

« À l'inverse d'infractions comme le vol ou l'escroquerie, il n'y a pas de mode opératoire défini par le Code pénal pour les disparitions. L'expérience nous guide. Au départ, nous cherchons le disparu à la fois comme s'il était mort et comme s'il était toujours vivant », poursuit Michel Auffret. La première démarche consiste à reprendre contact avec le plaignant. Vingt minutes, une demi-heure de conversation téléphonique suffisent à se faire une idée des problèmes du disparu, et souvent de ceux de son entourage. Certains ont tendance à noircir la disparition en espérant que cela poussera les policiers à agir plus vite ; d'autres au contraire la minimisent, en particulier quand il y a quelque chose à cacher dans ses causes. « Ce week-end, raconte Daniel Beaucher, commissaire principal, nous avons eu un coup de fil d'une femme dont la fille (38 ans quand même) venait de partir avec un homme. Elle nous a presque fait un chantage à la crise cardiaque. Là, sa fiabilité pose problème. » Comme elle se pose dans le cas de personnes mentalement fragiles : les parents disent-ils la vérité ? Retrouver le disparu ne sert-il pas d'autres desseins ? Il faut alors pour y voir plus clair se tourner vers des intervenants extérieurs : autres membres de la famille, amis.

« Je vous ai demandé de me rappeler. » Alain Charazein, grand, la voix traînante avec un accent marqué, l'air à la fois juvénile et gai, est aux « dispas » depuis 1980 et s'occupe des « affaires recommandées » : soit des disparitions « pistonnées » et de ce fait prioritaires, soit des enquêtes un peu marginales ou des demandes de complément d'informations sur des disparitions qui par ailleurs échappent à la brigade. Sur un bout de papier, il a griffonné quelques notes : « Ça n'est peut-être pas encore un dossier, ça n'en sera d'ailleurs peut-être jamais un. » Une jeune fille est venue le voir pour tenter de retrouver sa mère, dont son père avait prétendu qu'elle était morte. Un de ses amis parlant arabe l'accompagnait. Elle lui est apparue étrange. Après avoir appelé la famille, il a pu joindre une assistante sociale en relation avec elle ; visiblement, elle se méfie, ne veut pas parler, refuse de faire quoi que ce soit. Le policier finit par lui rappeler qu'il peut aussi envoyer chez la famille un gardien de la paix avec une convocation. La menace semble rendre la travailleuse sociale plus loquace. Il tente de savoir ce qu'il en est des relations de la jeune fille avec son père, pour finalement conseiller de la faire suivre de près.

Ensuite démarrent – procédure qui sera reprise tant par les enquêteurs que par les journalistes de *Perdu de vue* et les détectives privés – les démarches administratives : coups de fil aux hôpitaux, aux prisons, aux institutions pour malades mentaux ; confirmation de tous les éléments possibles. L'enquête de voisinage ausculte l'environnement du disparu : habitudes, trajet quotidien, lieu de travail, club de sport, quête de renseignements bancaires, épluchage des carnets d'adresses, appels des familles et amis... « La plupart des gens en restent à un niveau très peu imaginatif quand ils partent : cercle d'amis, proches, et pour certains la dérive à la rue... » Rapidement, dès les premiers éléments, des tendances se dessinent qui permettent de rattacher l'histoire à un « type » : conflits avec les parents très prégnants, échecs personnels répétés, problèmes financiers, aperçus sur sa vie privée inconnus de sa famille (une maîtresse par exemple). Le requérant a parfois des surprises : ainsi ce général à la retraite, qui était venu signaler la disparition de son fils et découvrit ainsi que la chair de sa chair était un escroc notoire qui avait jugé plus prudent de se mettre au vert quelque temps.

Certains indices permettent déjà d'avancer : si le disparu était quelqu'un d'extrêmement secret, si son compte en banque reste muet, alors il est très possible qu'il ne soit plus qu'un cadavre. S'il s'agit d'une vieille dame atteinte d'Alzheimer, on appellera les hôpitaux et pas les prisons. « Il faut quelques jours pour éliminer les intermédiaires », dit Charazein. Il est même parfois possible de suivre à la trace un disparu, et s'il adopte un parcours classique (descendre toujours dans le même type d'hôtel, faire à peu près le même nombre de kilomètres par jour) de le précéder et ainsi de lui mettre la main dessus.

La grande arme, la première, c'est le téléphone. Par Minitel, Michel Auffret a débrouillé une affaire vieille de trente ans. Les hommes du 9e CDJ ne sont pas des baroudeurs, et ils s'amusent tous des tentatives régulières de la télévision[1] pour les « scénariser ». Quand ils vont sur le terrain, c'est tout au plus dans leur circonscription. L'idée d'aller aux Baléares chercher un disparu les fait rire, ou rêver selon les cas : « Déjà, pour aller Plaine-Saint-Denis, ça nous prend la journée... » Ils y vont parfois pour suivre la piste d'une voiture. « De toute façon, avec cinq ou dix disparitions par jour, ce serait infaisable. »

La grande difficulté est que la Brigade d'enquête sur les atteintes à la personne, se situant dans le cadre de l'enquête préliminaire, n'a aucun pouvoir coercitif, à moins d'agir sur commission rogatoire, et doit donc faire appel à la bonne volonté des gens, appel auquel tous ne répondent pas. La Sécurité sociale et la Poste sont presque inaccessibles, les banques souvent *a priori* hostiles, même si les services centraux cèdent plus facilement que les agences locales. Chaque fois, il faut expliquer, négocier, rappeler la neutralité des détails demandés : le compte fonctionne-t-il ? le fait-il de façon normale ? D'énormes dépenses soudaines peuvent indiquer le vol d'une carte bleue. Les dossiers médicaux sont inaccessibles, bien que lorsqu'ils aggravent le côté inquiétant de la disparition les familles les communiquent volontiers. On ne peut consulter les listes rouges sans commission rogatoire. Il faut – sauf pour des opérations

1. Deux séries au moins : *Disparitions*, en 1984, avec Catherine Leprince et Luc Mérenda, et *Service des disparitions*, plus récemment, avec Jean-Claude Adelin. Une autre série, appelée *RIF*, eut dans les années 1970 une carrière éphémère.

de base où il est acquis par principe – l'accord du procureur pour la plupart des démarches. « Nous n'avons pas de moyens forcément supérieurs à ceux du simple citoyen, explique Charazein. Beaucoup de gens ont du mal à le comprendre et s'indignent que nous n'ayons pas tout de suite les renseignements provenant des banques ou de France Telecom. » De nombreuses démarches, réalisables dans l'absolu, sont concrètement inenvisageables. Par exemple, il est théoriquement possible de savoir si quelqu'un a quitté le pays par avion ; mais comment retrouver sa place ? Même en admettant que le paiement ait été fait par carte bleue, et donc qu'on puisse avec quelques jours de retard trouver le nom de la compagnie et l'interroger à partir de la date du paiement, il faut consulter les listings de tous les vols de la journée pour toutes les destinations – et encore faut-il que la compagnie accepte de les communiquer. C'est un travail de titan. Les mêmes difficultés se posent avec la SNCF. De plus, la CNIL (Commission nationale informatique et libertés) interdisant la connexion des fichiers, cela devient impossible pour un service de neuf personnes confronté à environ une dizaine de disparitions quotidiennes. « Il nous faut un renseignement au départ. Sans cela, nous sommes perdus presque d'entrée de jeu. »

D'autant plus que les familles ne disent pas forcément tout : les parents d'une jeune fille psychologiquement fragile qu'ils voulaient faire hospitaliser ne livrèrent que les renseignements permettant justement d'envisager son internement dès qu'elle aurait été retrouvée. Il est très difficile de juger dans ces cas médicalement limites si l'on doit ou non ramener la personne retrouvée chez elle, même si elle le refuse. « Il faut décider par nous-mêmes. C'est souvent très difficile. Nous essayons d'examiner le comportement, mais seules les personnes visiblement incapables de se prendre en charge peuvent être ramenées. Les autres ? La loi n'interdit pas à quelqu'un qui a envie de se clochardiser de le faire. »

Vraies et fausses disparitions

Quatre-vingt-quinze pour cent des personnes disparues sont retrouvées, la plupart assez vite. « Beaucoup d'affaires concernent des maris ou des femmes en crise conjugale qui s'offrent quelques jours pour réfléchir. Plus de la moitié rentrent dans la semaine », explique Charazein. « Il est très rare de réussir sa disparition, c'est-à-dire de ne laisser aucune trace. Il y faut des précautions trop contraignantes : un jour, le besoin d'argent ou d'un document administratif oblige à laisser une trace. L'usage de faux papiers est peu fréquent[1]. La plupart des disparus ne connaissent pas les réseaux, et les fournisseurs se méfient des gens trop visiblement amateurs. Le seul cas où la disparition peut vraiment réussir, c'est lorsqu'une femme part avec quelqu'un qui subvient à tous ses besoins. Je l'ai vu faire à des "beurettes" qui voulaient échapper à leur milieu », explique Alain Dubois.

La disparition n'en est d'ailleurs pas toujours une. Un jeune homme qui rentre chez lui en mobylette tombe en panne place du Châtelet. Il tente de réparer son engin, ne parvient qu'à se salir et décide, furieux, de prendre le métro. Il est tard. Le quai est presque désert, sauf quelques SDF qui, joviaux, l'invitent à boire. Il refuse, puis, un peu réticent, accepte de lamper une gorgée de Castelvin au goulot d'une bouteille poliment astiqué par une manche douteuse. Pas de chance : arrivent à ce moment-là les « bleus », les policiers de la Brigade d'assistance aux personnes sans abri (BAPSA), qui, légitimés alors par l'existence d'un délit de vagabondage (supprimé depuis dans le nouveau Code pénal), s'apprêtent à embarquer tout le monde. Notre héros proteste, raconte son histoire, cherche ses papiers et s'aperçoit qu'il les a oubliés. Il est donc embarqué dans le bus en direction de l'hôpital de Nanterre, qui abrite un centre d'hébergement. Mais on entre à Nanterre plus facilement qu'on en sort.

---

1. Voir chapitre 5.

Après avoir supporté trois heures de trajet dans un bus qui se remplit au fur et à mesure des pires clochards de Paris, avoir été contraint à une douche obligatoire et vu ses habits mis à l'écart, il est conduit vers un repas qu'il partage avec les autres ramassés, avant de chercher une place dans un dortoir d'où se feront expulser à coups de poing les plus dégradés[1]. L'idée de passer un coup de téléphone est tellement hors de propos qu'il ne le demande même pas. Le lendemain, réveillé aux aurores, il doit encore attendre dans la cour une paire d'heures avant que ses habits, étuvés, ne lui soient rendus, puis qu'un autre bus, venu le chercher avec ses camarades à dix heures du matin, ne le lâche sous un pont du périphérique. Rejoindre le métro, puis regagner sa maison lui prendra encore deux heures et, en arrivant, il ira se coucher.

Mais son patron, étonné de ne pas le voir le matin, avait appelé sa mère, qui avait constaté son absence et, paniquée, alerté le 9e CDJ. Lequel, en téléphonant l'après-midi pour vérifier deux ou trois renseignements, apprendra que l'oiseau est rentré au nid, ce que la mère avait oublié de leur signaler. Il n'y aura finalement qu'une disparue dans cette histoire : la mobylette, que quelqu'un avait sans doute su réparer efficacement, puisqu'elle n'était plus là quand, le lendemain, le jeune homme résolut d'aller la chercher.

Le droit de rester caché

Quand le disparu est retrouvé, les policiers ne peuvent que lui signaler qu'il est recherché et lui demander son accord pour communiquer son adresse aux requérants.

---

1. L'aventure peut paraître drôle : elle est profondément sinistre. Ce lieu, heureusement métamorphosé depuis, était un scandale, et l'on sent que la dureté de cette nuit ne se laisse pas totalement noyer dans l'humour avec lequel le motocycliste malchanceux raconte sa mésaventure.

S'il accepte, mission accomplie. Sinon, ceux qui le cherchent sont informés qu'il est vivant. Cette règle d'or reste vraie, même si le disparu s'est rendu coupable de délits connexes à sa disparition, comme un abandon de domicile conjugal : ses coordonnées peuvent alors être communiquées aux services en ayant besoin, mais elles ne le seront jamais aux demandeurs. Depuis la loi Geney[1], on peut lui faire signer un papier où il confirme son intention de rester caché et peut, s'il le souhaite, donner une explication par écrit. Mais la loi n'interdit pas non plus les cas de conscience : faut-il, même si elle en est d'accord, donner à un mari l'adresse de sa femme visiblement battue et terrifiée ?

N'est-il pas difficile, après avoir déployé de multiples efforts pour retrouver quelqu'un, de ne pas communiquer son adresse à une famille désespérée parce que le disparu s'en moque ?

Alain Dubois se souvient d'une affaire qui lui posa problème. La requérante était une jeune femme, adoptée par des Strasbourgeois, et à qui l'on n'avait révélé la situation qu'une fois adulte. Elle avait en même temps appris qu'elle avait une sœur, et s'était mis en tête de la retrouver. Le cas relève de la compétence des RIF, mais, ému par l'histoire de la jeune adoptée, Dubois se met en quête un après-midi où il avait du temps. Même si les fichiers de l'Assistance publique sont, avec ceux de la Sécurité sociale, parmi les plus protégés de France, il réussit à retrouver la sœur et s'aperçoit que son nom de naissance a été gommé et remplacé par celui des parents adoptifs. Il y a donc de grandes chances pour que celle-ci ne sache pas non plus qu'elle a été adoptée. Faut-il l'informer d'une situation qu'elle ignore sans doute afin de lui demander son accord ou son refus ? Elle est mariée, a des enfants. Il choisit de se taire. « C'était vache par rapport à l'autre, mais que faire d'autre ? » La jeune femme de Strasbourg ne comprendra pas et se fâchera. « La majo-

1. Voir plus loin.

rité des disparitions sont des disparitions volontaires. Le vrai problème, explique Daniel Beaucher, est d'évaluer la volonté de disparaître. »

Bien que leurs moyens soient limités, les hommes de la brigade ont le sentiment d'appartenir à un vrai service public. « C'est quand même un des rares services de police où les gens viennent volontairement », rit Auffret. Alain Dubois, qui a dirigé le service après s'être occupé de faux papiers, d'immigration clandestine et de fausses factures, s'y est senti « bien ». « Les flics vivent dans des univers clos : ils mangent entre flics, boivent entre flics, et depuis qu'il y a des femmes dans la police se reproduisent même entre flics. De plus, ils ne fréquentent que le mal. À force, il leur manque une ouverture d'esprit. Aux "dispas", le monde n'est pas forcément délinquant, les gens sont parfois contents de notre travail, ils viennent nous voir d'eux-mêmes. Il faut savoir rendre service, savoir écouter même quand ce qu'on nous raconte est sans intérêt. C'est une police de service public, et les fonctionnaires qui y travaillent ont une mentalité, je ne dirais pas "fleur bleue", mais un peu sociale. » Seule l'obligation d'obtenir avant la retraite le grade de commandant fonctionnel, et donc de changer de service, l'a poussé à passer ailleurs ses six derniers mois d'activité : « Autrement, j'aurais bien continué jusqu'au bout. »

Sur les neuf membres du service, quatre s'occupent de la réception des télégrammes, deux des « affaires recommandées ». Les amnésiques (200 à 300 par an) sont répartis sur tout le monde. Ce ne sont d'ailleurs pas les cas les plus difficiles : ils donnent souvent d'eux-mêmes les renseignements qui permettent de remonter la piste. La brigade travaille seule, ne collabore pas avec les détectives, nie avoir jamais fait appel à des radiesthésistes[1], n'a pas de réel contact avec les RIF, sauf en cas de recoupe-

1. Si c'est sans doute vrai dans son cas, encore qu'elle vérifie les renseignements spontanés qui lui sont donnés, cela ne l'est pas de toute la police et on sait que des radiesthésistes ont été sollicités dans des affaires de terrorisme.

ments évidents. Elle travaille seule, et s'en plaint. Tous ses membres reprennent comme une antienne leur souhait le plus cher: la création au niveau national d'un service central des disparitions, avec une équipe qui ferait un premier tri, des antennes au niveau des SRPJ et une formation spécifique.

Aujourd'hui, on peut retrouver le cadavre d'un provincial dans le canal de l'Ourcq sans que sa disparition ait été signalée, ou retrouver à Marseille un amnésique de Lille sans qu'aucun lien puisse être établi. « Le disparu peut être en danger, sa famille est dans l'angoisse: ils ont droit l'un comme l'autre au service public et à un accueil digne. Ailleurs qu'à Paris ils ne l'ont pas », s'indigne Alain Dubois.

Un exemple parmi d'autres des conséquences graves de ce manque de coordination: un mois après la mort de sa tante, qui l'a en grande partie élevé, Karim disparaît de Lyon. Il a 17 ans. C'est un adolescent perturbé, très dépressif. La police est prévenue. Elle suit sans beaucoup d'ardeur semble-t-il quelques pistes. Karim n'est pas retrouvé. Un an plus tard, le commissariat de Vienne, dans l'Isère, reçoit une liste de détenus en cavale avec des photos. Parmi elles, suite à une erreur (!), apparaît la photo de Karim. Le policier qui la reçoit est frappé de la ressemblance avec un corps repêché un an plus tôt dans le Rhône, à 30 kilomètres seulement de Lyon; au bout d'une semaine, sans qu'il y ait eu d'appel à témoins, le corps avait été enterré « sous X » dans le cimetière de Vienne. C'était bien celui de Karim.

Dix drames par jour

Mais la vraie dureté de leur tâche est, tous le disent, dans cette confrontation permanente avec la souffrance. « On est toujours à subir le malheur des gens », confesse Michel Auffret. Patricia Danger, une inspectrice, se souvient d'avoir failli craquer quand la mère de deux disparus l'appelait jusqu'à dix fois par jour. Cette dame, âgée de 70 ans, était la mère de deux musiciens, dont l'un était chanteur d'opéra et l'autre violoniste. Les deux frères étaient étranges, assez pervers, proches des milieux sado-masochistes. Il remontait de leur enfance de troubles histoires d'abus sexuels. Pour la mère, il y en avait un gentil et un méchant, et le méchant entraînait le gentil. D'ailleurs, elle ne déclara que la disparition de l'un des deux, alors que tous les deux étaient partis. « Nous n'osions plus décrocher le téléphone, se souvient un des membres du service, on répondait à tour de rôle en priant pour que ce ne soit pas elle. » On retrouva les corps des deux frères dans la Seine, où ils s'étaient noyés, accidentellement, semble-t-il : ils avaient l'habitude d'aller s'y baigner à n'importe quelle saison. C'est le corps du « méchant » qui fut repêché le premier. « Il faut surtout éviter l'identification avec ceux qui viennent nous voir, ajoute Michel Auffret. Il faut du recul, objectiver. Pour la famille, toute disparition est un drame. Nous, nous en avons dix par jour. Dix drames par jour, personne ne pourrait tenir le coup. »

Les dossiers ne sont jamais vraiment classés. Un indice peut toujours obliger à en ressortir un et à le reconstituer dix ou quinze ans plus tard, même si Alain Dubois ne se souvient pas de l'avoir jamais vu faire.

Ainsi de l'une des disparitions célèbres car sa victime était le membre d'un duo connu de comiques, les « Frères ennemis », de leurs vrais noms André Gaillard et Teddy Vrignault. Leur équipe, formée en 1953, tranchait par un humour assez décalé sur la masse des comiques de l'époque. Ils furent très présents sur les plateaux des Carpentier, dans les émissions de leurs compères Roger Pierre et Jean-Marc Thibault.

Le 2 novembre 1984, Simone Vrignault, épouse de Teddy, vint signaler la disparition de son mari – et de sa voiture, une invraisemblable 504 dorée affublée d'un toit noir. La situation était à l'époque difficile : Teddy Vrignault vivait dans son garage, au rez-de-chaussée de sa maison, et était confronté à de gros problèmes d'argent. En bonne cigale, l'épargne n'était pas sa vertu première, et le spectacle des « Frères ennemis » n'attirait plus les foules comme à leur belle époque, loin de là. Un redressement fiscal récent n'avait rien arrangé.

Une visite chez André Gaillard ne rassura guère : le duettiste affirma que son compère avait de plus en plus de mal à écrire puis à apprendre ses textes. Le dernier coup de fil du disparu avait été pour son ami Michel Audiard, mais il était absent et seule la bonne avait pris le message. L'enquête de voisinage n'apprit rien. Un seul épisode, tragique, vint la distraire de la routine : le beau-frère de Vrignault, dépressif, se pendit six jours après avoir déposé aux « dispas ». Mais aucun lien ne put être établi entre les deux destins. Seule certitude : Vrignault était parti avec 2 500 francs en liquide, somme alors pour lui relativement importante.

En janvier 1985, Pierre Bellemare consacra une émission de la série *Au nom de l'amour* sur Antenne 2 au cas Vrignault. Trente-cinq personnes appelèrent pour affirmer avoir vu soit le disparu, soit sa voiture. Six étaient des mauvais plaisants et furent vite éliminés. Les autres l'avaient vu aux quatre coins de la France. Onze radiesthésistes écrivirent pour signaler l'avoir repéré en… onze endroits différents. Tous les étangs, les lacs désignés furent dragués. En vain. Une femme appela pour affirmer qu'elle avait « vu le Frère ennemi » dans le Ier arrondissement, là où habitait André Gaillard. Émoi dans l'équipe : il était possible que Vrignault rôde autour de la maison de son ancien partenaire. La surveillance s'intensifia pour découvrir que… la vieille dame voyait effectivement un « Frère ennemi », mais que c'était Gaillard lui-même, celui qui n'avait pas disparu. Un autre témoignage signala un clochard qui, effectivement, ressemblait beaucoup au disparu, mais n'était pas lui. Au fil des années, des alertes ont lieu régulièrement. Le fils de Jean-Marc Thibault crut ainsi voir Vrignault à Bangkok. Interpol vérifia, en vain.

Le retrouvera-t-on un jour ? S'est-il tué ? Vit-il des jours heureux ailleurs ? A-t-il tout bêtement eu un accident ? Personne ne sait. Mais le découvrir serait une grande joie aussi pour les fonctionnaires qui le cherchent. « Retrouver un disparu est très satisfaisant, même si c'est seulement un corps », avoue Michel Auffret. Le plus valorisant est sans doute d'arriver à retrouver un suicidaire avant qu'il ne passe à l'acte ; le plus frustrant, de savoir qu'on est face à un homicide et ne pas arriver à mettre la main sur le cadavre.

Service des cadavres

Au fond du couloir, dans une petite pièce, se trouve le service d'identification des cadavres. Sur la porte, l'équipe est caricaturée en « tontons blagueurs ». Là, ils sont deux à passer leur vie à tenter de faire coïncider un cadavre non identifié et une déclaration de disparition. À côté d'un poster de *Il était une fois dans l'Ouest*, un grand classeur en métal gris abrite des fiches en carton blanches ou jaunes sur lesquelles sont agrafées des photos : triste étalage de corps abîmés, vieillis, déformés, mutilés. Ce sont ceux dont on ne sait qui ils sont : soit que la mort les ait rendus méconnaissables, soit qu'ils aient été déjà depuis trop longtemps hors de ce monde pour que rien ne les y rattache. Parmi eux, des cadavres à demi décomposés retrouvés en forêt, tous les désespoirs que les fleuves ont absorbés, des vieillards morts seuls à l'hôpital ou dans des foyers : tout un public essentiellement marginal. À ces photos atroces, ils sont habitués : « Quand ce n'est pas un parent, cela devient vite irréel », avoue Nicole Bergagnini. Deux colonnes, « X femmes », « X hommes », divisent les boîtes avec les fiches de disparition. Les corps, eux, restent à l'institut médico-légal. Rien n'est encore informatisé. « Ce serait dommage. On perdrait le contact du papier blanc », raconte Nicole. Certains sont venus de province, d'autres de l'étranger. Quelques-uns ont été victimes de crime ou de mort naturelle, mais la majorité sont des suicidés. La Seine ne rend que très peu ceux qui s'y sont jetés : on n'y voit rien, disent les plongeurs, les courants déplacent les cadavres, les hélices des bateaux les hachent ; certains, passant sous un bateau, remontent même le courant. Il est fréquent qu'un corps noyé à Fontainebleau se retrouve deux mois plus tard à Paris.

Deux cent cinquante cadavres par an sont répertoriés. Il y a plus d'hommes que de femmes, et la majorité ont autour de la cinquantaine, sans pour autant que se détachent des tendances écrasantes. Les deux tiers sont identifiés très vite. Une soixantaine l'ont été presque immédiatement l'an dernier. « Soit l'identification est très rapide, soit elle sera très difficile. » C'est un formidable travail de mémoire et de patience qui consiste à confronter ce qu'ils ont sous les yeux avec les disparitions notées.

Tout un rituel se met en place. La fiche est reçue, enregistrée avec toutes les données possibles : cicatrices, dents, détails de la découverte, état du corps. Et, tous les jours, ils les regardent à nouveau, les confrontant avec les nouvelles disparitions enregistrées jusqu'à ce que le déclic se fasse. « On vit avec ces gens-là. Petit à petit, une histoire se dessine », raconte Nicole. Plus de six ans après, grâce à une photo, un corps a pu être identifié. « Les photos nous donnent à mieux visualiser ce qu'a pu être le disparu. Mais la rigidité du masque mortuaire déforme beaucoup. Et les familles nous apportent souvent des photos d'art, auxquelles il faut confronter une réalité plus sordide. » Parfois, elles se réveillent tard, pour un problème successoral, alors que le disparu est mort depuis longtemps. Ainsi, cette femme qui cherchait son fils : elle ne l'avait pas vu depuis dix ans, n'avait plus eu de nouvelles depuis cinq ou six ans. Et puis, en apprenant l'existence du service par la presse, l'envie soudaine de savoir…

L'identification doit être absolument formelle, et le fait que le cadavre ait des papiers sur lui ne suffit pas. Il y a des « X pouvant être ». Ils sont presque sûrs mais pas encore entièrement. Leur tâche est compliquée par le fait que les empreintes ont été supprimées des cartes d'identité, sauf si la personne a déjà eu affaire à la police : « Il faut avoir été truand pour pouvoir être identifié », sourit Nicole. Ils utilisent les dents, les empreintes possibles, plus rarement le test ADN, au coût prohibitif (12 000 francs chaque fois, car effectué encore par des laboratoires privés). De toute façon, ce dernier exige que l'on ait déjà retrouvé une famille, donc pratiquement terminé l'identification, puisqu'il faut pouvoir comparer ses résultats avec l'ADN d'un membre de la famille présumée. Ce travail difficile a atteint son sommet quand il a fallu identifier les 170 victimes de l'attentat contre le DC 10 d'UTA, au-dessus du Ténéré, le 19 septembre 1989 : 102 cadavres et 57 fragments non identifiés furent ramenés en container au service des « dispas », qui put, au terme de plusieurs semaines de travail odieux et acharné, identifier 105 personnes...

L'ultime confirmation est apportée par les familles, qui ne sont convoquées que quand la certitude est déjà là. Une fois, une seule, un mort identifié est revenu de la tombe. Ce jour-là, le service accueillait un jardinier de la Ville de Paris. Il paraissait bouleversé. Les policiers le connaissaient déjà : quelques mois auparavant, il était venu déclarer la disparition d'un de ses collègues, également jardinier de la Ville de Paris. L'enquête de voisinage avait permis d'établir un profil difficile : peut-être drogué, peut-être sidéen, en mauvais état physique, le disparu était à coup sûr « inquiétant ». Sa situation familiale n'était guère plus réjouissante. Huit jours plus tard, la photo d'un corps arrivée au service des cadavres coïncida avec celle du disparu. Sa mère et son collègue vinrent l'identifier à l'institut médico-légal. On découvrit même, confirmant un triste soupçon, que le mort était séropositif. Le corps fut rapatrié chez lui, en Normandie, où il fut inhumé dans le caveau familial.

La deuxième visite du jardinier au service s'expliquait donc mal. Sauf qu'il avait à annoncer une nouvelle stupéfiante : il avait vu le disparu. Le mort. Dans un café, tranquillement attablé devant une bière. Deux hommes du service s'y rendirent avec lui. Le « mort » se leva à leur entrée, se précipita vers son collègue, véritable aveu d'identité. On lui expliqua la situation. Quand on lui parla de drogue et de sida, il se fâcha presque. Il était parti parce qu'il ne supportait plus sa famille ; il semblait très remonté contre elle. Le service prévint la mère, qui refusa de venir, convaincue que le ressuscité était un imposteur. Enfin, elle se décida. Un rendez-vous fut arrangé au service, sans que le fils, convoqué, sût pourquoi. Il refusa catégoriquement de la voir, ne consentit qu'à lui adresser un geste d'adieu par une vitre. Elle est rentrée en Normandie. Lui a repris son travail de barman. Son décès a été annulé. On n'a jamais su qui était le mystérieux sosie enterré à sa place.

Les petits tronçons de vie

Rien ne destinait psychologiquement les deux fonctionnaires des « cadavres » à ce rude travail. Jacques Germain le regrette : « Ça serait bien, mais on n'est pas préparés. » La diversité des réactions des familles le laisse parfois désarmé : certains exigent de voir le corps ; d'autres refusent. Pour certains, c'est un soulagement ; pour d'autres, non.

Nicole Bergagnini ne regrette pourtant pas cette absence de formation : « Nous n'en avons pas besoin. Nous avons notre sensibilité, notre vécu. » La voix s'élève, elle se lance : « Je suis arrivée ici par hasard, après avoir été en commissariat, à la DST, et m'être occupée d'escroqueries. Je pratiquais une police répressive, avec un droit finalement pervers qui protégeait ceux qui savaient le manier. J'ai eu envie d'être en paix, d'en finir avec l'imposture de la punition. Je ne voulais plus avoir à me commettre. Sortant de l'école d'inspecteurs, j'ai choisi le 9e CDJ, sans bien savoir pourquoi. J'étais lasse. J'ai été d'abord affectée aux disparitions elles-mêmes. Mais il fallait tout le temps traiter avec les familles. C'est difficile, ingrat, on y est en permanence confronté à l'angoisse. Tout un tas de rancœurs, de haines apparaissent. Je n'aimais pas ça. »

Elle est mieux avec les morts. « L'histoire du mort devient un peu la nôtre. Parfois, il devient même très proche. On ne fait pas cette recherche comme on ferait n'importe quelle autre. Il faut utiliser toutes les astuces, motiver les gens pour qu'ils se mettent à chercher un fragment d'histoire, puis mettre ces fragments ensemble pour recréer quelqu'un. C'est le côté abominable, paralysant du travail : tous ces rapports à faire, ces réponses qu'on attend, ces gens difficiles à faire bouger. Rendre son identité à quelqu'un, ce n'est pas anodin. C'est un défi. Et c'est souvent cruel. Dans ces petits tronçons de vie, vous avez les déceptions, les divorces, des tas de petites choses. Et puis, d'un coup, la personne prend vie, et ça c'est magnifique. » Elle s'arrête, répète le mot, le roule entre ses lèvres : « C'est magnifique. C'est une forme de revanche qu'on leur offre, tous ces types à la dérive, et ça, ça m'importe plus que tout autre travail de police. Il y en a que cela peut rebuter, bien sûr ; moi, ça me permet d'essayer de comprendre. Est-ce qu'on opte vraiment pour la marginalité ? »

Son collègue essaie d'intervenir : « Il y en a, s'ils revenaient, je ne crois pas qu'ils seraient contents qu'on les identifie. » L'argument est balayé d'un coup : « On peut le ressentir comme ça. Mais en est-on sûr ? Quelqu'un qui saute à l'eau avec son permis de conduire, c'est bien qu'il a envie qu'on le retrouve, non ? Et si on ne le fait pas pour eux, faisons-le pour la famille. Ce n'est pas vraiment les trahir, même s'ils avaient consciemment décidé d'en finir avec toute cette vanité. Les morts sont des gens pour moi. Il y a souvent plus d'humanité à traiter avec eux qu'avec les vivants. J'ai l'impression de les rencontrer, sans l'angoisse liée à la disparition parce que, ça y est, on sait. Je me retrouve face à l'énigme de la mort, avec un rapport personnel à l'histoire du disparu. » Si on lui parle de Patricia Cornwell, elle répond Simenon et Jankélévitch, ce qui est tout dire. Nicole Bergagnini, c'est Dostoïevski chez les poulets, l'irruption soudaine d'une humanité écorchée dans la fonction publique.

Elle a « une foi, mais pas d'église », avoue un deuil, sans préciser lequel : « Devant lui, j'ai cherché des réponses, avec frénésie, parmi les livres. Je les ai trouvées ici, avec une certaine paix. »

Les privés sur la piste

Les échecs de la police amènent souvent les détectives privés à intervenir[1]. On a beaucoup fantasmé sur une profession teintée d'un folklore désuet et dépassé, si tant est qu'il ait jamais existé. Elle est aujourd'hui en pleine expansion : 261 cabinets sont déclarés à la préfecture de Paris, et 2981 pour toute la France. (Aux États-Unis, d'après la revue *Fortune*, les revenus déclarés des « privés » ont quintuplé en vingt ans.) Cela n'a pu se produire que par un changement de spécialités, surtout depuis que la loi de 1975 sur le divorce a enlevé son côté criminel à l'adultère. « La brigade des cocus a été dissoute[2] », déclarait récemment Christian Borniche, vice-président de l'Union fédérale des enquêteurs de droit privé. Aujourd'hui, les affaires privées ne représentent plus que 15 à 20 % des affaires de cabinets en ville, et 20 à 30 % de celles situées à la campagne. La profession est de plus en plus tournée vers l'espionnage industriel, le « contrôle de compétence ou de loyauté des collaborateurs », les

1. Du moins pour ceux qui en ont les moyens. À l'agence Duluc, l'une des plus connues de Paris, le tarif horaire de base hors taxes est de 350 francs le jour et 438 francs la nuit, dimanches et jours fériés. L'enquête « recherche » peut être facturée à un forfait de plus ou moins 5000 francs selon la difficulté et les éléments apportés par le requérant. Les escrocs existent : les parents de Marion Wagon, sans doute l'enfant disparue la plus célèbre de France, ont failli se faire délester de 30000 francs par un faux détective prétendant avoir vu l'enfant en Tunisie ; ceux de Sophie Arnoult ont également été menés en bateau. Conseils pratiques : il vaut mieux se renseigner pour savoir si le cabinet est homologué auprès de la préfecture, exiger du cabinet une assurance couvrant sa responsabilité civile professionnelle et avoir un contrat ainsi qu'un reçu des sommes versées.

2. *Le Monde*, 1er mars 2000.

enquêtes sur la concurrence déloyale, les fraudes, les détournements de technologies… La collaboration avec les avocats s'est aussi beaucoup développée. Aux États-Unis, d'après une enquête de la National Association of Investigate Specialists, la mission numéro un des détectives est d'assister les compagnies d'assurance dans leurs enquêtes. Les recherches de disparus ne viennent qu'en dixième position.

Jacky Choisel est détective ou plutôt l'a été à l'époque où la profession n'avait pas encore adopté le vocable à la mode d'« agents privés de recherche ». Aujourd'hui, il a remisé sa carte : trop de risques, trop de temps perdu, mais une liberté qu'il regrette parfois. « Quatre-vingt-dix pour cent des recherches n'aboutissent pas. Quatre-vingt-dix pour cent du travail est fait d'attente. Mais il y avait des moments exceptionnels, et ce plaisir du voyeur qui consiste à suivre les gens, à les observer sans qu'ils s'en doutent, à retracer leur vie… » Les disparus n'ont jamais constitué l'essentiel de son activité. « Les affaires que j'ai traitées concernaient beaucoup de jeunes adultes. Souvent, c'était la fuite avec un petit ami leur déplaisant qui poussait les parents à venir me voir. Les conflits ethniques étaient fréquents. » La première rencontre est capitale. « Le premier travail à faire, c'est sur les parents. Quand ils viennent nous voir, ils sont perdus et culpabilisent beaucoup. Il faut d'abord les obliger à admettre que la cause de la disparition les concerne peut-être – même avec des années de retard. »

Un couple était un jour venu le voir. Leur fils avait disparu depuis sept ans. Il était parti, avait donné quelques nouvelles au début, puis plus rien. « En fait, le fils était homosexuel, et le père n'avait pas pu le supporter. Il l'avait mis à la porte en lui disant : "Tu n'es plus mon fils." Le plus long, ça a été de leur faire avouer cela. Au début, le père me répondait : "C'est notre problème." Puis il s'est engueulé avec la mère. Enfin, ils ont accepté de me dire le nom du premier petit ami de leur fils. Par cette piste, nous l'avons retrouvé. La plupart des disparitions auxquelles j'ai été confronté étaient nées d'un conflit parental ou familial. Une fois ce conflit débusqué, la moitié du travail était faite. Il faut faire comprendre aux parents que l'heure est à l'urgence, pas aux problèmes de conscience. Et le temps joue contre nous. La psychologie importe autant que le flair: savoir rassurer les inquiets et sensibiliser les hésitants. »

Les enquêtes sont classiques: interroger les proches, aller sur le terrain, refaire les parcours, essayer de se mettre à la place du disparu... Ce qu'un autre appelle « scanner » le fugueur. Ce qui est moins classique, c'est la position de l'enquêteur. Il n'est pas policier, n'a pas les mêmes droits. « Généralement, nous sommes accueillis par un refus. Nous arrivons comme des inquisiteurs, souvent porteurs d'un rôle répressif que nous n'avons pas. Donc, à nous de trouver les moyens. Notre cadre éthique évolue en fonction de l'urgence: notre action peut sauver ou mettre en danger quelqu'un. » Personnellement, il n'hésite pas à mentir. « La seule limite légale (que certains franchissent) est l'interdiction de se faire passer pour des policiers. Cela n'interdit pas d'entretenir la confusion. Des confrères ont des cartes bleu-blanc-rouge, pas des cartes de police mais qui peuvent passer pour telles. Je n'ai jamais hésité à me faire passer pour un proche du disparu. Il ne faut pas hésiter non plus à déstabiliser celui qu'on interroge, à en rajouter sur le danger que court le disparu, à faire peur même. J'ai utilisé la pression psychologique pour retrouver une gamine qui était dans la rue, et cela a payé. » Tous les détails sont importants ou peuvent le devenir: un certain goût culinaire peut, par exemple, amener l'enquêteur à faire le tour des restaurants avec des photos, où il peut tomber sur la personne qui a servi celui qu'il recherche.

Quand le disparu est absent depuis longtemps, une enquête administrative se justifie. Si la disparition est récente, elle n'a aucun intérêt. Dans toutes les administrations, il faut pourtant avoir d'« honorables correspondants »: fonctionnaires divers et complaisants, jusqu'à des policiers qui, soit pour quelque menue monnaie, soit par amitié, acceptent de vérifier des détails. « En Belgique, les détectives ont le droit de consulter certains fichiers administratifs. Pas en France. » D'où aussi l'utilisation que font certains d'écoutes illégales, avec un matériel paradoxalement autorisé à la fabrication et à la vente mais interdit à l'utilisation… « Personne ne l'avouera, mais beaucoup le pratiquent. Le matériel est assez cher, mais pas très difficile à trouver. Après, ils l'utilisent en prétendant faire de la détection d'écoute… Certains sont allés en prison pour cela. La recherche est un peu comme le rugby : un sport très noble qui peut se transformer en combat de rue. »

Ils retrouvent ainsi assez souvent des gens qui n'ont pas les moyens de se dissimuler totalement. « En France, on ne peut pas rester très longtemps absent de l'administration. On a toujours besoin d'argent, de la Sécurité sociale… » Dans l'ensemble, les recherches de Jacky Choisel aboutissaient, mais pas toujours, et il y a des gens qu'il a retrouvés morts (des jeunes tombés dans la drogue). Une fois, il est tombé sur un escroc international qui se faisait passer en Autriche pour un concepteur de bateaux de course : « Là, j'ai dû me faire aider. »

Reste ensuite le problème de savoir que dire aux parents : là encore, l'éthique est personnelle, et l'image mythique du « privé » s'est nourrie de ses ambiguïtés. « Nous avons un autre avantage sur les flics : nous ne sommes pas obligés d'aller au bout et nous n'avons de comptes à rendre qu'au requérant. On nous demande des résultats concrets, et nous travaillons sur l'être humain, avec notre propre sensibilité. Parfois, j'ai des doutes. » Il lui est ainsi arrivé de retrouver une jeune fille et de ne rien dire à ses parents : « Au fur et à mesure de l'enquête, j'ai compris les raisons du départ de la jeune fille. Elles me sont apparues convaincantes. » Une autre fois, il est parti sur les traces de l'associé d'un cabinet d'avocats accusé d'une escroquerie, et s'est aperçu en retrouvant l'« escroc » qu'il était en fait la victime. « On ne peut pas juste avoir un renseignement et le donner en s'en lavant les mains. »

Il lui est arrivé de se tromper. Un mari était venu le voir car sa femme venait de disparaître. « L'homme était désespéré. J'ai retrouvé la femme, je le lui ai dit : il a failli la tuer. J'avais manqué de discernement. J'aurais dû voir sa fragilité, prendre plus de temps pour le calmer. Une autre fois, c'est une jeune fille, dont j'avais donné l'adresse à ses parents, qui l'a très mal pris. Elle m'a rappelé pour m'incendier, me disant qu'elle voulait que ses parents la laissent en paix. Elle paraissait très sincère. J'avais sans doute été un peu léger. »

Il a aussi carrément refusé de s'occuper d'une affaire. « C'était un couple, sortant d'un milieu très bourgeois, qu'ils n'ont pas arrêté de mettre en avant. Leur fille était partie vivre avec un garçon qu'ils n'aimaient pas, un Marocain. Jamais le père ne m'a parlé de son amour pour sa fille, ne mentionnant que son éducation : "Nous avons été trop permissifs", etc. Au bout d'un moment, je lui ai dit que je n'avais pas très envie de travailler pour lui. On n'est pas à l'abri de la manipulation. »

Regrettons simplement que ce souci d'éthique ne soit pas respecté par tous, et qu'un certain nombre estiment que, du moment que le client a payé, il a droit à son renseignement. « D'autant plus que, même si l'obligation est de moyens et non de résultat, on se fait payer davantage si on arrive à trouver quelque chose. »

Magnétiseurs et radiesthésistes

Toutes les familles de disparus ont été approchées par des radiesthésistes, et toutes ou presque ont écouté leurs avis. « Quoi qu'on en pense, on est prêt à se raccrocher au moindre fétu », avoue Mme Vincence, mère de Bénédicte, une jeune fille qui a disparu après l'incendie de son studio pendant l'été 2000. Les radiesthésistes sont légion à venir proposer leurs services dans les affaires de disparition. Myriem Lacroix-Breton, membre du Syndicat national des magnétiseurs, ne l'a jamais fait ; elle attend que les gens viennent à elle : « Il faut qu'on me demande. Je ne propose jamais mes services. La démarche doit venir de la personne. Cela en fait déjà beaucoup », sourit-elle. Elle est radiesthésiste depuis son plus jeune âge, depuis qu'elle a senti en elle ce « don », « entre guillemets », précise-t-elle. Des picotements dans les mains, dans les pieds, la capacité de faire baisser les douleurs animales (eczéma et autres). Un vieux magnétiseur de la campagne lui a révélé de quoi il s'agissait : ces picotements, c'était souvent la présence souterraine de l'eau qui les lui provoquait ; ce don qu'elle avait, c'était celui de la radiesthésie.

Tout repose sur l'idée que notre monde n'est qu'un immense champ vibratoire, et que tout ce qui le constitue produit des ondes. Ceux qui ont le « don » peuvent capter ces ondes mieux que nous. Rien ne l'explique scientifiquement. D'après le professeur Yves Rocard (père de Michel), ce serait dû à la présence de cristaux de magnétite supplémentaires dans les mains. D'autres prétendent qu'il s'agit de perception extrasensorielle : les radiesthésistes ressentiraient physiquement la présence des sources radiantes, ce qui correspond à ce que décrit Myriem : picotements, sensation d'électricité dans le corps, maux de tête, nausées, sensations de chaleur ou de refroidissement. Ce n'est d'ailleurs pas toujours une partie de plaisir. Un radiesthésiste explique : « Si ce n'est pas bien grave de prendre les radiations de l'eau ou de métaux, c'est une autre histoire quand vous êtes face à quelqu'un de malade. Là, pour sûr, vous êtes bombardé par toutes les ondes négatives qu'il porte[1]. »

Le don n'est pas transmis, mais est révélé au radiesthésiste par un ancien du métier, qui lui explique qu'il le possède. Ce phénomène de reconnaissance est très important. Et c'est ce révélateur qui apprend au nouveau à se diriger. Encadré par cette validation sociale, le « don » doit être exercé à bon escient. La personne qui le possède doit mener une vie conforme à ce privi-

1. Cité *in* Dominique Camus, *Voyage au pays du magique*, Flammarion, 1994.

lège, et elle doit s'en servir avec mesure : qui l'exerce et se fait payer, ce qui est admis, doit le faire sans abuser.

Assistante juridique chez un avocat, Myriem a fait bénévolement de la radiesthésie avant de se lancer à titre professionnel. Son bureau est en banlieue. Dans la salle d'attente s'affichent aux murs des articles de journaux, des textes d'elle, tous tendant à valider son « don ». Elle en parle avec modestie, presque plus inquiète à l'idée qu'on croit qu'elle exagère que prête à en « rajouter ». « J'arrive à sentir les zones malades à titre préventif, mais je ne remplace pas un médecin. J'arrive aussi à donner un effet qui soulage, toujours en complément de la médecine. Dans les cas de maladies graves, je ne les guéris bien sûr pas mais je peux aider à supporter les rigueurs du traitement. Le magnétiseur déclenche une réaction, le corps prend ensuite en charge la souffrance et se met à travailler. »

Elle est peu sollicitée pour des histoires de disparition, et le plus souvent c'est pour des animaux. « Là, je ne comprends pas bien ce qui se passe. C'est très dur à expliquer. » Elle ouvre une carte. « Il me faut une photo du disparu. » Elle oriente la carte au nord, vers le pôle magnétique, passe le pendule sur la photo, puis sur la carte. « La photo, les vêtements d'un disparu émettent des ondes. Là aussi, je ne comprends pas bien pourquoi. » Elle rit, comme pour s'excuser de cet inexplicable. « Ce sont des conventions mentales : si le pendule tourne dans le sens des aiguilles d'une montre, cela veut dire non. Si c'est dans le sens contraire, cela veut dire oui. S'il se balance, c'est que c'est neutre. D'autres utilisent ces codes en sens inverse. Étant droitière, je me sers de la main gauche pour capter les radiations qui remontent, vont jusqu'à mon cerveau et redescendent dans mon autre main. Pendant ce temps, je fais le vide dans mon esprit, je ne pense à rien. L'influx nerveux se transmet au pendule, qui est un amplificateur de radiations. Bien sûr, je n'ai les réponses qu'aux questions que je pose. » Sur la carte, elle déplace le pendule. « Les vibrations sont devenues de plus en plus fortes. Quand j'ai localisé le disparu, je prends une carte plus précise, et je finis avec une carte IGN. » Il peut y avoir des blocages : « Dans un quart des cas à peu près, ça ne marche pas, je ne sais pas pourquoi. Quand la photo est trop vieille, je remonte dans le passé, à des endroits où le disparu a vécu, mais je n'arrive pas à le localiser. J'ai aussi du mal à franchir les barrières psychologiques émises par ceux qui ne veulent pas être retrouvés. Quand quelqu'un est mort, je ne sens rien, qu'un vide de vibrations. » Elle n'a pas, pendant ses recherches, de transes ou d'état particulier. « Je ne suis même pas très concentrée. Je ressens de très forts picotements dans les doigts, c'est tout. »

Douleurs et charlatans

En mai 1999, un de ses patients, correspondant d'un notaire parisien, lui demande son aide pour résoudre une affaire d'héritage qui s'enlise. L'héritier a été vu pour la dernière fois à la gare de Lyon et n'a plus refait surface. En dix minutes, Myriem le retrouve. Sur la carte de France, avec le pendule, puis à mains nues, elle se déplace, sentant des picotements de plus en plus forts au-dessus de Nice. La gendarmerie locale est prévenue, accepte de faire le tour des foyers de SDF avec une photo et retrouve l'heureux clochard qui hérite ainsi de 7 millions de francs.

Chacun croira ou non à ces méthodes, même si l'histoire de Myriem peut suffire à ne pas classer trop hâtivement sous l'étiquette de charlatanisme toute manifestation de ce type. Sa réussite reste pourtant exceptionnelle.

La Brigade d'enquête sur les atteintes à la personne nie avoir jamais collaboré avec des radiesthésistes, et Michel Auffret avoue même une certaine hargne à leur égard. « Sur plusieurs affaires, ils téléphonaient pour nous donner des indications sur l'endroit où était le disparu. S'ils étaient dix, il y avait dix endroits différents, situés dans le monde entier », se souvient Alain Dubois.

Plus grave : aucune des familles que j'ai rencontrées ne pouvait se vanter de l'avancement d'une enquête grâce à eux. Au contraire, presque toutes avaient des histoires pénibles à raconter.

Chez les Belloir, des coups de fil spontanés ont signalé Fabrice ou ont annoncé qu'il était enterré près de la frontière espagnole. « Que faire ? Nous l'avons dit à la gendarmerie. » La plaisanterie est allée plus loin, et Mme Belloir a fini par porter plainte contre une femme qui l'avait appelée. « Elle m'avait dit : "On m'a donné la fiche de Fabrice dans la rue : c'est un signe. Si je ne vous aide pas, vous ne reverrez jamais votre fils." Imaginez, une maman à qui l'on dit ça… Je m'en suis toujours voulu, mais je l'ai rencontrée, en cachette de mon mari. » La femme rappelle, lui demande 1 000 francs, et lui en soutirera jusqu'à 3 000, que la plainte lui fera rendre.

Mme Prévot a vu une tireuse de cartes afin de se renseigner sur la maîtresse de son fils. « Elle m'a dit quelque chose que je n'oublierai pas : "Un jour, il partira, et vous ne saurez pas ce qu'il est devenu." »

M. Barbey ne sait trop que penser : le radiesthésiste qu'il fréquente lui a dit que sa femme était près de Montpellier : « C'est peut-être vrai. Mais il m'a déjà lancé sur de fausses pistes. » Il a décidé de ne plus le voir, mais reste quand même en contact, englué à un espoir auquel il ne croit pas.

Ne pas croire n'empêche pas le « On ne sait jamais… ». M. Arnoult pointait quand même sur la carte les endroits qui lui étaient indiqués. M. Boulay, fondateur de l'APEV, dont la petite fille fut retrouvée assassinée, dit : « Nous avons toujours répondu aux sollicitations des uns et des autres. Parfois, sur leur demande, nous leur envoyions des objets ou écrits personnels de Delphine qui pouvaient les aider à retrouver son corps, puis ensuite à désigner l'assassin. Nous avons également rencontré des individus qui voulaient nous mettre en contact avec l'esprit de Delphine. Là, nous avons tout stoppé. Si nous n'avions pas pris de la distance, nous serions devenus fous. À mon avis, cela peut peut-être aider dans un premier temps, mais c'est tellement artificiel qu'il faut s'en éloigner très vite[1]. »

Le pire est arrivé aux Lenotre, qui se sont laissé embarquer dans des histoires rocambolesques. Les radiesthésistes se sont présentés, bénévoles et nombreux, dès la disparition de Dominique. L'un était un ami du père, venu pour rendre service. Pendant plusieurs jours, il a repéré le corps « au bord de l'eau ». « Tous les jours, on a sillonné la côte en cherchant le corps de Dominique parce qu'il le voyait. » Ils y ont passé des week-ends entiers, scrutant le moindre rocher, tressaillant au plus petit objet qui aurait pu appartenir à Dominique. « C'était dramatique. On fouillait tout, en espérant trouver un objet, quelque chose », avoue le père. « J'y suis allée une fois ou deux. Ça me rendait malade », ajoute Patricia, la sœur.

La dernière fois, l'aventure devient extrêmement pénible. Le radiesthésiste avait été très clair : à minuit, Dominique serait pieds et poings liés à un carrefour, entre Roscoff et Morlaix. Bien qu'ayant promis à Patricia de ne pas y aller, les parents de Dominique partent, conduits par un ami de leur fils. Quand ils arrivent au carrefour, une voiture est déjà là. Ils tournent autour, sans trop regarder dedans, et vont se garer un peu plus loin. Le radiesthésiste descend, va repérer les lieux, revient, content : il a trouvé une cachette, dans une casse de voitures non loin de là. Tout à coup, la voiture démarre et vient se garer à côté d'eux. Panique et espoir sont mêlés. Dominique serait-il là ? Un homme descend de la voiture : c'est un douanier. Gênés, les Lenotre racontent leur histoire ; le radiesthésiste précise que Dominique doit arriver dans un camion d'alcool venant du Portugal. Les douaniers signalent qu'il y en a eu un au port, puis repartent. Les Lenotre continuent de se camoufler derrière un mur, un poteau. Les heures

1. Jacques Mazeau, *Enquête sur les disparitions, op. cit.*

passent, épuisantes moralement. Une autre voiture arrive alors, fait le tour du rond-point et se gare derrière eux. C'est le dénouement. Mathurin, le père, y croit. Il note le numéro de la voiture. Au bout d'un moment, elle repart vers Morlaix. Il est 4 heures du matin. Eux s'en vont. Mathurin téléphone quand même à la douane de Roscoff pour signaler qu'une voiture s'est arrêtée. « C'était nous, répond la douane. Vous nous intriguiez, et nous sommes restés. »

4

Ensemble pour ne pas oublier : les associations

Il est petit, moustachu, courtois. Il ne travaille plus, ou du moins plus au métier auquel il a consacré sa vie. Ancien dessinateur d'études chez Peugeot, Jacques Arnoult a aujourd'hui une autre activité, qui a grignoté son existence. Il est vice-président de « Disparition espoir », la plus importante des associations de familles de disparus, qu'il a poussé le député du Doubs, Jean Geney, à fonder et qui regroupe aujourd'hui 1 000 adhérents et 200 familles, emploie un salarié et des bénévoles.

Étupes, toute petite ville proche de Belfort, dans cet Est où Peugeot tient et irrigue la région : dans le centre socioculturel, regroupé dans une pièce, se tient le siège social de « Disparition espoir ». Les murs sont tapissés d'avis de recherche, collés les uns aux autres : ici des enfants qui ont disparu, là des vieillards atteints de la maladie d'Alzheimer. Visages presque anonymes, souvent désignés par un simple prénom, réunis par le hasard du malheur. Quelques-uns se détachent d'un coup, plus familiers d'avoir été montrés lors de campagnes de presse ou de journaux télévisés. À une table, une secrétaire trie des papiers. Dans de grands classeurs sont rangés les dossiers des familles adhérentes, dont la plupart vivent personnellement le drame de la disparition. Tous les jours ou presque, Jacques Arnoult et sa femme Josette viennent ici, reçoivent des coups de téléphone, suivent les dossiers en cours, tentent de redonner un peu d'espoir à ceux qui ne savent à qui s'adresser. « 2000 enfants et jeunes adultes disparaissent chaque année et ne sont jamais retrouvés », signale le slogan de l'association.

Pour les Arnoult, ce sacerdoce inattendu a commencé un jour de septembre 1985. Ce jour-là, leur fille Sophie n'est pas avec eux. Elle est partie pour la Corse une dizaine de jours, marcher sur le GR 20. C'est un voyage important pour elle, le dernier avant son premier emploi fixe. Elle y tient au point d'insister pour le faire alors qu'une de ses amies s'est désistée et qu'elle doit envisager de partir seule. Seule, non : ses parents s'y opposent. Un de ses amis du quartier, Olivier, l'accompagnera donc. Ces précautions ont dû faire sourire la jeune fille. Sophie n'est pas une novice en matière de randonnée : ses parents l'y ont initiée, et elle est capable aussi bien de marcher longtemps que de lire une carte. Elle a 23 ans.

D'un non-lieu à l'autre...

La suite, c'est Olivier qui la racontera. Ils arrivent à Ajaccio, s'installent au camping de la route des Sanguinaires. Le lendemain, ils vont jusqu'aux îles Sanguinaires et prennent le chemin côtier vers le nord pour rejoindre la départementale et atteindre le Cape di Ferno et la baie de Lava. Après avoir longtemps marché, ils s'enfoncent dans un maquis d'épineux, gravissent une colline avec beaucoup de difficultés, espérant apercevoir la baie de Lava depuis le haut. Olivier s'est blessé au pied. Il est fatigué, en a assez (ils ont marché vingt et un kilomètres) et décide de rester là. Ils verront le lendemain. Sophie ne l'entend pas de cette oreille et veut aller chercher de l'aide. Elle part. Olivier l'attend, longtemps, trop longtemps, bien au-delà de la tombée de la nuit, heure à laquelle ils étaient convenus de se retrouver. Il a accroché sa lampe à un arbre, l'a laissée allumée pour que

Sophie puisse le repérer même dans l'obscurité, écoute la radio. Malgré son inquiétude, la fatigue a raison de lui, et il s'endort.

Le lendemain, à son réveil, Sophie n'est toujours pas là. Paniqué, il se décide à partir, arrive en s'écorchant à nouveau dans les épineux jusqu'à une plage en bas de la colline. Des Parisiens y campent, qui n'ont rien vu. Il va jusqu'à une ferme voisine où personne non plus n'a aperçu la jeune fille, puis court à la gendarmerie. L'alerte est donnée. Un hélicoptère survole la région. Le lendemain, des battues sont organisées. Mais Sophie demeure introuvable.

Jacques Arnoult apprendra la nouvelle trois jours plus tard, par un journaliste (Olivier ne l'a pas prévenu, convaincu que Sophie allait être retrouvée). Il tombe des nues, croit à une farce. Sa femme est à l'hôpital pour y subir une opération : il a autre chose à faire qu'écouter de mauvais plaisants. Quand il comprend que son interlocuteur est de bonne foi, il ne sait que penser. « J'ai presque défailli, et puis je me suis dit que ce n'était pas possible, qu'on allait forcément la retrouver. » Il pense à se rendre tout de suite sur place, mais il lui faut organiser son départ. La disparition de Sophie faisant dès le lendemain la une de la presse locale, il obtient du personnel hospitalier qu'aucun journal ne rentre dans la chambre de sa femme, à qui toute émotion doit être épargnée. Il lui fait ensuite dire par son fils qu'un lumbago l'a cloué à la maison, ce qui explique qu'il ne pourra pas lui rendre visite pendant quelques jours.

À Ajaccio, qu'il rejoint en bateau depuis Marseille, après avoir lancé une RIF à Sochaux, il se joint aux battues, fouille le maquis avec les gendarmes, soulève les pierres et ouvre les buissons en espérant découvrir un indice, tout en redoutant de trouver une preuve. Sa conviction se fait rapidement : Sophie a été enlevée. « Elle était trop bonne montagnarde pour avoir pu se perdre ici. Elle a peur et se cache, ou elle est retenue contre son gré », affirme-t-il au procureur et aux gendarmes. Mais il ne réussit à convaincre ni les uns ni les autres. Son enquête personnelle auprès des gens ayant pu voir Sophie n'aboutit pas davantage, même s'il vérifie avec Olivier les témoignages les moins probants, dont un qui aurait vu Sophie en Sardaigne avec un hippie. Alors, la mort dans l'âme, il décide à la fin de la semaine de porter plainte, puis de rentrer.

En décembre, il revient avec sa femme et plusieurs membres de leur famille en Corse, où les recherches sont abandonnées, Sophie étant majeure. Ils repassent au peigne fin tout le terrain, avançant en ligne les uns à côté des autres, délimitant avec des sacs en plastique accrochés aux buissons les zones qu'ils ont déjà visitées. Chaque centimètre de terrain est fouillé dans un carré de 600 mètres de côté. Ils creusent dans le lit des ruisseaux, vérifiant chaque tas de pierres en repérant avec le lichen ceux qui ont été récemment touchés, cherchant dans les secteurs indiqués par des radiesthésistes. Ils y restent quinze jours : en vain encore.

Les trois premières années, ils reviendront ainsi tous les étés et souvent une dizaine de jours l'hiver, essayant chaque fois d'étendre le périmètre de leurs recherches, de rencontrer de nouvelles personnes. À partir de 1986, date à laquelle Jacques Arnoult prend sa retraite, leurs visites auront lieu tous les six mois. Des chasseurs les aident. En accord avec les différents juges d'instruction, ils obtiennent certaines démarches : que les gardes-chasse emmènent les gendarmes fouiller les anfractuosités des rochers, par exemple. « Nous avons ainsi acquis sur tout ce qui avait pu se passer dans la région une connaissance très solide. Entre autres sur le fait qu'un Marocain a été assassiné peu avant que ma fille n'ait disparu : a-t-elle vu quelque chose qu'elle n'aurait pas dû voir ? » Il refait lui-même le chemin à pied de l'endroit où Sophie s'est perdue à celui où on a découvert le corps du Marocain, et s'aperçoit que l'on peut le parcourir dans la nuit. Certaines des personnes qu'ils rencontrent deviendront même des amis, que le couple reverra chaque été. Ces années seront émaillées de faux espoirs, de rencontres avec des radiesthésistes, un détective privé, un escroc qui leur volera 2000 francs en leur promettant un rendez-vous auquel il ne se présentera pas.

Jamais les Arnoult n'accepteront l'inacceptable, de même qu'ils n'accepteront jamais l'hypothèse du départ volontaire : « Sophie nous avait demandé de garder un caniche qu'elle venait de s'acheter. Elle avait établi des comptes prévisionnels pour l'année à venir, et nous l'avions inscrite pendant son absence à des cours du brevet professionnel de coiffure. Tout cela indique clairement sa volonté de rester. J'ajoute que nous nous entendions très bien avec elle. » Après un premier non-lieu, ils réussissent à faire rouvrir l'enquête. Ils vont voir des ministres, écrivent à toutes les ambassades, à tous les consulats des pays limitrophes. Un second non-lieu vient à nouveau clore l'enquête. Ils ne disposent pas pour l'instant des éléments nouveaux nécessaires à une nouvelle réouverture.

Les bénévoles de l'espoir

Fin 1988, alors que son premier non-lieu vient d'être prononcé, un épisode particulièrement cruel amène Jacques Arnoult à rencontrer le député du Doubs (et maire d'Étupes) Jean Geney. Depuis des mois, la voiture de Sophie est garée chez eux et les gêne, même si la garder est aussi une manière de clamer leur foi en son retour. Ils décident un après-midi de l'emmener dans un garage en Haute-Marne où ils la laisseront en dépôt. Au retour, le signal indiquant qu'un appel a été reçu clignote sur leur répondeur. La réception est très mauvaise, mais Mme Arnoult frissonne dès que le message se déroule : elle est convaincue, encore aujourd'hui, d'avoir reconnu la voix de sa fille. « Moi, je le suis moins, dit son mari, mais j'ai mauvaise ouïe. » Pour pouvoir mieux écouter le message, il demande à Jean Geney l'autorisation d'utiliser un studio d'enregistrement que le député a fait installer. Une fois les sons isolés, on peut distinguer en arrière-fond le bruit d'une machine et quelques paroles. L'une dit « Il a mordu », une autre « Parlez à Weber », une troisième « Puisque je vous le dis ». Sophie, si c'est elle, aurait juste dit « Allô, allô, comment ? » avant que la communication ne soit coupée. Deux « Allô » ; sa mère juge le premier empreint « d'inquiétude » et le second « de désespoir ». Cet appel est un vrai coup de poignard, qui ne fait que prolonger l'incertitude et charger cette innocente et nécessaire absence d'un poids de culpabilité énorme, que Jacques Arnoult, hochant doucement la tête, résume d'un pathétique : « C'est bien notre chance. » Il tentera quand même d'exploiter jusqu'au bout ces très maigres nouveaux éléments en appelant tous les Weber de France et de Corse. À nouveau en vain, on s'en doute.

Mais contact a été pris avec Jean Geney, qui s'impliquera dans le combat, jusqu'à élaborer et faire adopter un projet de loi important[1]. Le député, bien que n'étant pas directement concerné par une disparition, raconte le fait divers tragique qui l'a déterminé à faire de ce combat le sien. « J'ai été informé un soir qu'une jeune fille avait disparu. Elle était sans doute fragile, car sa famille avait déjà été durement éprouvée. Son père, puis son frère étaient morts dans des accidents de la route. Un autre de ses frères avait un soir été agressé et défiguré au vitriol. Quand j'ai été averti du drame, trois jours plus tard, je suis allé voir la police. On m'a répondu : "Elle cherche l'homme." Quelques jours plus tard, on la retrouvait morte. » Le 12 juillet 1989, il fonde "Disparition espoir", que dirigera Jacques Arnoult et dont le but est d'aider les familles vivant le même drame à l'affronter ensemble.

Une permanence quotidienne[2] répond aux coups de téléphone, jouant un rôle d'écoute et d'appui moral

1. Voir plus loin, même chapitre.
2. Du lundi au vendredi de 9 à 12 heures et de 14 à 17 heures.

mais aussi d'aide face aux démarches administratives. Avec des moyens faibles, ils éditent un bulletin d'information annuel. Des conférences sont tenues partout en France, où des antennes ont été installées dans plusieurs régions, jusqu'à l'île de la Réunion. En avril 1999, Jacques Arnoult et Jacky Perrot, responsable du vidéoclub de Vieux-Charmont, ont réalisé un petit film vidéo de douze minutes pour prévenir les jeunes des dangers qui peuvent les amener à disparaître. On y voit passées en revue et jouées par des amis comédiens du Box Théâtre un certain nombre de situations pouvant amener à un enlèvement : une mère laisse son landau à l'entrée d'un magasin, des enfants suivent des inconnus, une jeune imprudente monte en stop, un garçon accepte un bonbon dans la rue (on reconnaît Jacques Arnoult en satyre), un autre, plus grand, prend un pétard, des jeunes filles en quête de logement répondent à des annonces immobilières qui se révèlent fausses, d'autres se laissent raccompagner chez elles à la sortie d'une discothèque par des inconnus qui droguent leur boisson...

En 1998, 95 familles se sont adressées à l'association, dont le siège a reçu 310 appels téléphoniques et 1 617 courriers. 740 personnes en sont aujourd'hui adhérentes. Sur les dossiers en cours, 8 personnes avaient cette année-là été retrouvées vivantes (2 fugues, 6 départs volontaires) et 7 l'avaient été mortes (1 suicide, 5 accidents ou suicides, 1 accident ou crime). Dans différentes antennes sont réalisées des crèches vivantes, des kermesses, des participations à des foires, toutes activités qui rapportent un peu d'argent à l'association, déficitaire de 11 000 francs sur l'exercice 1998. Ainsi le suivi de dossiers au tribunal, pratiqué au début, a-t-il dû être abandonné devant le coût de l'intervention d'un avocat (de 10 000 à 35 000 francs selon les cas). Le conseil général de Haute-Saône donne un peu d'argent, le conseil régional alloue la plus importante dotation, soit 25 000 francs.

Le quotidien est fait de petites tâches répétées : correspondances, fabrication d'avis de recherche ; ou plus exceptionnelles comme l'envoi de 60 fiches signalétiques après le massacre de l'Ordre du Temple solaire pour vérifier (ce qui s'est avéré) qu'aucune famille membre n'était concernée. Il n'est pas toujours exempt de découragement : « Animer "Disparition espoir", il faut en convenir, n'est pas garant de succès subits et merveilleux », avoue Jacques Arnoult dans un éditorial, en signalant qu'il souhaite prendre un peu de recul pour « partager du temps avec nos enfants et petits-enfants ».

Pour ceux qui ont côtoyé « Disparition espoir », la rencontre a été importante. M. Barbey s'y est senti appuyé : « Ils m'ont aidé à appeler partout, même à "SOS femmes battues" sur Belfort. » « Voir la photo de Dominique au milieu de celles d'autres gens, ça nous a fait chaud au cœur », avoue Mathurin Lenotre. C'est à « Disparition espoir » qu'ils ont rencontré les Belloir, qui n'habitent pas très loin de chez eux. Depuis, ils se voient régulièrement, soudés par cette expérience difficile à partager et dont l'omniprésence durable dans leurs vies a souvent lassé leurs entourages. Cette découverte, trop souvent hasardeuse (« Il a fallu des mois avant qu'on sache qu'il existait une association », se plaint Mme Belloir), peut aller jusqu'à l'engagement. M. et Mme Milleret se sont chargés d'animer l'antenne parisienne de l'association, les deuxième et quatrième vendredis du mois, à la mairie du VIe arrondissement. « Cela a été difficile à mettre en place, se souvient M. Milleret. Les mairies de Paris ont refusé de distribuer les dépliants de l'association sans se justifier. À Nogent, il n'y avait pas moyen d'avoir un téléphone. Finalement, Jean Geney, membre du RPR, a fait intervenir Chirac[1] dont un adjoint m'a convoqué. La fréquentation de la permanence est irrégulière. Beaucoup

1. Alors maire de Paris.

de choses se passent par téléphone. Nous donnons des adresses, des conseils, nous démarrons des enquêtes quand cela est possible. Mais notre rôle est essentiellement moral : leur dire qu'ils ne sont pas seuls. C'est ainsi que nous sommes devenus amis avec les Arnoult. Seuls ceux qui ont vécu ce drame peuvent le comprendre. »

L'histoire de l'APEV ressemble à celle de « Disparition espoir ». L'« Association de parents d'enfants victimes » a été fondée par Alain Boulay, dont la petite fille, Delphine, disparue le 27 août 1988 du camp scout de Villerville, en Normandie, a été retrouvée assassinée dix jours après. Son meurtrier sera arrêté deux ans plus tard. En juin 1991, à l'initiative de quatre familles d'enfants disparus ou assassinés, il fonde l'APEV, qui s'en tient à un langage remarquablement modéré et peu haineux, ce qui est sans doute dû à la personnalité de son fondateur, homme pondéré et qui ne s'est jamais laissé, du moins en public, contaminer par la haine. « Nous voulons donner à des familles qui ont vécu des drames similaires l'occasion de se parler, de se rencontrer et de s'entraider. Mais surtout nous nous sommes rendu compte que les choses ne se passaient pas exactement de la même manière selon les familles. Les unes rencontraient des difficultés pour connaître le dossier, les autres ignoraient des aspects de la loi qui auraient pu les aider. Bref, il fallait faire prendre conscience aux pouvoirs publics, au ministère de la Justice, mais aussi aux enquêteurs et aux magistrats des difficultés que rencontraient les familles[1]. » Près de soixante-dix familles sont aujourd'hui membres de l'APEV.

D'autres associations sont plus spécialisées, comme le « Collectif de solidarité aux mères d'enfants enlevés », qui a 100 à 110 dossiers ouverts, l'« Office européen pour les enfants disparus et exploités », créé en 1997 par la « Fondation pour l'enfance », la « Fondation pour la recherche

1. Cité *in* Jacques Mazeau, *Enquête sur les disparitions, op. cit.*

d'enfants disparus par Internet », basée en Suisse, « La Mouette », « Enfance et partage » avec un service téléphonique sur les maltraitances à enfants, etc. Quelques-unes enfin se sont constituées autour d'une disparition et sont animées par la famille et quelques sympathisants d'un ou d'une disparue : c'est le cas pour Cécile Vallin, Marion Wagon, Emmanuel Bonnissant avec l'association « Manu ». La grande majorité sont en province, ce qui tend à prouver la nécessité de créer ailleurs qu'à Paris des structures comparables à la Brigade d'enquête sur les atteintes à la personne.

« SOS recherche personnes disparues »

Aucune d'entre elles ne se lance pourtant elle-même dans les enquêtes parallèles, ni ne va sur le terrain concurrencer la police. Aucune sauf une, récemment créée : « SOS recherche personnes disparues ». À sa tête se trouvent deux hommes, pas personnellement touchés par la disparition (sinon, pour l'un d'entre eux, celle d'un lointain cousin), mais désireux de résoudre un problème qu'ils n'hésitent d'ailleurs pas à surestimer, avançant les chiffres les plus farfelus. Philippe Bastien fut gendarme pendant un an, puis commercial et détective privé. Frédéric François est un ancien professeur de mathématiques, élève de Centrale, sculpteur… « Je viens des Vosges, qui est une région très marquée par la déportation. Mon père à 20 ans était à Dachau. Dans ma jeunesse, la disparition était très présente. » Le premier a toujours un peu l'air du commercial qu'il fut ; le second, long et mince, assume un look plus marginal, longues moustaches et catogan. Ils semblent à première vue mal appariés, sorte de Laurel et Hardy de l'investigation, mais forment à l'usage un couple solide et complémentaire. Aucun n'est vraiment le chef. Ils partagent quelques succès et des heures de galère, poussés par le sentiment de leur mission.

Au départ de leur action, un constat : il n'existe, à

part la Brigade d'enquête sur les atteintes à la personne, aucun service public qui aille sur le terrain. « Que reste-t-il aux gens qui n'ont pas les moyens de se payer un détective privé ? Rien. Nous leur proposons de reprendre les enquêtes, mais sans que cela leur coûte rien d'autre qu'une éventuelle participation aux frais. » Ce faisant, ils brisent une réserve à laquelle se tenaient jusque-là les associations de familles de disparus : enquêter elles-mêmes. À la brigade, où ils sont allés proposer leurs services, on reste ouvert mais circonspect. « Si jamais ils ont des informations, veulent nous les transmettre et qu'elles sont utilisables, bien sûr qu'ils sont les bienvenus. Mais il ne faut pas qu'ils espèrent renverser les rôles : ils n'obtiendront de nous aucun tuyau sur une affaire en cours », affirme Michel Auffret.

Bastien et François travaillent seuls ou à deux, dans des conditions précaires : repas de sandwiches, nuits dans leur voiture, longues planques, kilomètres avalés, loin de leur famille... Pour l'instant[1], ils y sont plus souvent de leur poche qu'ils ne gagnent de l'argent. Une enquête leur coûte entre 4 000 et 5 000 francs en moyenne[2]. Ils ont cherché en vain des partenaires financiers : le conseil général d'Alsace a refusé de les suivre. Frédéric François a passé l'été 2000, logé dans le local de l'association à Port-la-Nouvelle, à faire des sculptures en sable sur la plage pour gagner un peu d'argent. Bastien a une femme infirmière, qui se plaint de ses absences mais semble elle aussi passionnée par son travail. « C'est la grosse différence entre nous et les détectives : eux, plus ça dure, plus ça leur rapporte. Nous, plus ça dure, plus ça nous coûte. »

Aidés par l'expérience de Bastien, ils suivent les schémas d'investigation reconnus : enquête de proximité,

1. Écrit en décembre 2000.
2. Moyenne qui ne veut d'ailleurs rien dire : un coup de fil peut suffire à résoudre une affaire, quand d'autres demandent des déplacements à l'étranger.

interrogatoires des familles, utilisation des amis comme dans l'affaire Vincence où ils ont collaboré avec deux étudiants proches de la jeune disparue… Quand ils le peuvent, ils se procurent les minutes des interrogatoires de la police et les compulsent. « Je croyais en fait que la police avait beaucoup plus de moyens que nous, affirme François. En fait, je m'aperçois que non : nous pouvons aller plus vite qu'eux. » Sur un grand cahier, ils notent les éléments des enquêtes en cours, les témoignages obtenus, les vérifications faites, les commentaires que cela leur inspire. Ils commencent à avoir des indicateurs dans des milieux que Bastien qualifie pudiquement de « peu recommandables » : prostituées, revendeurs de drogue. En juin, ils ont été reçus à l'Élysée par M. Antonetti, un des conseillers de Jacques Chirac.

Dans l'idéal, ils voudraient travailler avec des réseaux qu'ils ont commencé à monter : d'anciens gendarmes ou des policiers à la retraite qui ont accepté de les suivre. Chaque fois qu'un article sur eux passe dans la presse, ils essaient de recueillir dans la région concernée quelques adhérents et d'installer une permanence sur place. « Pour l'instant, nous prenons toutes les affaires », mais plus particulièrement les disparitions inexpliquées, les enlèvements parentaux, les fugues. « Être une association sans but lucratif nous facilite beaucoup le travail auprès des agents de mairie ou des témoins qu'il faut convaincre de nous parler. »

Frédéric François a l'honnêteté de reconnaître que ce travail, qu'ils jugent tous deux d'intérêt public, est aussi une partie de plaisir. « C'est tellement passionnant qu'on ne peut plus décrocher. C'est devenu en un an une manière de vivre. Il y a l'aventure, l'excitation. On est pris 24 heures sur 24, on baigne dedans. Je ne pourrai plus concevoir de faire autre chose. » Plus sérieusement, il ajoute : « Je cherchais un combat. C'est un idéal pour nous. Le plaisir de ramener un gosse à ses parents, c'est formidable. »

Tellement formidable qu'il n'hésiterait pas à se mettre hors la loi pour arriver à rendre à une mère (ou à un père) l'enfant enlevé par son conjoint malgré une décision de justice. Le cas s'est produit avec un garçon que son père cachait en Andorre après l'avoir enlevé au lendemain d'une garde. « Nous n'avons pas de préjugés dans ces cas-là. Ça ne me gênerait pas d'enfoncer une porte à 2 heures du matin pour récupérer un enfant », affirme Bastien. François semble même attendre l'occasion avec une certaine jubilation : « Ce serait l'occasion de porter le problème sur la place publique. Il y a plein d'enfants qu'on localise et personne ne bouge. Il y a là aussi un vide juridique. S'il faut aller jusqu'au clash pour le combler, nous irons. Et tant pis pour le risque. »

Face au problème de donner ou non l'adresse d'un disparu aux parents qui le recherchent, ils jugent au cas par cas : « Nous avons retrouvé une jeune femme, mais il nous a semblé qu'elle était victime d'un complot familial et qu'on ne la cherchait pas forcément pour de bonnes raisons. Alors nous avons gardé son adresse pour nous. En revanche, quand nous trouvons quelqu'un qui en fait souhaiterait revenir mais ne l'ose pas, nous donnons ses coordonnées. Nous avons d'ailleurs le projet de créer une autre association qui servirait de boîte aux lettres entre les familles et les disparus. »

Sur la trentaine de dossiers qu'ils avaient à traiter, à l'été 2000 une dizaine avaient abouti : soit ils ont retrouvé les personnes, soit ils les ont identifiées comme mortes. Ils citent volontiers quelques cas, comme celui de cette jeune fille de Mulhouse qui avait disparu à 14 ans et demi. Bastien, se disant qu'elle n'avait pas dû aller bien loin, a eu l'idée de la chercher dans les gares et les lieux de transport de la région. Travail de fourmi finalement payant : c'est là qu'il l'a retrouvée. Pour ne pas se voir opposer un refus de sa part, il l'a suivie sans rien dire mais sans se cacher. Et c'est la jeune fille qui d'elle-même est allée au commissariat signaler qui elle était et qu'un homme la suivait. Ou celui de cette visite dans un service d'identification de cadavres de la police afin de savoir si un disparu pouvait être parmi les corps non identifiés. Ils en ont effectivement trouvé un… mais pas celui pour lequel ils étaient venus.

Fenêtre ouverte sur l'horreur

La plupart de ces associations se battent sur deux fronts : le droit de savoir pour les familles et la prise en compte réelle de leur inquiétude par des services publics trop rapides à se réfugier derrière la fugue ou la liberté à disparaître pour ne rien faire. Ces combats sont parfaitement légitimes mais font aussi valoir, de la même façon que *Perdu de vue*, ce que Michel Auffret appelle « la primauté absolue du requérant ».

Parlant à « Disparition espoir » de faire une enquête sur les disparitions « volontaires », je me suis immédiatement fait remettre à ma place. Les évoquer devant Jacques Arnoult, c'est immédiatement réveiller une blessure : on lui a trop souvent renvoyé comme seule explication à la disparition de sa fille cet argument qu'il repousse et qui n'a jamais été à ses yeux qu'un prétexte à l'inaction. « On dit aux gens : "Disparaissez comme vous voulez, c'est possible." Non : ce n'est pas admissible. » Dans le bulletin d'information de décembre 1999, sous le titre presque hargneux de « Il faut le dire », ce regret est à nouveau exprimé à propos de la participation de familles membres de l'association à diverses émissions : « Nous regrettons que, dans la plupart des cas, le sujet se rapporte aux disparitions volontaires, malgré nos interventions pour prendre en considération les disparitions inquiétantes. » Parmi les parents qui œuvrent dans ces associations, presque tous ont cette même réaction.

Pour combien d'entre eux est-elle un juste soupçon ? Et pour combien n'est-elle que l'écran de fumée qui leur sert à masquer les vraies raisons du départ de celui ou celle qu'ils ont peut-être mal aimé(e) ? C'est impossible à dire. Mais il est difficile de ne pas entendre, certes guidés par la douleur, certes polis par l'angoisse, des discours parfois inquiétants : tel parent se plaignant de ce que la CNIL interdise le libre accès à tous les fichiers et leurs connexions ; tel autre voulant obliger tout disparu à signaler où il est « même s'il ne veut pas nous voir » ; un troisième se félicitant de ce que le détective privé qu'il a engagé ait mis sur écoute une amie de son fils, qu'il soupçonnait d'être au courant de son sort. Tous n'ont pas la pondération d'un Gaby Garambois, responsable de l'antenne de « Disparition espoir » à Villeurbanne, qui constatait : « Bien sûr, il est important de protéger les libertés individuelles. Mais qui peut nous assurer que nos fils et nos filles sont libres en ce moment ? » Quadrature du cercle dont il est difficile de sortir. Quand il affirme dans l'exposé des motifs de sa loi : « Toute disparition est inquiétante », M. Geney a peut-être raison. Est-ce que, pour autant, le disparu n'a pas ses raisons d'inquiéter ceux qu'il a quittés ?

Les associations se trouvent, sans l'avoir levée (mais est-ce possible ?), au centre de l'ambiguïté liée à la disparition, cette fenêtre peut-être ouverte sur l'horreur qui est souvent aussi fuite nécessaire, à la fois vengeance odieuse et acte de survie... Le monde qu'elles reconstruisent, s'il est basé à l'intérieur sur une solidarité bouleversante, ne tisse avec l'extérieur (les conseils de prévention le prouvent) que des liens de méfiance. Leur utilité est évidente : havre de réconfort pour ceux que le drame a brisés, elles ont aussi réussi à faire évoluer la législation et mettent le doigt sur des errements réels et scandaleux. C'est beaucoup, et cela suffit à les légitimer. Mais leur idéologie peut au bout du compte être liberticide. Le dire, ce n'est nullement les attaquer, mais simplement les arrimer à un garde-fou qu'elles n'ont, répétons-le, jusque-là jamais franchi que dans quelques discours individuels.

Pour démarrer une enquête

« Il y avait un vide juridique. Rien n'organisait la recherche des personnes disparues. Le peu qui existait relevait du Code civil et était créé pour profiter à l'absent : on lui conservait ses biens, on lui accordait le droit de disparaître. Pour les familles : rien. Ce qui régissait leur quête n'avait nullement force de loi, mais relevait de pratiques administratives régies par de simples circulaires. » Jean Geney, grand, les tempes grisonnantes, la voix forte malgré de nombreuses cigarettes, reçoit en sa mairie d'Étupes sous un portrait du général de Gaulle et continue de s'indigner.

Il n'a pas tort. Avant ce qu'il appelle *sa* loi (plus modestement, un simple amendement dans un projet de loi relative à la sécurité), quiconque allait déclarer une disparition à la gendarmerie ou au commissariat se voyait confronté à une alternative : soit on estimait qu'il n'y avait pas danger, et une simple RIF était lancée ; soit la disparition était jugée inquiétante ou concernait quelqu'un de protégé (mineur, aliéné, amnésique), et une enquête était lancée. Mais en aucune manière les familles ne pouvaient influer sur cette décision. Que ce soit mauvaise volonté, erreur d'interprétation ou méconnaissance des textes, qu'importe : si une disparition inquiétante n'est pas d'emblée reconnue comme telle, le temps perdu peut s'avérer dramatique[1].

À en croire les témoignages de familles, l'accueil dans les gendarmeries est le plus souvent catastrophique. Ne citons que quelques exemples extraits d'un florilège de lettres adressées à « Disparition espoir » : « Vous me demandez ce que font les pouvoirs publics pour Sidonie ? Après trois mois de silence de la gendarmerie, ne tenant plus, je me suis permis de leur téléphoner. On m'a répondu : "Mais madame, ne nous dérangez pas à chaque instant pour votre affaire." » «Le mercredi

1. Situation déjà stigmatisée en 1983 dans un rapport du médiateur de la République.

2 août 1989, je me suis rendue à la gendarmerie, qui m'a dit de me débrouiller toute seule, que mon fils était adulte, qu'il n'était pas un bandit, qu'on ne pouvait pas lui mettre la police aux trousses. » « J'ai bien sûr sollicité l'aide de la police. Je me suis heurtée à un mur au nom du principe que mon fils est majeur. Ils n'ont même pas réagi au fait que je leur dise qu'il était faible et suivi depuis son enfance par un centre médicopédagogique à Saint-Raphaël »...

Mme Andujar affirme : « Les services publics n'ont pas été rendus en ce qui nous concerne. Nous n'étions pas au courant des lois. La brigade régionale a été dépassée par l'ampleur des recherches. Les gendarmes ont beaucoup travaillé, mais tout a été mal mené, sans logique. Après le non-lieu, c'est un lieutenant-colonel rencontré à la télévision qui a de lui-même mis Tatiana sur Interpol. Le juge m'avait dit : "Cette affaire a déjà coûté bien cher à la société." On a vérifié nous-mêmes tout ce à quoi les gendarmes ne croyaient pas. » Tatiana ayant touché à la drogue, la mère est allée à des *rave parties*, tandis que le père visitait les bars à prostituées. Et c'est elle qui a écrit à toutes les brigades de gendarmerie de France après le non-lieu en envoyant une photo : celles qui ont répondu l'ont fait pour dire que le signalement de la jeune fille ne leur avait jamais été communiqué...

« Nous avons voulu faire une RIF, raconte Mme Arnaud, dont le fils a disparu pendant sept ans. On nous a presque ri au nez, car il avait près de 21 ans. Après, j'y suis retournée tous les huit jours, et j'ai eu à subir des interrogatoires très désagréables... »

Cette froideur n'est pas la règle : d'autres ont rencontré des fonctionnaires aussi attentifs qu'efficaces. La même Mme Andujar se souvient du geste d'un gendarme, dont la femme connaissait Tatiana, et qui est allé à sa place reconnaître si un corps non identifié était celui de la jeune fille, ne l'informant qu'après coup que ce n'était pas le cas...

Mais il faut pour démarrer une enquête des critères plus valables que la simple bonne (ou mauvaise) disposition d'un agent, comme en témoigne la triste aventure de Claude Girard, qui a dû mener seul l'enquête sur sa fille Nathalie disparue un soir de novembre 1997.

Elle avait appelé ses parents pour leur annoncer qu'elle allait venir se reposer chez eux à Pessac, dans la banlieue bordelaise. Elle était contente, car elle venait de signer un contrat de location-gérance pour une discothèque avec un certain Alfredo Stranieri, avec qui elle et son ami s'apprêtaient à dîner ; puis plus de nouvelles.

En janvier 1998, Girard fait deux RIF, l'une à Juvisy-sur-Orge, l'autre à Bordeaux. Puis il se lance seul dans une enquête qui l'amène à « planquer » régulièrement pendant dix-huit mois devant chez Alfredo Stranieri. Ce dernier déclare au commissariat de Juvisy-sur-Orge que Nathalie est à Paris. Le renseignement est rapporté au père, à qui un certificat de vaines recherches est délivré en avril 1999. Il ne s'en contente pas et dépose à Bordeaux une plainte pour enlèvement et séquestration.

Début juillet, il contacte le commissariat de Juvisy-sur-Orge pour signaler qu'il a remarqué de la terre retournée dans le jardin de Stranieri. Le 19 juillet, les gendarmes perquisitionnent et découvrent, enterrés dans le jardin, les corps de Nathalie et de son ami.

« Il y a trop souvent une interprétation systématique de la non-assistance à personne en danger en droit d'aller et venir librement, explique Geney. À 18 ans, on fait peut-être ce qu'on veut. Mais à 18 ans, pour ses parents, un enfant reste un enfant. La disparition est une situation où, tant que rien n'est prouvé, il n'y a ni délit ni crime. Cela ne pousse pas la justice à intervenir. Pour les avocats, ce n'est pas extrêmement rentable, et les juges ont déjà largement assez de travail. Les familles n'ont pas, quel que soit le cas, droit à l'aide juridictionnelle. »

Les familles sont toujours obligées de porter plainte contre X pour enlèvement et de se constituer partie civile pour pouvoir être sûres de lancer une enquête, et encore à condition que des éléments puissent laisser croire à cette éventualité. Mais leur ignorance de la loi est grande.

Mme Andujar se souvient de n'avoir pas été au courant de l'existence d'associations, de ne pas avoir su qu'il fallait se constituer partie civile et prendre un avocat, de ne pas avoir connu les droits que lui assurait cette constitution de partie civile. « Nous avions peu de moyens. J'ignorais par exemple qu'en cas de procès ne pas être suivi par un psychologue était interprété comme un manque d'intérêt envers l'enfant disparu. »

Le long cheminement de la loi

« Disparition espoir » est créée en 1989. Tout de suite Jean Geney se met en quête de rassembler les éléments pour un projet de loi qui permettra de faire reconnaître aux parents des droits, en particulier celui d'exiger une enquête. Présentée par Louis Souvet, sénateur-maire de Montbéliard, une première proposition de loi, insuffisante, est adoptée au Sénat en 1991. Elle stagne ensuite à l'Assemblée nationale jusqu'en 1993. Puis Geney devient député. « Nous avons alors pu nous battre, parce qu'il a fallu se battre. » Il n'est pour le croire que de lire le document de l'Assemblée nationale qui, le 25 octobre 1984[1], refuse la création d'une commission

1. Rapport n° 2395 fait au nom de la Commission des lois constitutionnelles de la législation et de l'administration générale de la République sur la proposition de la résolution n° 2273 de M. Joseph-Henri Laujouan du Gasset et plusieurs de ses collègues tendant à la création d'une commission d'enquête chargée d'étudier les différents aspects du problème soulevé par la disparition des personnes en France, par François Massot, député.

d'enquête sur les disparus au motif que finalement tout fonctionne bien comme cela.

Jean Geney commence à rencontrer diverses personnalités : Philippe Séguin, président de l'Assemblée nationale ; Jacques Chirac, maire de Paris ; Charles Pasqua, ministre de l'Intérieur ; Simone Veil, ministre des Affaires sociales ; Édouard Balladur, Premier ministre. « Ils ont tous découvert quelque chose qu'ils ne connaissaient pas. Pasqua m'a dit (il l'imite, rond de jambe et accent comme chez le vrai) : "Enlèvements, fugues, meurtres : il faut faire un tri dans tout ça." » Il réussit à obtenir quelques garanties, menace de mener, en portant son écharpe de député, une manifestation de familles devant l'Assemblée nationale. « Les CRS n'auraient pas pu m'empêcher de passer. Je voulais me battre. »

Trois jours avant seulement, il est prévenu qu'il va pouvoir présenter sa proposition à l'Assemblée nationale. Rien n'est prêt. Il travaille jour et nuit avec son équipe, donne des dossiers partout. Le projet est approuvé à l'unanimité, chose rare. Le texte part au Sénat. Et là, surprise, mauvaise surprise : tout est récrit, transformé, vidé de sa substance. Le résultat est surréaliste, qui reprend comme des nouveautés toutes les mesures déjà existantes et élimine soigneusement toute innovation. Ainsi, le Sénat accorde à nouveau le fait de pouvoir juger si une disparition est inquiétante ou non au commissariat ou à la gendarmerie, n'oblige pas en cas de désaccord le procureur de la République à statuer sans délai et n'autorise pas les enquêteurs à consulter les fichiers des organismes publics et parapublics : « J'étais désespéré. J'aurais mis le feu au Sénat. »

Il faut tout reprendre à l'Assemblée en deuxième lecture. « La deuxième fois, ils m'ont embistrouillé (*sic*) sur des bêtises, qui m'ont amené à leur rentrer dedans. Mais le texte a été à nouveau adopté, cette fois à la majorité et non plus à l'unanimité. Tout est reparti au Sénat, et a été accepté. Je n'ai pas cherché à comprendre pourquoi. » La loi rêvée est pourtant loin : elle se réduira au bout du compte à un simple amendement dans le projet de loi relatif à la sécurité de Charles Pasqua (article 23A, « Dispositions diverses »), qui sera adopté le 15 janvier 1995.

Un « droit à la disparition » ?

Au bout du compte, les familles bénéficient de trois acquis :

— Le premier, le plus important, est la possibilité d'exiger que soit entreprise une enquête et la saisine systématique en urgence du procureur de la République pour toute disparition.

— Le deuxième est l'obligation pour les policiers qui retrouvent un disparu de lui faire signer un papier certifiant qu'il est vivant, et où il peut s'il le souhaite expliquer son geste. C'est une simple feuille : « M. X, né le..., informé qu'une déclaration de personne disparue a été enregistrée à son égard le... au commissariat de..., faite par M...., vu l'article 26 de la loi du 21 janvier 1995, s'oppose à la communication de son adresse au déclarant. »

— Le troisième est l'inscription systématique pour tout disparu au fichier des personnes recherchées.

À cela s'ajoutent la possibilité d'être informé du résultat de l'enquête à demande ; le fait que le certificat de vaines recherches, décerné au bout d'un an, n'interrompra plus l'enquête ; la possibilité pour les gendarmes et les policiers d'avoir accès aux fichiers de la Sécurité sociale et du fisc. C'est mieux. D'autant plus que deux nouvelles lois récentes ont creusé le sillon et renforcé les droits des familles. Début 2002, le ministre de l'Intérieur Daniel Vaillant promettait un train de mesures qui, à la fin de la même année, avait commencé à se mettre en place : dans chaque département devait être nommé un correspondant « disparitions », chargé de prêter aux familles une oreille attentive ; les policiers responsables de l'accueil dans les commissariats devaient suivre des formations à l'écoute des familles accablées ; un office central regroupant les disparitions inquiétantes a été créé. Le clou a été enfoncé en septembre 2002 par la loi d'orientation et de programmation pour la justice du ministre Perben, qui confirme et élargit les dispositions de la loi de 1995.

C'est mieux, mais ce n'est pas encore parfait. D'abord, parce que le manque d'information des familles fait qu'elles se heurtent encore aux mêmes obstacles sans savoir comment les contourner. Ensuite, parce que Geney n'a pas obtenu tout ce qu'il voulait, loin de là. Il souhaiterait que l'aide juridictionnelle soit accordée aux familles de disparus; il voudrait (tout comme les hommes de la Brigade d'enquête sur les atteintes à la personne) que des organismes spécialisés existent dans les vingt-deux régions de France; enfin, qu'il y ait une harmonisation des politiques européennes. Il attend la présidence française de la CEE pour relancer l'affaire. Mais surtout, il n'y a eu aucune structure spécifique mise en place, ce qui tend à vider le texte de sa substance.

« Si chaque déclaration de disparition devait aboutir à une véritable enquête, les cabinets du procureur seraient noyés sous les demandes pour des cas qui, très souvent, ne le méritent pas, rappelle Michel Auffret. Aujourd'hui, tout repose donc toujours sur le commissariat, qui ne peut en faire plus qu'avant. L'avantage concret de la loi est d'instaurer un arbitrage entre le requérant et le fonctionnaire de police, en cas de refus de sa part de lancer une enquête. De manière plus générale, elle a aussi permis de formaliser la disparition sur le plan légal, ce qui n'était pas fait, et est un premier pas important. Mais concrètement... »

Le combat n'est pas terminé. Sylvie Noachovitch, une avocate parisienne, marraine de « SOS recherche personnes disparues » et avocate de la famille Vincence, à l'intention elle aussi de faire aboutir un projet de loi. « La loi Geney n'aboutit qu'à lancer des recherches sans machines lourdes. » Elle veut que l'arsenal déployé immédiatement en cas de disparition de mineurs le soit pareillement et avec la même diligence pour les adultes. « Aujourd'hui, il faut d'abord savoir qu'il faut porter plainte, pouvoir se payer un avocat (2000 francs minimum), et la démarche prend trois à quatre mois, délai après lequel l'enquête a beaucoup de mal à être efficace. Avec un alinéa ajouté à la loi sur la recherche des mineurs et l'étendant aux adultes, on pourrait immédiatement lancer une commission rogatoire et accéder à tout ce qu'elle peut permettre : test ADN, consultation des listings téléphoniques... »

Pour l'avocate, le droit à la disparition n'existe pas. « Relisez la Déclaration des droits de l'homme et du citoyen de 1789 : il y est clairement mentionné (article 4) que la liberté de chacun commence là où finit celle d'autrui. Partant de là, on n'a pas le droit de plonger dans une atroce souffrance une famille entière, quel que soit son mal-être. Je ne demande pas qu'on oblige le disparu à revenir, mais à signaler qu'il disparaît, et à mettre fin à cette incertitude odieuse. On ne peut plonger toute une famille dans la souffrance par la seule volonté d'un individu. »

IV
Partir

5

Bien obligés

« Il n'y a d'événements notables
que les ruptures. »

E. M. Cioran, *Le Livre des leurres*

La main trace sur le registre un paraphe nerveux. « Bonjour, monsieur Gouby. » Tous les jours, Alain Gouby est obligé de passer signaler sa présence à la gendarmerie. Aujourd'hui, le pandore est plutôt gentil. Depuis qu'ils le voient passer, les gendarmes l'ont pris en pitié. Mais il ne faut pas qu'il puisse recommencer de disparaître, comme il l'a fait il y a trois mois.

Il est remonté comme une pile électrique, extrêmement anxieux. Il y a encore trois ans, Alain Gouby se croyait heureux. Sa vie commune avec Grete durait depuis neuf ans et ils venaient de décider d'avoir un enfant. La décision avait été difficile à prendre, surtout pour lui, mais il s'était laissé convaincre. « Tout cela devait bouillir, mais je n'ai rien vu venir, je ne voulais rien voir. » La grossesse se passe mal psychologiquement. En octobre 1996, Diane naît. « Cette naissance a provoqué de grands troubles chez sa maman. » Il n'y a pas de haine dans son ton, juste une grande colère. Dès la naissance, la mère prend ses distances avec l'enfant. Elle demande tout de suite de l'aide. En avril 1997, il embauche une personne pour s'occuper du bébé. « Je ne voyais pas le problème. Je mettais tout cela sur le compte de la déprime post-partum. » Fin

1997, ce sont les premières consultations psychiatriques. La situation se dégrade. Il fait état de violences et craint pour la vie de sa fille. Le couple se sépare. C'est Alain qui a la garde, mais la mère a un droit de visite, qu'elle commence à exercer. Alain prend peur : il lui semble que la vie de sa fille est en danger ; il est convaincu que sa mère ne l'aime pas et est capable de lui faire du mal… Il voudrait soumettre de nouveaux éléments (des incidents violents, des conclusions psychiatriques) à la justice pour faire révoquer ce droit de visite. Mais le juge refuse de l'écouter. Une première fois, il tente de garder Diane avec lui et s'entend répondre qu'il aura la police aux trousses s'il ne remet pas l'enfant dans les quarante-huit heures. Alors il décide de partir pour soustraire la petite fille au danger qu'il pense proche et être mieux entendu de la justice.

« J'ai pris la décision au fur et à mesure, alors que je m'apercevais de plus en plus que mes interlocuteurs ne m'écoutaient pas. » Il n'a pas de réseau, ne sait guère comment s'organiser. Il demande à un ami qui demande à un ami qui demande à un ami de lui trouver une planque. L'ami d'ami d'ami le met en contact avec un groupe de jeunes, qui peuvent disposer d'un appartement vide, en face de celui qu'ils habitent. Ils l'écoutent et sont prêts à l'aider malgré, parfois, leur incompréhension. Il s'engage à les couvrir, remet vertement lors de notre rencontre sa mère en place quand elle lâche le mot « jeunes » : « Si je ne le dis pas, c'est qu'il y a des raisons. » Il reprend : « J'ai été aidé par des gens qui ne saisissaient pas tellement ce que je voulais faire, car c'était en dehors de leur sphère. Ils comprenaient avec leur filtre à eux, comme moi je les écoutais avec mon filtre. Il n'y a eu pourtant aucun problème de rejet : ils me poussaient même à en faire plus. »

Le 21 décembre, il s'installe dans l'appartement, où il a apporté un ordinateur, des livres, un magnétoscope et les cassettes Walt Disney de la petite fille. Ils passent des cinq cents mètres carrés de leur maison à trois pièces de dix mètres carrés chacune : « J'ai toujours expliqué à Diane ce qui se passait. Au début, je lui ai dit qu'on partait en vacances, puis qu'il fallait se protéger de maman. Je ne crois pas qu'elle ait eu peur pendant cette cavale. Maintenant, si, parce qu'elle a vu les gendarmes venir chercher son papa. »

Débusquer les fuyards

Leur vie s'organise. Il devient son professeur, essaie de lui faire rattraper l'école qu'elle ne fréquente plus, s'oblige à sortir une fois par jour pour se promener avec elle dans les bois derrière la maison. « Il ne faisait pas beau. C'était l'hiver. Il fallait être plus fort que cela, que la sinistrose que créait notre situation et faire semblant d'être gai pour que Diane soit épargnée. » Le reste du temps, il sort seul, pour qu'elle ne soit pas avec lui s'il est arrêté, fait faire ses courses par d'autres quand il le peut. Personne, à part ceux qui le logent, ne sait où il est. Même sa mère, qui vit en banlieue parisienne, ignore son adresse : « Si elle ne la connaît pas, elle ne peut pas la dire. » La vieille dame est d'accord pour jouer le jeu et communique avec lui par l'un de ses trois téléphones portables, dont le plus sûr est équipé d'une puce indétectable pour éviter les écoutes. Il prend des précautions, roule de nuit parce qu'on se fait moins repérer, ne va chez lui qu'un soir par semaine pour prendre du linge propre, fait trois fois le tour du pâté de maisons pour voir si personne ne le guette, se gare devant chez des voisins, court pour ne pas être repéré. « Ce n'est pas de la parano, mais je dois faire attention. Je ne me sens pas clandestin, je me sens protecteur. »

De sa tanière, il prévient les médias, toujours pour pousser la justice à comprendre le danger que court Diane. Une équipe de télévision vient le filmer, il fait la une de plusieurs journaux locaux, de dos, sa fille à la main. Titre : « Cet homme s'est fait hors-la-loi pour sauver sa fille. » À la tête d'un studio d'enregistrement, il ne travaille plus : « Pendant deux mois, mon studio a dû s'arrêter. Je n'avais personne à qui le confier. J'ai annulé un certain nombre de contrats. Certains clients ont attendu gentiment. Pas tous. »

Le 1er mars, après deux mois dans la nature, il arrête sa cavale. Il ne peut plus continuer. La décision est amère. « Je n'ai dans le fond rien gagné. Je voulais sensibiliser la justice : je n'ai fait que l'énerver. Que je fasse intervenir la presse a été très mal vu. » Il a classé toutes ses démarches par dossiers, en a fait des copies sur ordinateur qu'il envoie partout, écrit à Élisabeth Guigou, garde des Sceaux, et à Jacques Chirac, président de la République. Il a même classé dans un fichier tous les articles consacrés à l'affaire Le Lay dans laquelle un père avait été contraint par la justice de laisser sa petite fille, Maella, à sa mère qu'il jugeait dangereuse et qui avait étranglé l'enfant.

Nous nous sommes rencontrés en mai 1999. Il était pris à la gorge, obligé de donner sa fille le week-end suivant. Assigné à résidence depuis son escapade du début de l'année, contraint à signer une feuille de présence tous les jours au commissariat, il n'avait pas le droit de quitter le département et ne pouvait donc plus travailler : 75 % de sa clientèle était dans l'ouest de Paris, zone où il lui était interdit d'aller. Le studio n'avait jamais redémarré vraiment, et il était à court d'argent : « Je ne suis ni la Banque de France ni Mesrine. Si l'on m'interdit de continuer à travailler, je ne vais pas pouvoir durer. Je suis acculé par les frais d'avocat. » Le désarroi était total, que ne dissipaient visiblement ni la présence à ses côtés de sa mère ni le retour de l'école de la petite Diane, blondinette tout sourires. Il n'excluait pas de disparaître à nouveau, définitivement cette fois, à l'étranger sans doute. « Je ne veux pas donner ma fille à sa mère. Je ne veux pas aller en prison pour ne pas la laisser seule. Je ne sais pas quoi faire. »

Enlèvements d'enfants

Alain Gouby n'est pas un cas exceptionnel, et les « enlèvements parentaux » sont à la base d'un certain nombre de disparitions. En 1997, en France, 268 enfants[1] ont été « récupérés » contre une décision de justice. Aux États-Unis, où 350 000 de ces enlèvements ont lieu par an et où 2 800 cas n'ont toujours pas été résolus, s'est même créée une association, « Children of the Undergroud », dirigée depuis Atlanta par la très médiatique Faye Yager, et dont le but est d'aider les victimes (ou les auteurs, cela dépend) d'enlèvements parentaux. Elle a mis en place tout un réseau de militants qui organisent la « récupération » des enfants et les cachent, mais elle a du plomb dans l'aile depuis qu'il a été prouvé qu'elle avait aidé des parents coupables de violences sur leurs enfants à s'enfuir avec eux. En France, une association, « SOS enfants enlevés », tente en sens inverse de débusquer les fuyards. Elle a été fondée par un homme dont la femme avait disparu avec sa fille et s'était cachée en Autriche, chez un pasteur, où il ne l'a retrouvée qu'au bout de deux ans[2].

Tant qu'il s'agit, comme pour Alain Gouby, de l'enlèvement d'un enfant français sur le territoire français, le problème, humainement déchirant, est juridiquement assez simple : l'enfant doit revenir chez le parent qui en a légalement la charge, sauf s'il est établi qu'il s'expose ainsi à un risque grave, physique ou psychique. Le thème de la pédophilie est d'ailleurs de plus en plus abordé, le parent lésé accusant souvent (à tort

1. Chiffre de la police judiciaire.
2. Les moyens engagés sont parfois énormes : Bipin Shah, banquier de Philadelphie, a promis une récompense de 2 millions de dollars et engagé une armée de détectives privés pour retrouver ses deux enfants, enlevés par sa femme, qui avait, en plus, pris la sage précaution d'emporter de chez son mari 1 million de dollars.

ou à raison) le kidnappeur de violences ou d'abus sexuels sur l'enfant enlevé[1].

Symptomatique de ces ambiguïtés est l'affaire de la petite Lauriane. En 1994, cette enfant confiée à sa mère dénonçait les séances pédophiles auxquelles cette dernière, fille d'un haut magistrat niçois, et son concubin l'avaient fait participer devant un groupe composé entre autres de plusieurs juges de la région. Le père a porté plainte et s'est vu, dans un premier temps, retirer son droit de visite et condamner pour « dénonciation calomnieuse ». En février 1996, l'enquête était reprise et le juge pour enfants de Grasse décidait de retirer Lauriane à sa mère et de la confier à un foyer de la DDASS. Décision toute théorique, puisque la mère de Lauriane a disparu avec son enfant le jour exécutoire de la décision.

Désunions franco-allemandes

La situation est plus complexe dès qu'il s'agit d'enfants de parents de nationalités différentes, situations où le kidnappeur engage dès l'enlèvement des démarches auprès des tribunaux de son propre pays. Les décisions rendues sont souvent contradictoires avec celles de la justice française, créant ainsi des imbroglios inextricables, d'autant que, le temps passant, il devient en plus contraire à l'intérêt de l'enfant installé dans sa nouvelle vie de l'en extraire pour le faire à nouveau changer d'univers.

On se souvient de ce fait divers spectaculaire où un père allemand, Armin Tiemann, avait fait enlever en mars 1998, par un commando de vigiles bloquant la voiture de sa femme sur une route proche de Montoire,

1. Ces dénonciations se sont multipliées. Est-ce une surenchère opportuniste ? Pas pour Georges Glatz, fondateur du Centre international des droits de l'enfant, à Lausanne, qui déclarait à *L'Express* en 1998 : « Plus de la moitié des enlèvements familiaux ont pour origine des abus sexuels ignorés par la justice. »

les deux enfants qu'il avait eus avec une Française, Cosette Lancelin, et qu'elle-même avait emmenés en France contre sa volonté huit mois auparavant, alors que le couple était en instance de divorce. Les tribunaux de chaque pays avaient attribué la garde à leur ressortissant. En novembre 1998, la cour de Karlsruhe avait, au nom du « bien-être » des enfants, refusé l'application de la Convention internationale de La Haye, qui prévoyait le retour immédiat des enfants dans le pays de la mère. Même Jacques Chirac s'était alors fâché, parlant au sommet franco-allemand de Potsdam de « loi de la jungle » et de « hold-up ». En avril 1999, la Cour constitutionnelle de Karlsruhe donnait raison à la mère et lui rendait les enfants.

En France, 400 dossiers sont actuellement traités par le Bureau d'entraide judiciaire du ministère de la Justice, dont une centaine avec le Maghreb, 50 avec les États-Unis, 45 avec l'Allemagne, 38 avec l'Angleterre[1]... La situation avec l'Algérie s'est améliorée, le 21 juin 1988, avec la signature d'une convention franco-algérienne sur les couples mixtes séparés, qui a mis fin à la guerre des « mères d'Alger » pour récupérer leurs enfants. Depuis cette date, 200 enfants sont rentrés en France ou se sont vu attribuer un droit de visite transfrontalier.

Le médecin clandestin

Il n'accepte de parler qu'au téléphone. Depuis sept ans, le docteur Martin (c'est le nom sous lequel il a accepté de se présenter), 50 ans, divorcé, trois enfants, fuit. Réminiscence d'une célèbre série de télévision[2] ? Non. Plus prosaïque histoire de malhonnêteté et d'escroquerie.

---

1. Chiffres du Bureau d'entraide judiciaire.
2. *Le Fugitif*, où David Janssen, médecin accusé à tort du meurtre de sa femme, fuit à travers les États-Unis à la recherche du vrai coupable. Un film à succès en fut tiré, sous le même titre, par Andrew Davis en 1996.

En 1992, le docteur Martin fait faillite. En tant que membre d'une profession libérale, il est responsable de ses dettes sur sa fortune personnelle. Pour échapper à ses créanciers, à qui il doit 6 millions de francs, il se condamne à la clandestinité. Depuis, il vit caché, d'autant qu'il en a profité pour ne plus verser la prestation compensatoire de 12 000 francs par mois qu'il doit à sa femme, soit aujourd'hui 600 000 francs de dettes supplémentaires. « Je sais que la police ne me recherche pas activement. J'ai pu m'aménager une tanière. Je vis toujours sous pseudonyme, donne un faux nom à tous les gens que je rencontre. Mon portable est à un autre nom que le mien. Je fais acheter mes voitures par des amis. » Plus extraordinaire encore : il travaille toujours, faisant des remplacements dans des cabinets de médecins complices. Les patients ne s'en étonnent pas, et certains le connaissent bien puisque cela fait des années qu'il pratique ainsi[1]. Il arrive à travailler ainsi dans une trentaine de cabinets médicaux, répartis sur une dizaine de villes, et loge souvent chez des proches. « Ce genre de vie n'est pas concevable sans un vrai réseau d'amis. Je fais d'ailleurs très attention à ne pas leur causer d'ennuis : quand une des voitures à leur nom a quoi que ce soit, je paie immédiatement ou l'amende ou la réparation. »

Il commence par décrire sa métamorphose d'une façon décontractée : « Je ne vis pas mal », affirme-t-il, devançant la question. « Il y a de bons côtés : être débarrassé des corvées administratives : TVA, impôts, comptabilité... J'ai plus de temps à moi. J'ai même appris un deuxième métier, qui m'aide aussi à vivre. » Ses précautions sont dosées : il se sert de ses vrais papiers quand il est contrôlé, mais donne à ceux qu'il côtoie un faux nom. Il a un répondeur dans un endroit où il n'habite pas et qu'il consulte à distance, et c'est ce numéro-là qu'il donne aux gens. Il enfreint des tas de législations : sur le travail,

1. Il n'a pas de problèmes pour rédiger des ordonnances, le remplaçant utilisant le carnet de celui qu'il remplace.

sur la Sécurité sociale… « Mais quand je tombe malade, c'est pour ma pomme. Je me suis cassé la jambe récemment, et tout a été à mes frais. »

Après ce petit quart d'heure préliminaire, la fausse jovialité du début de notre entretien s'estompe. « Il n'y a pas que de bons moments. Quand je me suis retrouvé SDF, par exemple », ou : « Je n'ai jamais réussi à renouer une vraie relation avec une compagne. C'est trop compliqué pour elle. On ne peut pas vivre comme cela sans une indépendance de caractère extrême ».

Sa mère sait où le joindre si nécessaire. Ses enfants lui écrivent par l'intermédiaire de leurs grands-parents. Il lui est arrivé de passer les voir, de loin, à la sortie de l'école. « C'est extrêmement frustrant. » Et si un grain de sable venait enrayer la machine ? « Je ne sais pas… Sans doute la prison. Mais je n'attendrai pas jusque-là. Je suis en train de préparer mon départ de France. » Avant de raccrocher, il conclut : « Je n'ai rien choisi. Ma vie, ce n'était pas ça. »

Les « doublettes » de l'escroc

« Ils se la jouent un peu. » Philippe Leclerc rigole. La cavale, il connaît et il juge avec peu d'indulgence Alain Gouby et le docteur Martin[1], dont les précautions lui paraissent absurdes : « Gouby roule la nuit et il se gare devant chez lui… » Lui, en fin connaisseur, a délibérément choisi la voie de la délinquance. Pas la très grave : le vol, l'escroquerie ; suffisamment en tout cas pour se voir obligé de partir. « J'étais coincé en prison, où je purgeais une peine de quelques mois, et je risquais d'écoper d'une autre de trois ans. J'ai voulu l'éviter : se retrouver devant un tribunal alors que l'on est déjà incarcéré porte généralement peu les juges à l'indulgence. Un avocat m'a conseillé de partir : j'en ai profité

1. Ils se sont rencontrés tous les trois sur le plateau d'une émission de télévision sur la clandestinité, où Martin était venu masqué…

pendant une permission : je ne suis pas rentré. Quatre heures après ma sortie de prison, j'étais à l'étranger. »

On remarque d'abord son physique : gros, très gros, moustachu, blond, sanglé dans une salopette coluchienne. Le discours dément vite cette première impression de rusticité : l'homme joue avec intelligence et humour d'un sens du paradoxe qu'il teinte d'un soupçon d'anarchisme rebelle. Numéro ? Sa nonchalance atteint parfois ses limites, comme lors de cette émission de *Ça se discute*, où ses fanfaronnades confrontées à la clandestinité de juifs ayant fui le nazisme parurent soudain obscènes, mais il en joue avec un brio qui rend presque sympathique un parcours aux épisodes souvent douteux.

« Je suis parti avec une certaine exaltation. Il y avait dans la fuite un côté jeu, un côté aventure. La vraie aventure, celle dont on sait bien qu'elle est une rupture, un basculement ressenti comme inéluctable. C'est l'occasion excitante de redémarrer à zéro en organisant soi-même cette remise à plat. Je ne sais pas si l'on peut rapprocher cette aventure d'une disparition volontaire. Je n'avais pas rompu avec tout le monde. La cavale, c'est vraiment la porte ouverte derrière soi. Et ce lien judiciaire permanent qui continue de peser implique un rapport au réel très fort. »

Il a beaucoup réfléchi avant de partir, « plus sur l'organisation que sur la décision à prendre ». Sa chance, comme celle du docteur Martin, est de n'être recherché que pour des délits mineurs, donc de façon peu active. « En fait, les flics ont mis six mois à réagir. » À Montpellier, il récupère son passeport qui n'avait pas été saisi et part en Italie. « Je me suis senti en cavale dès le passage de la porte de la prison. » La tension est énorme : lors de sa première nuit de liberté, il a une sorte de crise de nerfs, passe deux ou trois heures à grelotter sous la douche. Sur place, il n'a que de rares contacts. Il s'installe à l'hôtel et applique la technique de « la lettre volée » : pour se cacher, il se montre. Sa compagne le rejoint au bout d'un mois, suivie de ses deux grandes filles à elle et de leur garçon de un an. Tous les cinq s'installent à Pavie dans un grand appartement, en plein quartier bourgeois. Il roule en BMW : « Je bénéficiais d'un subtil distinguo : j'étais expatrié, pas immigré. J'ai parfois été contrôlé, mais il n'y avait pas de lien entre moi et le fichier consulté par les carabiniers. » Là encore, la chance d'être petit... Il doit juste éviter d'aller en France. « Il y a une façon d'être qui trahit celui qui se cache. Quand on s'expose comme point de mire, les gens ne peuvent pas penser que vous êtes recherché. »

Il trouve même du travail, puis retombe dans le cycle des escroqueries. Pour la dernière, contraint de tenter un grand coup, il vend à des prix défiant toute concurrence (et pour cause) 15 000 tonnes de poulets prétendument venus de Yougoslavie, mais qui n'ont jamais existé, à une entreprise française, ravie de la bonne aubaine. « Le jeu est de proposer des lots délirants à des types prêts à vous pigeonner. Si les gens dits honnêtes l'étaient vraiment, les escrocs ne pourraient plus vivre. » Le coup lui rapporte 1 million et demi de francs. « Je suis allé retirer le cash à la banque, un peu crispé quand même. » Le lendemain, il est en Autriche, puis part aux États-Unis.

Là, il vit sous une « doublette », c'est-à-dire avec l'identité de quelqu'un d'autre : un vrai passeport qu'il est allé demander au nom d'un complice aux autorités consulaires : « Les relations avec les gens sont capitales dans l'escroquerie. Je l'ai joué cordial, ennuyé. Je ne me trouvais pas devant des flics, mais devant des gens dont le métier est d'aider leurs concitoyens. Ça a marché. J'ai eu mon passeport. » Il se retrouve avec de vrais papiers, mais à un autre nom que le sien. « C'est un sentiment étrange. Je me sentais tout drôle, parce que "je" est un autre. Il faut assimiler des tas de nouveaux réflexes : ne pas réagir à son vrai nom, réagir au faux. C'est pourquoi j'ai gardé le même prénom. J'étais contraint à ce changement, qui n'était pas le fruit d'une démarche personnelle. Pourtant, j'ai eu quelques problèmes d'identité : je savais par exemple qu'il y aurait un jour où il faudrait que j'explique à mon fils pourquoi nous n'avions pas le même nom. Parfois, on se regarde, on ne sait plus bien qui on est. Dans la vie de couple aussi, il y a des flottements : qui parle à qui ? se demande-t-on au bout d'un moment. »

Sous une dizaine d'identités différentes, des papiers vraiment faux cette fois, il emprunte à différentes banques des sommes qu'il ne rendra jamais, faisant le coup une quarantaine de fois. « Jongler avec tant de personnalités est un tour de force technique, mais qui, cette fois, ne m'a jamais troublé psychologiquement. La cassure était uniquement pratique. Il m'est arrivé de me tromper, de tendre les mauvais papiers ou de ne pas répondre au bon nom. Je m'en suis toujours sorti. Là encore, c'est une question de rapport avec les gens. » Il regarde sa bedaine. « Maigre, je n'aurais pas pu réussir. Mon ventre jouait le rôle de la cape du magicien : il détournait l'attention. Si on me caricaturait, je serais cela : un ventre et une moustache. Je m'arrangeais toujours pour accentuer cela, et que les gens ne remarquent rien d'autre. Il suffit souvent d'un rien, une canne que l'on tient, une grosse chevalière avec laquelle on joue pour que l'interlocuteur ne voie plus que cela et surtout ne se souvienne que de cela. Il faut, pour être un bon escroc, du sang-froid et des qualités de comédien. C'est comme au théâtre, on est porté par la même chose. » Ce qu'il sait bien puisque, parmi ses nombreuses activités, il a monté à Miami le *Don Juan* de Molière en français. « Il ne faut jamais se faire un look complet. Le déguisement se repère, pas le détail. » Quelques aventures cocasses lui sont arrivées, comme d'être choisi par le Parti socialiste de Miami pour dépouiller les bulletins de l'élection présidentielle. « Pour un escroc en cavale, c'est assez drôle. »

Philippe Leclerc est « tombé » quelque temps après, en France, où il avait dû rentrer pour une opération bricolée à la va-vite. Il a purgé vingt-sept mois de prison sur une condamnation à neuf ans et demi. Il ne doit plus rien à personne, est actionnaire d'une boîte commerciale qu'il dirige et n'envisage *a priori* plus de disparaître.

En quête de faux papiers

Le changement d'identité est en fait assez rare dans les disparitions. Non qu'il soit exagérément compliqué, mais il ne se situe pas dans la démarche. Les situations sont souvent tellement conflictuelles que le disparu n'a pas besoin de cet ultime subterfuge pour éviter qu'on ne le recherche. Et, rappelons-le, la parfaite légalité de la disparition, quand aucune autre charge ne lui est attachée, rend la dissimulation du nom inutile aux yeux de la loi.

Pour ceux qui veulent quand même changer d'identité, les faux papiers ne sont pas très difficiles à trouver. Il suffit à un Parisien d'aller à Barbès ou à Belleville, d'entrer dans certains bistrots et d'expliquer au comptoir qu'il a quelques problèmes, qu'il cherche quelqu'un qui puisse l'aider, voire qu'il laisse ostensiblement traîner devant lui des photos d'identité pour qu'une bonne âme lui propose son aide. Le marché est tenu par de vieux « chevaux de retour », que l'on ne voit jamais et qui utilisent des rabatteurs. Les tarifs évoluent selon l'urgence, à la fois celle de l'acheteur et celle du demandeur : de 2000 à 3000 francs pour un permis de conduire, de 5000 à 7000 francs pour un passeport. Attention : l'arnaque est possible, et nombreux sont ceux qui ont versé une avance et n'ont jamais vu la suite. Notons également que les rabatteurs sont souvent aussi utilisés comme indicateurs et peuvent « donner » des personnes recherchées.

Les papiers sont fabriqués par un groupe de spécialistes : commanditaires, imprimeurs, typographes. Le premier problème étant de se procurer du papier officiel, le mieux est encore de le voler : des camions qui en transportent sont souvent pillés. Généralement, les différents fabricants ne possèdent chacun qu'une des plaques, inutilisable sans celle des autres, et ils se réunissent pour l'impression finale.

Le « vrai faux » passeport est plus sûr et plus difficile à se procurer. Il faut qu'il ait été volé ou vendu par un fonctionnaire indélicat, vierge, et que l'acheteur, une fois le faux établi, aille le faire tamponner à la préfecture. Il court alors le risque d'être repéré, risque léger cela dit.

Les prix sont plus élevés pour ceux qui visent des marchés plus internationaux. Avec 5 000 dollars, on peut espérer un vrai passeport d'une ex-république d'URSS, mais on n'ira nulle part avec. Pour 150 000 dollars, on peut essayer d'en avoir un des États-Unis, et même l'obtenir en passant par un avocat au courant des quelques vides juridiques entourant ce type de transactions. La première difficulté est donc de disposer de cet argent en cash et de trouver l'endroit où le déposer. Ensuite, il faut consulter certaines annonces, disponibles entre autres sur le Net, dans certains journaux ou dans des livres américains comme *How to reborn in the USA*, et où sont proposées de nouvelles identités. Enfin, il faut ouvrir avec le nouveau passeport un ou plusieurs comptes. On loue une maison, ou on l'achète, on s'abonne à plusieurs journaux et on crée ainsi le personnage dont l'identité vient d'être endossée. Il faut éviter alors d'adopter les mêmes comportements que ceux de sa personnalité précédente (en particulier sur le plan bancaire), les mêmes habitudes de consommation, petits détails qui vous font souvent prendre. Le fait de changer de latitude et de statut social aide beaucoup. Signalons d'ailleurs que les banques des paradis fiscaux, si vous arrivez avec un très gros dépôt, sont peu regardantes sur votre identité.

Depuis quelques années, plusieurs agences dont le but est d'aider les gens à disparaître ont été fondées : « Destinity Exchange » en Angleterre, « L'agence pour une expatriation heureuse » en Italie, entre autres. Elles fournissent, très cher, ce genre de services non à des truands confirmés qui ont d'autres circuits plus sérieux, mais à des candidats impliqués dans de petites malhonnêtetés (détournement de fonds, évasion fiscale) et surtout à des gogos qui veulent parer leur disparition d'un romanesque dont elle est à l'origine peu pourvue: fuite amoureuse, gains au Loto à aller dépenser sans la fidèle compagne... « Des gens comme Gouby et Martin seraient les victimes parfaites de ce genre d'adresses, estime Philippe Leclerc. Plus un public de "caves" qui ont une embellie financière et veulent rompre avec leur passé, souvent pour pas très longtemps, le temps de tout dépenser. » Le prestataire prend des marges phénoménales sur tout (pourcentage sur l'argent transporté en particulier, 25 000 francs d'entrée pour l'agence italienne), monte des circuits extrêmement compliqués et pas toujours nécessaires... Au Japon aussi, la disparition est un vrai marché. Un livre, *Le Manuel de la disparition parfaite*, est un best-seller depuis des années. Plusieurs agences font disparaître ainsi familles surendettées ou femmes fuyant un mari jaloux. Coût: 12 000 francs environ par personne.

Des vieillards indignes

La part de pathologie tapie dans toute disparition est difficile à la fois à débusquer et à évaluer. Il en est pourtant de très clairement définies, et dont la seule évocation par les familles fait immédiatement réagir les services de police et cataloguer comme « inquiétante » la disparition.

Le voyage pathologique a été étudié depuis le début du XIXe siècle, en particulier par l'École française de psychiatrie. Il s'agit de voyages faits sous l'emprise du délire, qui amènent ceux qui les entreprennent à des disparitions très longues et des errances très lointaines. Ils sont souvent l'une des manifestations d'un tempérament psychotique.

En 1981, les docteurs François Caroli et Gérard Massé les divisaient en trois: 1) ceux qui constituent le vecteur du délire sans y être intégrés (une érotomane qui se déplace vers l'endroit où se trouve l'objet aimé par exemple) ; 2) ceux qui s'intègrent à un délire autre (quelqu'un qui entend des voix lui intimant d'aller se suicider à un certain endroit et qui s'y rend dans ce but ou ce cas d'une femme persuadée d'avoir dans le ventre un agent secret qu'elle devait extraire à l'aide d'un stylo laser et qui parcourait la France à la recherche du fabricant qui pourrait lui concevoir l'outil) ; 3) ceux qui sont eux-mêmes la base du délire et ordonnent le départ.

Un certain nombre de ces disparus sont des malades mentaux « ni dangereux pour eux-mêmes ni dangereux pour les autres » qui ont quitté l'institution où ils étaient soignés. Ces fugues (on disait « évasions » ; on dit maintenant « sorties sans autorisation ») font l'objet de circulaires de signalement dans les hôpitaux psychiatriques. « Comme cela, on donne l'impression qu'on essaie de réparer nos erreurs », ne cache pas Édouard Zarifian. Un psychiatre de Montfavet les a étudiées pour en arriver à plusieurs conclusions[1] : faxées, puis photocopiées, elles sont généralement illisibles, et l'énoncé des symptômes est plus que sommaire. Elles sont vite archivées, donc retirées de la circulation. Leur existence même est douteuse, car attentatoire au secret médical. Il a étudié celles qu'il venait de recevoir, qui sont intéressantes par ce qu'elles révèlent des raisons de ces départs : deux relevaient de maladies d'Alzheimer, une de psychose schizophrénique, une du syndrome de Münchhausen, quinze d'amnésie. Trois des fugueurs avaient emprunté une fausse identité, cinq étaient recherchés par des demandes de RIF, quatre avaient quitté un hôpital psychiatrique en service libre, un s'était évadé d'un placement d'office.

Les fugues de vieillards sont parmi les plus courantes de ces évasions et provoquent souvent des réactions d'inquiétude comparables à celle causée par les disparitions de jeunes enfants, autant au niveau de l'affect qu'à celui

1. Didier Bourgeois, Aneta Skulska et Patrick Andrianasolo, « À propos des circulaires de signalement de patients psychiatriques », *Psychologie médicale*, 1994.

de l'irresponsabilité présumée du fugueur. Ces fuites ont souvent été précédées d'intermèdes délirants, directement liés à la sénilité. Suffisent-ils pourtant à tout expliquer ? Dans un article consacré au problème, Dominique Bauman-Pauvarel et Christian Mejean[1] émettent l'hypothèse que chaque fugue de vieillard, même guidée par des états délirants ou déments, est lourde de sens, et que comprendre ce sens, c'est tenter aussi de trouver une réponse qui sorte du vieux cercle fugue-contention. Les vieilles dames indignes qui s'enfuient le font aussi pour leur dignité. D'après les deux psychiatres, deux cas de figure se retrouvent essentiellement dans les disparitions de vieillards : soit une réaction de défense du couple vieillissant face à l'intrusion affectueuse des enfants ; soit la fuite devant une situation devenue à ses yeux insupportable, que ses liens avec sa famille soient mauvais ou qu'il ne supporte plus la dépendance dans laquelle le fait tomber son grand âge. Dans les deux cas, cela aboutit au même résultat : placement du vieillard et souvent nouvelles disparitions pour tenter de recréer la situation fusionnelle.

Marie, 94 ans, a été trouvée seule sur un banc dans la rue. Elle était recherchée depuis quatre jours. Quand on lui a demandé pourquoi elle était partie, elle a répondu que des gens voulaient s'introduire chez elle. Après quelques entretiens, il est apparu aussi qu'elle voyait des mots en langue étrangère s'inscrire sur les objets chez elle, ce qui ne manquait pas de l'inquiéter, elle apercevait dans le jardin des ombres qui la menaçaient et voyait un arbre sur lequel s'agglutinaient des oiseaux colorés qui venaient ensuite habiter sa maison. L'explication du trouble mental paraissait s'imposer. Mais elle vit aussi avec sa fille de 78 ans, qu'elle accuse (tout en disant qu'elle est très gentille) de la voler et d'être dépensière. Qu'est-ce qui a été le plus déterminant ? Ses délires ? Ou sa relation difficile avec sa fille ?

1. Dominique Bauman-Pauvarel et Christian Mejean, « Les fugues, un problème de distance ? », *Gérontologie*, 1993.

Robert aussi a fui les siens. Il a le visage souvent figé, regarde devant lui, transpire à grosses gouttes même par temps froid. Sa femme a trois ans de moins que lui, soit 77 ans. Elle est désemparée. Depuis plusieurs années, Robert fuit régulièrement. Ancien marin pêcheur, il part généralement sur la route qui mène vers la mer. Deux fois de suite, il a fallu trois jours avant de le retrouver, trois jours pendant lesquels nul n'a su comment il avait vécu. Son fils est toxicomane et dealer, et vient de sortir de prison, prison dans laquelle il devrait retourner bientôt, étant inculpé pour une nouvelle affaire. Un jour, sa femme en a eu assez de ses fugues et l'a confié à une institution, d'où il a essayé à nouveau de s'enfuir, cette fois pour la rejoindre.

Les entretiens médicaux débrouillent une situation complexe. Robert et sa femme sont remariés. Lui est divorcé ; elle a plusieurs enfants à sa charge. Elle hésitait à se remarier, mais il l'a convaincue. Très vite, pourtant, ses exigences sexuelles ont lassé sa femme, qui a décidé de faire chambre à part. Au même moment, la première femme de Robert est morte, et ses fugues ont commencé.

Le retour de Robert chez lui ne résout rien. Il fréquentera une autre institution, d'où à nouveau il disparaîtra. Puis il sera interné dans le premier établissement où il avait été reçu et il y mourra, sans que la situation ait été débloquée. « Nous avons le sentiment qu'à l'occasion de leur vieillissement, le couple réglait son compte dans une alternative fusion/abandon, fugue, celle-ci apparaissant comme une médiation impossible entre mort et sexualité », écriront les médecins qui l'ont soigné.

Les voyages pathogènes

C'est le passage à la retraite, une préretraite prise à 57 ans, qui a poussé Guy, jusque-là homme plutôt paisible, à fuir régulièrement. Il commence par quitter son environnement habituel et part s'isoler dans une vieille maison de famille qui n'est équipée ni en eau ni en électricité dans la campagne varoise. Les premières disparitions démarrent à la mort de ses parents, un an plus tard. Sa femme l'abandonne assez vite. Il va alors habiter chez ses enfants, où la situation ne s'améliore guère. Il brûle même un jour un de ses petits-enfants avec une cigarette, sans que l'acte volontaire puisse être totalement prouvé. À sa troisième disparition, ses enfants décident de le faire hospitaliser.

En sens inverse, certains s'enfuient de l'hôpital psychiatrique ou de l'institution dans laquelle ils sont placés pour tenter de retrouver leur famille. Henriette, 80 ans, souffrant de troubles importants de la mémoire, a été retrouvée sur le chemin qui menait chez sa fille.

Dans une discussion clinique sur ce thème[1] sont notés quelques points communs dans ces drames du « naufrage » : la fréquence des syndromes de persécution chez les personnes âgées, le temps qu'il faut pour recueillir de justes renseignements à travers les délires et, parfois, l'excessive suprématie de l'*a priori* voulant que l'on soit forcément mieux à la maison qu'à l'hôpital, même en cas de fugues répétées.

Il existe aussi des voyages « pathogènes », c'est-à-dire qui provoquent chez ceux qui les font l'envie de disparaître, de « décompenser psychiquement ». Un psychiatre de Longjumeau, Régis Airault, a étudié ce phénomène dans le pays qui lui semble le susciter plus que tout autre : l'Inde[2], où il a exercé comme psychiatre au consulat de France à Bombay.

Il cite le cas de Dominique, un « dromomane », comme on appelait au siècle dernier ces voyageurs vagabonds, qu'il a fait rapatrier en France. Dominique avait totalement disparu depuis cinq ans, errant sans argent, se faisant héberger à droite, à gauche et nourrir par les Indiens. Son discours était pauvre mais

1. Discussion recueillie par C. Pasquet et C. Sicot, « Discussion clinique : une fugue en hiver à 94 ans », *Le Concours médical*, 1995.
2. Régis Airault, *Fous de l'Inde*, Payot, 2000.

cohérent. Il était incapable de parler de lui ou de son passé. Il refusa un premier temps de rentrer en France, puis vint de lui-même à Bombay demander son rapatriement. Il écrivit à ses parents une carte postale simplement marquée « Bonsoir », alors que ceux-ci le croyaient mort. Ils envoyèrent immédiatement l'argent pour son billet de retour. Dominique avait l'air de s'en moquer totalement. Il prit l'avion sans protester ni manifester de joie.

Airault a croisé un autre de ces voyageurs, qui revenait de Thaïlande. Il faisait la route depuis des années, vivant souvent aux crochets de compagnes d'occasion, changeant à l'occasion d'identité. Grand globe-trotter, il s'était débarrassé de sa culture, de ses proches et vivait dans une angoisse qu'il avait beaucoup de mal à verbaliser.

Symptomatique à l'extrême de cette démarche est celle de Georges, un routard *serial killer*, qui attirait ses victimes et leur volait leur nom, avec lequel il repartait, enfermé dans un vrai délire d'identité.

Pourquoi l'Inde plus qu'un autre pays ? Le mieux est encore de citer le psychiatre : « L'Inde stimule l'imaginaire par le biais d'émotions esthétiques intenses qui peuvent cependant d'une minute à l'autre faire basculer le voyageur dans l'angoisse la plus totale. Ainsi, notre "éprouvé" de l'Inde est teinté d'ambivalence. Il y a bien sûr l'histoire personnelle de chacun, son "pousse au voyage" et le retour de traumatismes mal digérés qui ont "sédimenté" en nous et que l'inconscient ramène à certaines occasions de la vie sur l'avant-scène. Car l'Inde parle à l'inconscient : elle le provoque, le fait bouillir et parfois déborder. Elle fait resurgir des couches profondes de notre psyché, et juxtapose dans l'ici et maintenant les différentes strates de notre histoire. Simple frémissement de l'esprit, cette sensation peut provoquer chez certaines personnes une réelle explosion psychotique. »

Notons que ces effets dévastateurs qui poussent à la disparition ne sont pas les mêmes pour toutes les cultures. Ainsi, il semble que la ville qui ait les mêmes effets sur les Japonais soit… Paris.

6

« Je vais chercher des cigarettes et je remonte »

> « Si vous abandonnez quelque chose,
> c'est que vous êtes sur le point
> de trouver autre chose. »
>
> George Bernard SHAW

Qui n'en a jamais rêvé ? Depuis trente ans, Édouard Zarifian exerce à Caen. Sur son divan, beaucoup de ses patients ont évoqué leur envie de disparaître. « En psychothérapie, on manipule surtout des fantasmes, on reste loin de la réalité. J'ai très souvent rencontré celui de la disparition, surtout chez des hommes proches de la dépression avec des syndromes d'épuisement, et des interprétations abusives de leur vie, du type : "C'est insupportable, je vais partir. Je vais faire ça, sinon je me suicide." Ce sentiment était exprimé par des gens prêts à rompre tout lien affectif, mais qui se sécurisaient en laissant à leur famille de quoi vivre. C'est aussi un fantasme de toute-puissance. "Je vais m'offrir une autre vie", souvent avec une nouvelle identité et généralement dans l'hémisphère Sud. Il intervient au moment d'une prise de conscience par chacun de sa finitude. Il y a un défi à la mort dans l'idée de ne pas terminer sa vie dans sa peau. Je me suis souvent demandé si ces gens seraient passés à l'acte s'il n'y avait pas eu ces séances thérapeutiques. Sans doute la nature affective des liens entre les êtres est-elle différente selon le sexe. Mais je n'ai jamais entendu des femmes exprimer cette alternance mort-résurrection, ni exprimer le fantasme de ne plus avoir de nouvelles de leurs enfants. »

Le grand départ

Nicole Vernes pourtant l'a fait. Elle était amoureuse – ou ne faisait-elle que le croire ? Aujourd'hui, elle n'a plus de réponse. Elle regarde en riant une jeunesse difficile, un mariage désastreux, une fuite qu'elle juge encore entre soulagement et culpabilité.

Elle était jeune, son petit ami aussi. Le fruit défendu est vite dévoré. Très tôt, la jeune fille est enceinte et se marie. Elle a 17 ans, lui 18. Les noces sont célébrées en août, l'enfant naît en septembre. C'est un garçon. Mais Nicole s'aperçoit vite que son mari lui a menti : la situation qu'il lui a affirmé avoir n'est que leurre, et il leur faut s'installer chez ses parents à lui.

Elle ne se sent pas mère. « J'étais trop jeune, sans doute. Mais on ne m'a pas donné l'occasion de l'être : on m'a tout de suite pris mon enfant. » Sa belle-mère d'emblée décrète que le nouveau-né sera installé dans sa chambre à elle. Nicole est trop inexpérimentée pour protester. Très vite, elle se sent totalement dépossédée de son enfant, qui appelle « maman » sa grand-mère, et auquel elle a à peine le droit de toucher. Quand le petit a des problèmes à l'école, personne ne semble le remarquer. Son père ne fait rien pour améliorer les choses, il continue à vivoter d'obscurs travaux.

Elle fait une première fugue, chez sa mère. « J'en avais marre de voir à la fois cet enfant qui n'était dans le fond pas le mien, et mon mari qui ne faisait rien. » Mais ce dernier vient la rechercher. Il l'assure qu'il l'aime, qu'il va changer. Elle le croit à nouveau. Tout reste pourtant pareil. Une deuxième fois, elle fugue et emmène son fils. Cette fois, c'est sa belle-mère qui remue ciel et terre pour la retrouver. À nouveau, elle se laisse piéger au petit jeu des promesses et revient. Mais ce deuxième retour sera de courte durée. Elle repart vite, dans le Nord, à Louans, où elle trouve du travail dans une usine de béton.

Elle réussit à récupérer son fils, et essaie de retrouver avec lui un terrain d'entente. Il semble aller mieux, paraît plus détendu. Sa belle-mère vient la voir pour les grandes vacances. Elle accepte de lui confier l'enfant pour un mois, limite que lui a fixée la psychologue qui suit le gamin. La vieille dame le gardera deux mois et demi : « Elle le harcelait de questions du genre : "Qu'est-ce qu'elle te fait, ta mère, elle est pas gentille ?" En deux mois et demi, tout l'acquis du travail psychologique de l'hiver était effacé. » Fatiguée de se battre, Nicole laisse finalement son fils à sa belle-mère, acceptant d'être séparée de lui. Régulièrement, elle passe le voir. Quand le petit a 6 ans et demi, un incident *a priori* pas plus important que les autres précipite un nouveau départ. « Un coup de tête. » Un jour, elle entend sa belle-mère dire à l'enfant, qui a fait une bêtise : « Si tu n'es pas sage, tu retourneras à Louans. » « Donc venir chez moi, c'était une punition. » C'est la goutte d'eau qui fait déborder le vase. Le soir même, elle fait sa valise, sans rien dire à personne. « Je suis partie comme ça », dit-elle encore aujourd'hui en riant, serrant les bras sur son pull noir.

Personne ne sait où elle va. Elle se dirige vers Paris, ne donne pas de nouvelles, n'en reçoit pas. Aucun des membres de sa belle-famille ne la cherche vraiment, ce à quoi elle s'attendait. « Je n'ai rien réglé en m'éloignant. Je suis partie avec un pull et un jean, laissant même les bijoux que ma sœur décédée m'avait offerts. J'avais écrit une lettre à ma belle-mère, une lettre bizarre, du genre : "Que fait un chat quand on lui enlève ses petits ?", et puis je l'ai déchirée : elle n'aurait pas compris. J'avais emporté un permis de conduire et les clés de sa voiture, que j'ai renvoyées à mon mari. J'avais marqué sur l'enveloppe : "C'est fini." »

Elle part seule. « Je n'ai pas pris mon fils parce que je ne voulais pas lui faire de tort et l'emmener à l'aventure, car je partais à l'aventure. Du moins, je le voyais ainsi. Mon départ n'a pas dû être traumatisant tout de suite pour lui, mais l'est sûrement devenu en grandissant. Je ne l'avais pas vraiment réalisé. J'étais bien contente de donner une leçon à mon mari. Après, j'ai tourné la page. Je ne pense jamais à cet homme. Je n'ai jamais non plus pensé à revenir. » Elle débarque à Paris avec 1 000 francs, achète un journal, se précipite à la page des petites annonces et tout de suite trouve une place de bonne, logée et nourrie.

« J'ai rompu les chaînes »

« Ce départ m'a libérée mais pas rendue heureuse. » Elle passe par des périodes difficiles, devient boulimique, grossit beaucoup, fait des crises de spasmophilie. « On n'a jamais déterminé ce que c'était. J'ai vu des psychologues, qui ne m'ont pas aidée. Je me suis analysée toute seule, pendant des années. J'ai évacué de mon passé des choses qui devaient l'être. Vieillir m'a sans doute aussi fait mûrir. Aujourd'hui, je regrette de ne pas être partie plus tôt et de ne pas l'avoir fait avec mon fils. » Elle rencontre celui qui deviendra tardivement son deuxième mari (elle ne l'a épousé qu'il y a deux ans), et avec qui elle aura trois autres enfants. « Je ne voulais plus me marier, et plus non plus que mes enfants soient la propriété du mari. Je voulais qu'ils ne soient qu'à moi. Je ne suis redevenue heureuse qu'à la naissance de mon deuxième bébé. Pourtant, cela a été difficile. J'ai fait une crise : je ne pensais pas que cela arriverait au bout. J'avais l'impression que je ne méritais pas un enfant. »

« Et puis mon fils s'est mis à me manquer, je sais pas pourquoi… J'ai demandé à ma sœur que j'avais revue à Paris de lui apporter un cadeau, un livre que j'avais acheté en cachette de mon compagnon. Ma belle-mère a accepté de le prendre. Ils ont su par ma sœur où j'habitais, mais n'ont pas essayé de me contacter. »

Ce retour d'affection pour son fils ne lui enlève pas de la tête l'idée de rompre avec ce passé pénible. Elle écrit à son mari et reconnaît l'adultère, même s'il est postérieur à sa fuite, pour obtenir le divorce en 1975. Du coup, il l'empêchera toujours d'approcher le petit, qu'elle ne reverra pas de 6 ans et demi à 30 ans, âge de leurs retrouvailles. « Je ne voulais pas qu'il soit un enfant partagé, déchiré. Je croyais qu'il désirait sa petite vie tranquille avec ma belle-mère. Je n'ai rien fait pour le revoir, malgré mon envie. La garde était impossible à obtenir : j'avais reconnu l'adultère par écrit, divorcé à mes torts. J'ai pensé à l'enlever de l'école, mais cela m'a finalement fait peur. Parfois, je voulais aller le voir, mais je me disais : non, si je le vois, je vais l'emmener. Et puis j'avais d'autres enfants. J'ai toujours été déchirée entre lui et ceux que j'ai eus de mon second mariage. Avec le recul, je vois comment j'ai pu rater une vie. Sa vie. »

Pendant longtemps, elle ne mentionnera à personne ce premier fils, prétendant n'avoir que trois héritiers, qui seront les seuls à connaître l'existence de leur demi-frère. « Ça ne se dit pas facilement. Les gens vous jugent, se disent : "Mais qui est cette femme qui laisse son bébé, pourquoi est-elle partie ?" Enfin, moi, c'est ce que j'aurais pensé. »

Mais son premier époux se remarie. « Je croyais que ma belle-mère ne donnerait l'enfant à personne, puisqu'elle n'avait pas voulu me le donner à moi. Mais elle l'a laissé aller avec la nouvelle femme (il avait 11 ans). Ça a été l'horreur : elle ne s'en occupait pas, ne le supportait pas, ne lavait pas ses affaires. Du jour où j'ai appris comment cela se passait, j'ai commencé à culpabiliser. »

Depuis, les regrets l'assaillent. « Je me dis toujours : pourquoi ne l'ai-je pas emmené, même à l'aventure ? Je me sens coupable, je me suis sentie coupable toute ma vie. Sauf au début, quand je suis partie, parce que je croyais qu'il serait bien traité là où je le laissais. Je n'ai pas eu le sentiment de laisser un enfant derrière moi en partant. Mais depuis… »

Aujourd'hui, elle habite à une trentaine de kilomètres de Paris. Parfois, des envies de départ la travaillent encore. « Un jour, ça n'allait plus bien dans mon couple, j'ai pris les enfants, la voiture, et je suis partie huit jours sur la Côte d'Azur. J'avais même emmené mes neuf chiens. Je suis comme ça, je ne réfléchis pas. Partir seule ? Pas question, pas sans mes enfants. Ma vie, c'est mes enfants. La place de mon mari n'est pas importante. C'est peut-être méchant à dire, mais c'est comme ça. » Elle a même été effleurée par l'idée d'autres départs. « Mais le suicide, c'est la facilité. Il m'est arrivé de prendre la voiture avec des idées sombres, et puis je me suis dit : "Non, mes enfants." Je n'ai pas été une mère avec mon premier fils, je ne peux l'être que maintenant et ce n'est pas facile. Je ne peux pas tout faire comme je voudrais. »

Elle s'est beaucoup penchée sur son histoire, a tenté d'en trouver les racines dans celles de sa famille. Sa mère était battue par son mari, qui meurt quand elle avait 3 ans. Restée veuve avec six enfants, sa mère avait tenté de les élever, plutôt mal que bien : « Elle ne nous a pas abandonnés mais ne nous élevait pas. Elle était là sans être là : c'est le pire, ça. J'étais la cinquième : je n'avais pas d'amour, pas de nourriture. J'ai mal tourné. Si ma mère avait été normale, ma vie aurait été différente. » Ses sœurs semblent avoir les mêmes difficultés à vivre. Toutes ont raté leurs mariages. La première a eu une enfant atteinte de sclérose en plaques, que sa mère l'a obligée à abandonner. La deuxième a épousé un ivrogne, a abandonné ses deux enfants et est partie, passant ensuite d'homme en homme. « Moi, j'ai rompu la chaîne. Je me disais : "Je ne serai jamais comme elles." Tous les jours, je me remettais en question, je n'ai pas arrêté de le faire. Chaque fois que je n'avais pas envie de faire à manger, je me disais : "Non, fais-le, tu n'es pas comme ta mère." J'ai fait le même effort pour être toujours là quand les enfants rentraient de l'école. Ma mère, elle, était toujours absente. »

Aujourd'hui, rien n'est effacé. « Je suis devenue une mère maternelle. Je n'ai jamais confié ne serait-ce que cinq minutes mes enfants à quelqu'un. Je me disais : "On va me les prendre." Même à ma sœur, je refusais de les donner à garder. Une fois, je les ai laissés pour faire un stage, que j'ai quitté pour revenir très vite. Ce n'était pas un manque de confiance envers les gardiens, je ne pouvais simplement pas. Je n'avais pas conscience à l'époque des raisons de cette crainte. Fuir nous apprend des choses sur nous-mêmes : j'aurais eu une vie plus facile sans cela, mais je n'aurais pas appris les mêmes choses à mes enfants. »

Que fuit-on ?

De ce passage à l'acte, qui peut être aussi bien longuement mûri que décidé sur un coup de tête, ils ne gardent en général qu'un sentiment en commun : celui, vite étouffé, d'une liberté réelle, d'un soulagement immense dans les premières heures, les premiers jours, parfois les premières semaines.

Pour François Sauveterre, parti soudainement pour fuir une épouse et une belle-famille qu'il ne supportait plus (il travaillait dans l'atelier de menuiserie de son beau-père), c'est la première nuit à l'hôtel qui a marqué l'apogée de cet enthousiasme. « Après être parti au hasard, ainsi, je suis allé à l'hôtel. Je n'y ai rien fait de plus que ce que j'y faisais habituellement dans mes déplacements. Mais tout s'était coloré autrement. Le moindre geste prenait une valeur nouvelle, comme si c'était la première fois. Je me sentais sûr de moi, plein de mon bon droit. »

Nicole se souvient de son émerveillement en arrivant seule à Paris : « Pourtant, je n'avais pas de travail, même en vue, pas un sou, aucune adresse. Mais je m'en moquais. J'avais rompu, j'étais libre. »

L'angoisse n'explose pas dans ces premiers moments. Elle reste tapie, mais polit ses armes. « Bien sûr, c'est inquiétant. Mais les craintes de ma vie d'avant, elles, s'étaient dissipées. Mes nouvelles peurs étaient beaucoup moins fortes. » L'état de grâce ne dure pas forcément très longtemps. « Dès la deuxième nuit, j'ai commencé à sentir un nouveau poids sur ma poitrine. C'était moins angoissant parce que c'était nouveau. Mais c'était quand même là. »

Pour Antoine, cela l'a tellement été qu'il est revenu au bout de trois nuits : « Ma femme a eu l'intelligence de ne rien me demander. Notre vie a repris, pas forcément plus exaltante qu'avant. Je sais que je n'ai pas eu le courage d'aller jusqu'au bout. Mais je sais aussi que je pourrais le faire à une autre occasion. J'ai goûté à une liberté grisante, mais trop effrayante. Il est possible que j'y goûte à nouveau. »

Pourquoi part-on ? Curieusement, il n'existe pas de statistiques, pas d'études sur les disparitions. La police, seule peut-être à disposer de suffisamment d'éléments pour une telle étude, ne l'a pas tentée. Les disparus eux-mêmes ont souvent beaucoup de mal à s'expliquer. Leurs raisons sont tissées de leur histoire personnelle, de leur capacité à réagir, de leur âge aussi. Il est des périodes plus propices, des malaises plus profonds : l'envie de s'enfuir dès 20 ans, ce « sentiment océanique » décrit par Freud qui pousse à couper toutes les attaches, les déceptions professionnelles des 30 ans, la fameuse crise des 40 ans, passage difficile de la mi-vie, le sentiment de devoir jouer sa dernière carte maintenant ou jamais, ultime flamboyance des 50 ans, le vide à remplir de la retraite, offerte soudain à tout ce que l'on n'a pas pu faire plus tôt...

Il est une évidence : la disparition est avant tout une fuite, fuite devant une situation insupportable, fuite devant un malaise existentiel, fuite qui est à la fois profonde lâcheté et sursaut de courage. Pour beaucoup d'entre eux, il n'est pas d'autre solution. Leur survie est à ce prix. Dans leur histoire reviennent des descriptions de situations familiales ou conjugales insupportables. « C'est une erreur de croire que la décision est facile. Si je ne l'avais pas prise, je me serais sans doute suicidé. J'ai fait de la peine, j'ai abandonné des gens qui m'aimaient, j'ai fui. Mais je n'avais pas le choix. Partir était la dernière carte à jouer pour ma survie, avoue François Sauveterre. C'est un acte qui m'a dépassé, qui s'est imposé. »

On ne part pas juste pour voir, juste pour s'amuser. La rupture est trop forte pour n'être qu'une plaisanterie, et même ceux qui en parlent avec le plus de désinvolture cachent mal la gravité de leur décision. D'ailleurs, ils ont souvent le sentiment d'avoir surtout été poussés dehors. Robert Murcia, le père de Christine Herp, refuse jusque sur son lit d'hôpital le terme de disparu : « Ma femme avait un amant. Ils m'ont mis dehors. » Claude Tremblay[1] aussi accuse les autres : « S'il n'y avait pas eu mes beaux-parents, on aurait pu s'en sortir. Mais là, ce n'était plus possible. Ils m'ont forcé à partir. » Faut-il le préciser ? Du côté de ceux qui sont restés, la vision n'est pas la même.

Pour d'autres, la fuite est la conséquence d'un malaise, existentiel ou matériel, d'une envie de changer qui broie tout sur son passage, au point de les transformer en bourreaux, ce qu'ils n'avaient ni souhaité ni même imaginé. Ni souvent constaté. J'ai été surpris de voir chez les disparus que j'ai rencontrés à quel point ils n'avaient pas eu conscience de ce qu'ils ont fait subir à ceux qu'ils ont quittés. C'est presque sincèrement qu'ils l'avouent : « Jamais je n'aurais pensé que mon absence ferait souffrir à ce point mes parents, raconte Jean-Michel qui est parti à 21 ans. Je le regrette. Pas d'être parti. Mais de leur avoir fait tant de peine. » Aveuglement rétrospectif ou tentative de se justifier ? Cet étonnement est fréquent. La part évidente d'égoïsme et de refus de responsabilité de la démarche ne lui enlève pas sa nécessité. Même si pour certains, très clairement, elle est aussi vengeance. Ils partent pour faire souffrir ceux qui restent, parfois dans l'espoir aussi qu'ils feront un geste pour les rappeler. « Je savais que ça les ferait chier », avoue sans vergogne

1. Voir plus loin.

François Sauveterre. « Personne n'a rien fait pour me faire revenir », ajoute Claude Tremblay, avec une hargne révélatrice de son attente.

La comparaison avec le suicide s'impose. « Ceux qui disparaissent sont pris dans un conflit psychique insurmontable, et fuient ce conflit dans l'espace. Ils ne se tuent pas pour de vrai, mais font mourir une certaine image d'eux. On change tout, y compris sa mémoire. Ce qui n'était pas assumable disparaît », explique Claude Halmos. Paradoxalement, ce faux suicide peut aussi devenir le meilleur moyen d'échapper au vrai.

Le départ peut ne réussir qu'après plusieurs tentatives plus ou moins longues, ou se renouveler dans des contextes différents, devenir presque chronique. Quand elle a épousé Jean, l'avocate Élisabeth Auerbacher savait, le connaissant depuis longtemps, qu'il avait fui en laissant sa première femme et ses enfants. « Je me disais : avec moi ça n'arrivera pas. » Un jour, rentrant de plaider en Suisse, elle ne le trouve pas. Pas un mot, pas une explication : il n'avait même pas pris beaucoup de vêtements. « Je ne m'étais rendu compte de rien. » Elle le retrouvera au bout de quatre mois, par l'intermédiaire de la Poste à qui elle mentira, disant qu'il était son employé, et acceptera ensuite de changer sa vie pour permettre à leur couple de redémarrer. Mais elle avoue avoir toujours peur d'une nouvelle tentative…

Un certain nombre de disparus avaient d'ailleurs déjà fugué pendant leur enfance, ils s'étaient en quelque sorte habitués à la fuite.

De longues dérives

Depuis quand y pensaient-ils ? Ils ont souvent du mal à le dire. Pour beaucoup, l'envie a été soudaine, s'imposant plutôt que se décidant. L'histoire de l'homme qui part chercher des cigarettes et ne revient pas est archétypale. Elle est souvent vraie.

« Très sincèrement, je ne sais pas, explique Michel Lenoble, employé d'une agence de voyages disparu en 1997. Je suppose maintenant que cela n'a pas dû arriver d'un coup, qu'inconsciemment j'y pensais déjà. Mais je me souviens du moment exact où j'ai décidé de le faire. J'étais au volant de ma voiture, dans un embouteillage. C'était aux alentours de la place de Clichy. J'habitais le XIVe arrondissement et je devais aller tous les jours à Levallois depuis que ma société avait déménagé au bord de la Seine, dans de nouveaux locaux. Ce déménagement m'avait été très pénible : il rallongeait mon trajet quotidien de presque trois quarts d'heure. Là, j'ai décidé de ne plus retourner chez moi. J'ai fait marche arrière, j'ai repris le périphérique, et je suis reparti. »

Dans les années 1950, un boucher du Doubs avait l'habitude de partir en tournée à bicyclette avec sa femme pour livrer de la viande. La grossesse de Madame, encore discrète, ne les avait pas empêchés de continuer quand, un soir d'automne, le brouillard s'est levé. Et le boucher d'accélérer, son paquet de viande sur le porte-bagages, jusqu'à ce que sa femme ne l'aperçoive plus dans le brouillard. Elle ne l'a jamais revu. L'enfant, une fille, est née quelques mois plus tard. Ce n'est que vingt ans après qu'elles ont appris qu'il n'avait en fait pas quitté la région, mais avait refait sa vie quelques dizaines de kilomètres plus loin.

Mais, même soudaine, la décision cache un lent mûrissement. Si leurs vies explosent comme des barrages, c'est aussi parce que l'eau s'est accumulée derrière depuis des mois, des années. Toute disparition n'est pas rupture brutale. Elle peut être aussi le fruit d'une longue dérive, d'une coupure, les uns après les autres, de tous les liens. Pour combien n'est-elle pas un appel au secours, l'ultime test pour se prouver que l'on tient à eux, que l'on va les rechercher ? Rares sont ceux qui n'avouent pas qu'ils attendaient aussi une réaction de leur entourage, rares ceux qui arrivent à cacher leur déception qu'elle ne soit pas venue.

Cette envie, longtemps mûrie, peut même servir à des machinations dignes de romans policiers[1]. En 1987, Yves Dandonneau, P-DG d'une fabrique de jouets à Montmorency, s'est fait disparaître pour toucher une assurance-vie de 11 millions. Il a entraîné dans un voyage en Provence un SDF de 40 ans, Joël Hipeau, fils de gendarme. Avec un complice, ils l'ont bourré de valium et fait boire énormément : il a mis plus de vingt-quatre heures à mourir. Puis ils l'ont installé dans la voiture de Dandonneau, qu'il ont poussée dans un ravin ; la voiture a pris feu. Quand il a été retrouvé par le détective privé de la compagnie d'assurances, Dandonneau avait déjà subi cinq opérations de chirurgie esthétique.

Hélène n'a tué personne et ne cherchait en disparaissant en juillet 1962 qu'à fuir un mari joueur, laissant derrière elle une petite Fiona. Le 9 septembre 1962, une carte postale venue du Chili annonce son mariage prochain ; nouvelle confirmée quelques mois plus tard par un article de journal, qui précise que les noces ont eu lieu à la basilique du Santissimo Sacramento à Santa Fe, mais oublie le nom du pays et celui du mari. Au début des années 1990, Fiona éprouve le besoin de retrouver ses origines et part sur les traces de sa mère. Après une quête longue et rocambolesque, elle la retrouvera… en Suisse. Le mariage était un faux mariage, mis en scène par l'amant d'Hélène, qui était allé à Santiago pour expédier les cartes postales, avait fait faire en Espagne les photos du mariage et s'était arrangé avec un ami journaliste pour imprimer l'article, qu'il avait ensuite fait diffuser[2]…

Beaucoup, enfin, des disparitions sont des dérives. Dégradation des relations avec l'entourage, éloignements, retours, jeu de va-et-vient, jusqu'au jour où on

1. Genre où les thèmes de la disparition et du changement d'identité ont très fréquemment servi. Dernier-né : *Destins volés*, de Michael Pye, Seuil, 2000.

2. Histoire racontée par Patricia Fagué, *Disparus, comment les retrouver ?*, Marabout, 1998.

ne revient plus. Au lieu d'être emporté par un grain, c'est une longue houle qui vous éloigne de la côte. Et le bateau, souvent ivre, vient s'échouer à la rue.

La glissade de Claude Tremblay

« Est-ce que je pourrais les amener ici, mes fils ? » Dans la petite pièce où il vit, derrière la gare de Metz, Claude Tremblay s'interroge. Depuis deux ans, il vit là, dans cet espace réduit mais propre, qui abrite un lit, un réfrigérateur, quelques livres empruntés à la médiathèque et des cassettes de musique classique enregistrée. Arrivé à Metz après avoir « pété les plombs », il est devenu l'un des familiers du « Point solidarité installé dans la gare, qui accueille et tente de réorienter les errants de passage. « Quand je suis arrivé, ce sont eux qui m'ont fait retourner vers mon foyer. Sans eux, j'aurais eu beaucoup de mal. » C'est la dernière (pour l'instant ?) étape d'un parcours difficile, parsemé de galères qui l'ont mené de dérives en petits boulots, d'errances en éphémère stabilité.

« Péter les plombs », il l'a beaucoup fait. La dernière fois, c'était à Lyon, il y a deux ans. « J'avais du boulot, mais j'en ai eu plein le cul. C'est une ville qui m'a gonflé. Alors j'ai pris le train, je suis arrivé à Strasbourg. Ça ne m'a pas plu. De là, je suis reparti vers Metz et Sarreguemines. » Les yeux sont restés d'un bleu lumineux, le visage est marqué, autant par une vie difficile que par l'alcool qui l'a accompagnée. Le discours est souvent intelligent, répétitif, très justificatif, typique en somme des explications de ceux qui ont connu la rue.

Il y a vingt-deux ans, il a disparu de chez lui. Volontairement ? Il commence par nier, par accuser les autres ; il se réfugie derrière un vague « C'est compliqué, très compliqué » et finit par lâcher : « C'est la faute de ma belle-famille. » Mais il revendique vite aussi une indépendance, un côté rebelle incompatibles avec ce rôle de victime. À l'époque, il est marié, a trois enfants, est vendeur de voitures, boit déjà beaucoup et vit chez ses beaux-parents. « On a été obligés d'habiter chez eux très vite après le mariage, pour des problèmes matériels. Au lieu de penser à nous, jeune couple, il a fallu penser à eux. C'était invivable. On n'avait pas de place pour nous, pas d'intimité. Avec les enfants en plus... Si on m'avait pas emmerdé, j'aurais une bonne situation aujourd'hui. J'ai pas eu la chance d'avoir une famille unie. Déjà mes parents étaient divorcés. J'étais bien avec ma femme, mais on a souffert d'ingérence. Et puis, allons au bout des choses, j'ai picolé. Mais c'était un alcoolisme de compensation. Ils m'ont pris pour un con, je les ai pris pour des cons. Pour les enfants, avec le recul, tout ça a pas fait du bon. J'en suis tout à fait conscient. Beaucoup de fautes ont été commises. »

Et c'est l'accident. Sa femme part un matin en voiture et heurte un camion. Elle restera neuf mois dans le coma. Chez sa belle-famille, la situation s'aggrave : il se sent de moins en moins chez lui. Les incidents se multiplient. Son alcoolisme n'arrange rien. « On m'a foutu dehors, carrément. J'ai pas eu le choix des armes. Au lieu de me foutre dans la merde, on pouvait m'aider. Ces cons de la belle-famille, ils m'ont enfoncé et c'est pour ça que je me suis retrouvé à la rue. »

Un matin de 1978, il part. Il est encore incapable de dire exactement ce qui l'y a poussé. Mais il part. Ses fils ont de 7 à 10 ans. Sa femme n'est pas encore sortie du coma.

Il n'a qu'une certitude : il est plus parti pour fuir que pour construire. « Je n'ai jamais eu envie de refaire ma vie. Je n'avais pas le choix. Il fallait que je disparaisse. Tout reste lié. » La formule, un peu mystérieuse, n'amène pas d'autres commentaires. Il regarde ses mains, retrempe une lèvre goûteuse dans sa liqueur. « J'ai des défauts, mais qu'est-ce que vous voulez y faire ? On m'y a mené. »

Chez lui, son départ heurte : « J'avais 8 ans, se souvient son fils Louis. C'est complexe, ce sont des souvenirs d'enfant. J'étais petit quand c'est arrivé. Je me souviens de disputes, d'alcool, de lui changeant de travail sans vraies raisons. Puis il y a eu l'accident de ma mère. Et, sans que je comprenne, mon père est parti. S'il y a eu des explications, on ne nous les a pas données. L'accident nous a beaucoup mobilisés. Nous n'avons fait aucune démarche, et nous l'avons perdu de vue. »

Un autre fils, David, avait un an de moins : « Ça reste très lointain. Je ne connais même plus les circonstances exactes. Mais on ne m'a rien dit : je me suis rendu compte tout seul qu'il n'était plus là. Dans ma tête, il n'était parti que momentanément. Ce sentiment a été entretenu par les coups de fil qu'il passait trois ou quatre fois par an, souvent pour les fêtes, mais sans jamais donner ses coordonnées. Au fur et à mesure que je grandissais, je considérais de plus en plus que je n'avais pas de père. Mes souvenirs avec lui étaient tellement éphémères que j'avais même le sentiment de n'en avoir jamais eu. Il ne me revenait que des images d'alcoolisme ou de conflits avec ma mère. Je n'ai pas de souvenirs positifs avec lui. »

Les vingt-deux années qui suivront seront un jeu souvent triste de va-et-vient entre une stabilité brièvement retrouvée et la tentation de la rue. Il ne travaille guère que par intérim, faisant tantôt des petits travaux, tantôt du transport routier. Entre les deux, des périodes d'errance, la découverte des foyers, l'aveu de « nuits dehors », simples mots qui cachent une déchéance à peu près maîtrisée aujourd'hui. Il tourne entre Le Puy-en-Velay, Bordeaux, Lyon, Metz. « Ce que je voulais, c'était survivre tout en évitant de tomber dans la déchéance. »

Cette vie l'épuise sans vraiment le satisfaire. La lecture et l'amour des rencontres le sauvent. « Je me suis retrouvé une fois à Lorient, j'étais coincé, avec rien à faire. J'ai pas décollé de la bibliothèque pendant trois jours. La culture m'a sauvé. » Il revient plusieurs fois là-dessus : « Je ne suis pas clochard, je suis sociabilisé. Je m'en suis sorti par la culture. Avec la vie que j'ai vécue, c'est pas trop mal. Je ne suis pas heureux à 100 % mais je suis bien. Je lis beaucoup. En deux mots, je ne suis pas un illettré. » Il s'arrange pour fréquenter les réunions publiques, les séances de dédicace, écrit aux écrivains qu'il a aimés, évoque des échanges épistolaires et une rencontre avec le général Argoud, l'un des responsables de l'OAS, qu'il serait allé voir chez lui. « Mes galères ont toujours été constructives. J'ai rencontré des gens incroyables. Quand je vois ce que j'aurais pu faire, les gens que j'ai côtoyés... Mais j'ai un grand défaut : je ne suis pas ambitieux. » Il milite un temps au Front national, mais s'en retire, écœuré par la guéguerre Le Pen/Mégret.

Ses enfants lui manquent, sans pour autant que cette absence soit insupportable. Il cherche à se renseigner sur ce qu'ils deviennent, consulte régulièrement leurs adresses sur Minitel, va demander à voir les extraits d'actes de naissance auprès des mairies de leurs lieux d'habitation, sait donc qu'il a des petits-enfants et connaît leurs prénoms, les imagine. Il a souvent envie de revenir, mais ne va jamais jusqu'au bout de son désir. Il passe parfois des coups de téléphone, mais toujours sous l'effet de l'alcool, et ses enfants finissent par lui demander de s'en dispenser. « Mon fils Philippe, marié depuis 1990, je le suis à la trace. Je savais qu'ils n'étaient pas marginaux. Si ça avait été le cas, j'aurais fait quelque chose. J'ai démissionné quelque part, c'est vrai : mes beaux-parents les ont élevés et je leur en suis reconnaissant. On ne remplacera jamais ces années. Ça aurait été très intéressant de les voir grandir. J'ai loupé leurs années d'adolescence et j'en suis très triste. Je connais des gens qui se tuent pour moins que ça. Ça me manquait mais j'étais obligé de faire le ménage. » Dans la même phrase, il passe d'un extrême à l'autre, sans doute rattrapé par l'émotion : « Il y a des choses qu'ils ne soupçonnent pas dans mon passé. Est-ce que je pourrais tout leur dire ? Je ne sais pas. Je suis prêt à tout. Mais je ne voudrais pas leur expliquer des choses qu'ils ne comprendraient pas. Ce n'est pas que j'aie tout mis entre parenthèses, ça fait très mal d'ailleurs mais c'est qu'en même temps il faut vivre. »

Du côté des enfants, le manque est patent et l'adolescence difficile. « J'aurais eu besoin d'un élément moteur et convaincant qui m'aurait permis d'effacer mes doutes, avoue David. Quand je me pose des questions, j'ai le sentiment de devoir trouver les réponses moi-même, et de ne pas pouvoir me référer à une autre opinion masculine. Ma mère étant handicapée, mes vrais parents ont été mes grands-parents. » « La situation était tellement difficile qu'on n'osait pas en parler, ajoute Louis. De temps en temps, nous recevions un coup de téléphone, mais il était souvent en état d'ébriété. Adolescents, cela a été perturbant et s'est très mal passé. On ne savait pas comment le prendre. C'était notre père, c'est clair, mais on acceptait peut-être plus mal encore qu'il revienne dans cet état que le fait qu'il soit parti. À un moment donné, on a perdu des repères. Je ne sais pas si j'en ai trouvé ailleurs. J'ai eu une période très difficile en arrivant au lycée. Je ne savais jamais sur quel pied danser, j'avais peur de prendre un mauvais départ comme lui. Ça s'est senti au niveau scolaire. Nos copains étaient sans doute au courant, je ne sais pas. Nous subissions une grosse pression pour essayer de faire mieux que lui. C'était un sujet tabou, j'évitais d'en parler. Même aujourd'hui, quand mes collègues parlent de leur père, j'ai des moments très difficiles. Cet abandon ne m'a apporté qu'une chose : il m'a amené à poser des questions avant chaque expérience, à ne pas attendre de réponses faciles puisque je n'en ai jamais eu, à me débrouiller par moi-même. »

Destination : la rue

La rue accueille forcément beaucoup de disparus. Combien ? Là encore, personne ne les a comptabilisés. Même le Samu social, dont l'observatoire tente de mettre en fiches précises les errants qu'il rencontre, n'a pas retenu ce critère-là. Mais qu'est-ce que disparaître quand on se retrouve à la rue ? Contrairement à une légende bien ancrée, on ne devient pas SDF simplement parce qu'on a des problèmes économiques. La faille plonge beaucoup plus avant, se nourrit d'enfances gâchées, d'incommunicabilité, de relations humaines pauvres ou absentes. Les disparus de la rue n'ont plus de nouvelles de leur famille, pas plus qu'ils n'en ont donné. Est-ce que pour autant ils ont choisi de partir ?

Il y a quelques années, pour un autre livre[1], j'avais passé du temps avec les sans-domicile. La plupart avaient cette sorte de relation étrange à leur passé, ce sentiment d'amour-haine, d'attirance-répulsion, de rejet et d'indifférence pour des familles qu'ils avaient abandonnées et qui les avaient laissés tomber.

Jérôme, par exemple. Il avait 32 ans. Depuis 1992, il était à la rue. Électricien, il vivait, avant sa dégringolade, de travaux intérimaires, jusqu'à ce que la guerre du Golfe, en provoquant une crise dans le secteur, l'en prive. Chez lui, la situation était déjà tendue : les disputes avec sa femme se multipliaient, et il avait pris l'habitude, chaque fois qu'il terminait un contrat, d'aller dépenser ses gains en faisant la fête et de revenir après. Le jour où il n'a plus rien trouvé, il n'est pas revenu. Il l'a appelée de temps en temps, puis plus du tout. Elle n'a manifesté ni intenses regrets ni grande curiosité pour savoir ce qu'il devenait. A-t-il disparu ? Ne l'a-t-il pas fait ? Il est en tout cas parti. Aurait-il dans le fond voulu renouer ? Il disait s'en moquer, mais n'était guère convaincant.

Le parcours des SDF est fait aussi de ces retours, de ces tentatives avortées, de ces galères un peu honteuses qu'on n'ose partager. Parfois, souvent, ils se rapprochent de ce qu'ils ont abandonné, deviennent les voyeurs de leur vie passée.

Un jour, Patrick, la cinquantaine, ancien machiniste, à la rue depuis déjà cinq ans, nous entraîna, ses autres « potes » du moment et moi, dans une longue virée dans

1. *Sans domicile fixe*, Hachette, 1993.

Paris. Il ne voulut dire à personne ce que nous allions faire. Les autres se mirent assez vite à râler mais il s'entêta, nous fit valoir qu'il n'y avait de toute façon rien d'autre à faire, ce qui était douloureusement exact, et que si « on » le suivait, « on » allait rigoler. Nous sommes arrivés devant une école du XXe arrondissement. Sa femme y attendait leur petit garçon de 9 ans. Il les a regardés, nous demandant un silence qui lui fut accordé. Puis nous sommes partis sans qu'il leur ait parlé. Il n'avait l'air ni triste ni heureux, simplement soulagé d'avoir fait ce qu'il avait à faire. Il a dit : « C'est mon fils », n'en a plus parlé et s'est soûlé le soir avec la même conscience que les soirs précédents.

De cette ambiguïté du clochard disparu, de ce va-et-vient entre une vie errante et des liens parfois renoués, du poids qui maintient à la rue même ceux qui pensaient s'en sortir, rien ne témoigne sans doute mieux que l'histoire d'Yves Le Roux.

Le cachalot s'est échoué

Avait-il prévu sa fin ? « Nous, les zonards, nous mourons au plus tard à la cinquantaine. » Quand il a écrit cette phrase, Yves Le Roux venait d'atteindre ce demi-siècle qu'il prévoyait fatidique. Depuis huit ans, il vivait à la rue. Miraculeusement, il y avait écrit un livre[1]. Sous-titré « Mémoires d'un SDF », *Le Cachalot*, avec 11 000 exemplaires vendus, avait été un succès. Personnage atypique, « clochard philosophe », cet ancien

1. Dont l'écriture fut rocambolesque. Il boit toujours énormément, passe chez Ramsay et s'endort sur le bureau du directeur qu'il « tape » à chacune de ses visites. Il rate plusieurs rendez-vous avec Danie Lederman, qui cosignera le livre. Pendant deux fois trois semaines, il disparaît totalement. Plus tard, l'attachée de presse, qu'il surnommait « la Gouvernante », ira le chercher au *Mistral*, restant avec lui pendant des heures avant chaque émission pour être sûre qu'il y sera… (Yves Le Roux et Danie Lederman, *Le Cachalot*, Ramsay, 1996.)

professeur d'allemand profondément alcoolique avait séduit par sa culture générale, son français élégant, son désespoir qui savait rester discret. Le temps d'une vogue médiatique (il avait même connu la consécration du « passage chez Pivot »), le pays s'était ému, se disant que, finalement, ces « gens-là » aussi pouvaient s'en sortir, puis l'avait oublié. Le 24 octobre 1999, Yves Le Roux mourait à l'hôpital de Nanterre d'infection pulmonaire. Clochard. Il avait gagné deux ans sur la cinquantaine.

De sa famille, de ses proches, de ceux qui l'avaient aidé à écrire et publier son livre, pas un n'apprit son décès avant qu'un article du *Nouvel Observateur* ne lui soit consacré, quatre mois plus tard. L'auteur de l'article lui-même ne l'apprit que par hasard, en faisant un autre reportage. Yves Le Roux était un vrai disparu : personne ne le cherchait. Quand il a appris à son tour sa mort, son frère ne l'avait pas vu depuis vingt ans. Âgé d'un peu plus de 40 ans, il est élégant, posé, pèse ses mots. L'inverse d'Yves ? « Enfant, je l'admirais énormément. C'était mon idole. » L'admiration s'effrite au fil des ans, laisse place à un sentiment de gâchis. Yves est professeur d'allemand, marié, mais semble tout gâcher, ce qu'il avoue lui-même avec lucidité : « J'ai le sentiment de n'avoir pas trouvé ma place. Suis-je comme mon père velléitaire, est-ce pour cette raison que j'ai raté ma vie ? Je me suis bricolé tout seul ma galère, artisan de mon propre malheur j'ai tout gâché, je ne suis qu'un pauvre con[1]. » De sa disparition, il écrit : « Pourquoi ai-je désiré si fortement la perte de moi-même ? Pourquoi ai-je tellement eu besoin de me démolir[2] ? »

Les deux frères se voient de moins en moins. Nul ne sait où est Yves, qui ne donne de nouvelles que quand il en a envie. La dernière fois, il est « vraiment dans la dèche » et lui demande de l'argent. « C'était en mars 1979, à Chartres. Je me suis dit : "Voilà, mon frère

---

1. *Le Cachalot, op. cit.*
2. *Ibid.*

n'existe plus. Nous n'avons plus rien à faire ensemble. Il est allé au bout de son désir de liberté, mais son histoire n'est plus la mienne." » Vingt ans après, il apprend l'existence du livre par un entrefilet dans *Le Point*. « C'est terrible à dire, mais je n'ai pas été surpris. Sa déchéance m'apparaissait inévitable. » Un coup de fil des éditions Ramsay lui propose de revoir ce frère évanoui. En a-t-il envie ? Il hésite, puis se décide. En janvier 1998, il se rend à l'Armée du Salut, ne l'y trouve pas, laisse un message au *Mistral*, le bar-refuge du disparu. Yves ne répond pas. Il s'entête, repasse. Un soir de février, il l'aperçoit à une table, bouffi, malade ; il l'aborde. Yves ne le reconnaît pas. « Tout de suite, j'ai compris qu'il ne s'en sortirait pas. » Ils parlent, jusqu'à ce que le plus jeune lui dise enfin : « Je suis ton frère. » Jusqu'à 3 heures du matin, bière après bière, ils évoqueront le passé, referont le monde. « Nous avons passé des heures joyeuses et tragiques, mais nous ne nous sommes pas proposé de nous revoir. » A-t-il envisagé de le prendre chez lui, de l'aider à s'en sortir ? « Non. Je ne pouvais pas imposer cela à ma famille. Mes enfants ne sont même pas au courant de son existence. Bien sûr, aujourd'hui, je me demande : "As-tu fait tout ce que tu aurais pu faire ?" Sincèrement, si pendant cette rencontre j'avais senti à un seul moment que j'aurais pu peser sur son destin, je l'aurais fait. Mais il était déjà au-delà de tout. »

Yves Le Roux reverra aussi sa fille Florence. Pas ses garçons. Cruellement, car l'un des deux essaiera de le joindre par son éditeur. Mais elle… « Il nous en parlait souvent, se souvient Marc, l'un de ses compagnons du *Mistral*. C'était "sa" petite. Bien sûr, il l'idéalisait. Mais il y tenait très fort. » D'après son oncle, qui lui téléphonera sans la rencontrer, « Florence a beaucoup discuté avec sa mère, et semblait très désireuse de le revoir ». Que s'est-il passé ? D'après des témoignages indirects, la rencontre aurait déçu le clochard écrivain. Pourtant, il apprend qu'il est deux fois grand-père, mais les enfants sont de deux pères différents et sa fille n'est pas mariée.

La femme ne correspondait-elle pas à la petite fille qu'il avait abandonnée puis rêvée ? Il ne le dira à personne. Peu après, il meurt.

Ces retrouvailles, il les voulait. Tous ses compagnons du *Mistral* le disent : en fin de soirée, au risque de les lasser, il hurlait son désir de revoir les siens. Mais quand a-t-il vraiment tenté de le faire ? Tout de suite, il a été à nouveau happé par ce rien qui accompagne toutes les journées à la rue, cette longue suite d'instants vides tissés des mêmes attentes, des mêmes tristes rendez-vous, du même ennui. Ce grand écart qu'il avait fait entre la rue et le plateau de Pivot ne pouvait impressionner personne dans cet univers de fantasmes qu'est la rue. Ceux pour qui il aurait pu être un appel l'ont-ils entendu ? « Il savait que ce livre était son chant du cygne », confie Denise Brigou, directrice du centre de l'Armée du Salut qu'il fréquentait. « L'aventure l'a blessé parce qu'il s'est rendu compte qu'il n'avait plus la capacité de s'en sortir », ajoute Jean-François Bernard, l'un de ses compagnons de galère. « C'est arrivé trop tard pour qu'il renoue avec qui que ce soit. Il a peut-être eu l'illusion d'une rédemption, mais ça n'a pas duré », pense Marie-Pierre Bordes, l'une des responsables du « Recueil social » de la RATP, qui le retrouvait souvent dans les couloirs du métro.

L'argent qu'il a gagné (25 000 francs d'avance plus la moitié des droits d'auteur, soit au total près de 60 000 francs), il le claque. Au *Mistral*, il passe de sa bière habituelle aux grands vins. « Déjà son RMI, il se le faisait souvent voler. Là, il en avait plus, mais c'est tout », explique Marc, un de ses amis du bar. Il s'offrira quelques nuits à l'hôtel, mais reprendra vite son rythme « d'avant » : les matins devant le petit déjeuner de « La maison du partage », les journées à la station Pyrénées ou, quand il fait beau, au square Saint-Georges, où il retrouve son ami Maurice qui, aujourd'hui, terrifié, pleure : « Mon copain est mort, bientôt c'est mon tour » ; les soirées au *Mistral*, où il apparaît pourtant de moins en moins. Et, de plus en plus souvent, la nuit à Nanterre, où il est amené trois fois par semaine. « Dans le bus, il en rajoutait pour montrer à quel point il parlait bien. Il se protégeait avec sa culture. Il avait conscience d'être dans un état terrible, et c'était une énorme souffrance. Quand j'ai évoqué son livre, il m'a répondu, l'air indifférent : "Ah, oui, tu l'as lu ?" et m'a parlé des poux qui le "parasitaient" », se souvient Marie-Pierre Bordes. Avec les autres, il fabule, parle des femmes qu'il se paie avec ses droits d'auteur. « Il était résigné. Pas amer ni révolté. Il ne parlait plus. À ce point de souffrance, on ne verbalise même plus », poursuit-elle. Même réaction quand Jacques Hassin, responsable de la consultation du Chapsa (Centre d'hébergement et d'assistance aux personnes sans abri), lui parle de son livre : « Ça n'a rien donné. J'ai même eu l'impression que cela réveillait en lui quelque chose de douloureux. » Chez Ramsay, où il a de lui-même cessé de venir, sont arrivés plusieurs lettres, quelques chèques, et même une proposition de mariage... Il a refusé un emploi dans une librairie, une chambre à Levallois, qu'il trouvait trop loin. Et quand il revoit son frère, puis sa fille, c'est sans pour autant se donner les moyens que ces retrouvailles débouchent sur quelque chose.

La rue charrie beaucoup de disparus comme Yves Le Roux. En rupture, errant entre des désirs contradictoires, ayant lassé ceux qui pouvaient leur tendre les bras, ils veulent rentrer et ne sautent jamais le pas. La plupart meurent anonymes et seuls. Effleuré par une éphémère notoriété, lui aurait pu réaliser ce dont beaucoup rêvent. Il a gâché cette chance, comme il avait laissé aller sa vie en quête d'un mieux qu'il n'est plus là pour définir.

La Légion et les siens

Cet évanouissement qu'autorise la rue, d'autres lieux le permettent, l'un parce que cela entre dans sa raison d'être, l'autre par un jeu sur l'individu qui le pousse (parfois) à la rupture. Les deux, porteurs également de beaucoup de fantasmes, sont régulièrement interrogés par les parents en quête de leurs enfants. L'un, c'est la Légion étrangère ; l'autre, ce sont les sectes.

La Légion a pour finalité de faire disparaître à leur ancienne vie ceux qui y viennent. Tout le monde y change d'identité. « Nous offrons à tout soldat la possibilité d'une deuxième chance », explique le colonel Peron à Aubagne, centre de recrutement des légionnaires. Combien sont-ils à rejoindre pour cette raison les rangs austères du corps d'élite ? « À peine un sur dix », affirme Peron, qui rappelle qu'il y a en ce moment dix-huit demandes pour un poste. « La motivation de la plupart des légionnaires est de trouver un emploi. » On sent comme un regret dans sa voix. « Nous avons actuellement un grand nombre de Slaves qui viennent s'engager. Ils ne fuient guère que la misère de leur pays. »

Chaque engagé se voit délivrer une carte d'identité militaire, sur laquelle est inscrit le faux nom que l'administration accepte selon deux critères : qu'il ne soit pas déjà celui d'une personnalité et qu'il ait la consonance du pays d'origine du légionnaire.

Que recouvre ce changement d'identité ? Souvent la fuite loin de problèmes familiaux, parfois une envie de changer d'atmosphère, souvent aussi des délits mineurs. Le passé des candidats est vérifié : « Nous ne prenons pas les hommes qui peuvent devenir dangereux pour la communauté : criminels, trafiquants de drogue. » Le passage à la Légion ne vaut d'ailleurs pas pardon : si le légionnaire quitte le corps avant qu'il n'y ait prescription pour son délit, il s'en trouve toujours redevable. À l'intérieur règne la règle de ne pas parler de son passé. Elle est suivie par les cadres, qui ne demandent jamais à leurs hommes le pourquoi de leur présence. Elle l'est aussi, si l'on exclut d'éventuelles confidences amicales, par les hommes entre eux.

Le choix de vie est singulier. L'engagement fonctionne par contrats. Pendant les cinq premières années, la nouvelle recrue perd des droits essentiels : interdiction de se marier, pas de compte en banque, pas le droit de sortir en civil, obligation de vivre en caserne. Après ces cinq premières années, son destin se banalise. Tout légionnaire a d'ailleurs droit à une période d'essai, au bout de laquelle il peut démissionner.

Leurs familles ne peuvent pas savoir ce qu'ils sont devenus. Des lettres arrivent, pas très souvent, au commandant de la Légion pour demander des renseignements sur tel ou tel. Il leur est répondu que le disparu n'est pas engagé. Si jamais il l'est, le commandant le convoque et lui signale qu'on le recherche : à lui de faire ce qu'il entend.

Ce choix, Hans l'a fait. Il y a vingt-sept ans, il s'est engagé. L'homme est buriné, lourd, la voix rocailleuse, et refuse de donner même son nom d'emprunt. « J'ai quitté ma famille. J'ai choisi l'immersion. Je voulais faire le ménage dans ma tête. » Un fort accent marque ses origines allemandes, malgré la perfection grammaticale de son français. Il n'en dira guère plus. « Mes parents m'ont recherché. La Légion m'a protégé. » « *Legio est patria* », dit la devise du corps.

Les sectes recrutent

Le problème des sectes est plus complexe car jouant pleinement sur la notion de liberté. Les adeptes ont-ils le droit de faire le choix qu'ils font ? Ont-ils pu faire ce choix en pleine connaissance de cause ? Sans reprendre le débat ni surtout tomber dans l'amalgame tendant à affubler le moindre groupe de yoga ou de réflexion vaguement spirituel d'un masque effrayant, rappelons quand même que la « disparition » fait partie de la stratégie employée par certaines sectes.

Les sectes jouent sur cette rupture avec la famille[1], non que la notion même de famille soit toujours contraire aux

1. Voir à ce sujet le livre de Jean-Marie Abgrall, psychiatre, devenu la tête de Turc de la plupart des mouvements sectaires : *La Mécanique des sectes*, Payot, 1996.

idéaux sectaires (on peut voir des enfants d'adeptes communier sincèrement dans la foi de leurs parents) mais parce qu'elle reste une des possibilités de critique les plus dangereuses, et qu'il est donc bon que son influence soit réduite.

L'adhésion découle d'ailleurs souvent de conflits familiaux, et l'âge le plus fréquent de recrutement concerne des jeunes âgés de 18 à 25 ans. L'adepte cherche à la fois un refuge contre ce qu'il pense être une agression, et la possibilité de dépasser un conflit qui le mine. De là à rompre avec les premiers fautifs... De manière générale, le recrutement passe par la création d'une dépendance, dépendance qui amène assez vite le nouveau venu à se débarrasser de ses référents habituels pour, ensuite, endosser ceux du groupe, qui devient une structure de remplacement. Ce n'est qu'une fois ce stade atteint que les contraintes augmentent et que la coupure d'avec le monde extérieur se fait de plus en plus violente. « Parmi les nombreux obstacles, il y a la famille, les relations, toutes ces diversions ridicules dont vous n'avez pas besoin », écrit-on dans des documents internes au Sahaja Yoga, ainsi que : « Laissez votre ancienne vie : elle représente l'obscurité, et l'obscurité, c'est l'enfer » ou : « Au début, tout le monde dit "ma femme est comme ceci, mon frère est comme cela, mes enfants sont comme cela". Au début tout va bien, mais quand vous grandissez, vous devez abandonner cela » [1].

Plusieurs auteurs ont défini de la même façon le processus d'endoctrinement par une secte : il commence par une phase de séduction, qui tend à mettre en avant ce que le recrutement a cru pouvoir déceler : malaise, solitude, quête d'un sens.

---

1. Cela n'empêche pas le même groupe d'affirmer pour l'extérieur : « Il est totalement faux de faire croire que les jeunes gens ne sont pas encouragés à voir leur famille. » Citations extraites de *La Mécanique des sectes, op. cit.*

Chez les scientologues, il s'agit par exemple de vérifier l'état de déprime profonde qu'a révélé forcément le test psychologique gratuit (il est bien le seul) fait à l'entrée. Il faut alors convaincre le futur adepte qu'il pénètre dans une élite, et que ses facultés personnelles et son aptitude au bonheur y seront forcément développées. Le discours joue sur deux niveaux : l'un, qui est une positivation de tout ce que peut apporter la secte ; l'autre, qui est une diabolisation de ce qui lui est extérieur : famille, tiers ou société. Plusieurs des exercices pratiques proposés (l'audition par des scientologues par exemple) consistent à faire revivre et revivre encore les épisodes douloureux de l'existence, jusqu'à en faire gommer le souvenir par l'enseignement de la secte. Le « bombardement d'amour » (*love bombing*) qui suivra permettra de resserrer les liens avec le groupe, où l'élu trouvera affection, chaleur et substitut à des liens familiaux décevants. Si cela réussit, on aboutira à la conversion, qui verra la fidélité du nouvel adepte concrétisée par ses capacités à recruter à son tour. C'est aussi à ce stade qu'il pourra être puni.

La brisure avec le passé se fait par une recomposition de la vie de l'adepte. D'abord, l'accès aux informations extérieures lui est limité. Ensuite, de nouvelles règles de vie lui sont fixées : lever, coucher, alimentation, hygiène sexuelle sont déterminés par le groupe. La société extérieure est de plus en plus présentée comme agressive, et la lutte contre elle à la fois soude le groupe et isole le nouveau venu. Ce lent abandon de l'individualité au profit de l'intégration dans la hiérarchie du groupe ne peut réussir que si l'individu a changé et a intégré ses directives. Stanley Milgram, chercheur américain et théoricien de la « soumission à l'autorité », a baptisé cette étape le « changement agentique ». C'est lui qui amène la « disparition ». La famille alors, même si elle sait dans quel groupe il est, ne sait plus ni où ni comment joindre le nouveau membre. Cette dissolution peut aller jusqu'à l'abandon du nom, ce qui ne simplifie bien évidemment pas les recherches judiciaires[1].

Des cérémonies de baptême permettent cette nouvelle naissance et ferment encore mieux la porte aux investigations. Un nom initiatique est alors donné. Selon les cas, la famille est plus ou moins diabolisée. Les Enfants de Dieu, secte très fermée, dont les adeptes s'adonnaient à une prostitution sacrée appelée le *flirty fishing*, faisaient changer l'état civil de leurs membres. Malgré son interdiction, elle survit sous le nom La Famille sans que l'on soit sûr que ses méthodes aient changé. L'Ordre du Temple solaire mariait et démariait, et la femme de Joseph Di Mambro, son chef, était en situation de rupture totale avec sa famille. L'Église de scientologie envoie ses adeptes à l'étranger, dans des systèmes communautaires assez mystérieux (tout l'état-major vit sur un bateau qui navigue exclusivement en eaux internationales) et sans contact avec l'extérieur. « J'ai ordonné à tous les couples de quitter leur famille », affirmait le révérend Moon dans un sermon. Parmi les 913 suicidés de la secte Guyana, dirigée par Jim Jones, 270 étaient des enfants qui avaient tous été amenés à la rupture avec leur famille.

Il existe plusieurs types de sectes : des sectes ouvertes, où l'adepte se rend quand il le souhaite et dont les liens avec l'extérieur existent encore, et des sectes fermées, où il vit en vase clos et communautaire. Ce ne sont pas les plus nombreuses, mais à coup sûr les plus dangereuses et les plus impénétrables. Certaines vont même jusqu'à ne pas déclarer la naissance des enfants nés en leur sein, les privant ainsi de toute identité légale, ou, comme Ecoovie, leur donnent sept pères et sept mères choisis dans la communauté. Les ordres plus ouverts, voire

1. On me permettra une note plus personnelle : lors d'un reportage fait clandestinement à l'intérieur de l'Église de scientologie pendant un mois et demi, on m'avait suggéré sans ambiguïté, quand j'avais annoncé mon désir de partir parce que ma compagne ne supportait plus de me savoir dans une secte, que, si je n'arrivais pas à la convaincre, la quitter ne serait peut-être pas la pire des idées…

certaines « religions » poussent également à cette rupture. Les Témoins de Jéhovah (accordons-leur ce terme de « religion », puisqu'ils le revendiquent avec ardeur : contrairement à une dialectique irritante qui voudrait que le qualificatif excuse le contenu, ces subtilités sémantiques ne changent rien à l'emprise exercée sur certains croyants) dont la famille n'est pas jéhoviste sont poussés à s'intégrer de plus en plus au groupe. Les retraites de trois ans, trois mois et trois jours de certains groupes bouddhistes isolent tout autant. Et les voiles du Carmel, bien que chantés par Bernanos, cachent aussi, voire suscitent des ruptures familiales complètes[1].

Les proxénètes à l'affût

Les réseaux de prostitution amènent aussi beaucoup d'interrogations. Presque tous les parents de disparus que j'ai rencontrés pensaient que leurs enfants avaient pu en être victimes. Certains en étaient convaincus. Ces fantasmes sont tellement prégnants que même le député Jean Geney, lors de notre rencontre (rencontre on ne peut plus officielle entre un député en exercice et un journaliste), m'affirma pour me prouver la réalité de ces réseaux, qui, entre autres choses, justifiaient à ses yeux son action[2], que la fille du commissaire Broussard avait failli être victime d'une de ces bandes. « Vous vous rendez compte, la fille de Broussard... » Il se trouve que le fils du commissaire est un camarade de promotion et qu'il ne se souvient pas d'avoir jamais eu de sœur...

Plus sérieusement, aucun des spécialistes de la prostitution ne pense que des enlèvements, sauf rarissime exception, aient encore lieu et que certains disparus soient kidnappés pour être enrôlés de force dans des

1. Sans parler de la complaisance à l'encontre de « disparus », comme Paul Touvier caché de longues années par les chartreux.
2. Voir chapitre 4.

réseaux de prostitution[1]. Michel Auffret ne se souvient pas en vingt ans de carrière d'un seul cas où cela se soit produit. Jacky Choisel, à qui des parents dans le désarroi donnaient des tas d'éléments accréditant l'hypothèse d'un enlèvement par un réseau de ce genre, s'est toujours aperçu en fait qu'il n'en était rien : « Tout ce qu'on me racontait là-dessus n'avait jamais ni queue ni tête, et ne correspondait en rien à ce qui s'était passé. »

Martine Costes, responsable de l'association Metanoya, a longuement étudié le phénomène de la prostitution et celui du proxénétisme : « Les proxénètes sont lâches. Ils ne vont pas prendre des risques inutiles. Enlever une jeune fille pour la mettre sur le trottoir, c'est provoquer une enquête policière (nous sommes quand même en France dans un État de droit), et aucun n'y tient. S'ils réussissent à amener des jeunes filles à se prostituer, c'est par amour ou en profitant de jeunes errantes, voire en les accoutumant à la drogue. Mais pas par la force, ce qui risquerait en plus de rendre la situation sur le terrain ingérable. Ils n'ont aucun intérêt à ce que la rupture avec la famille ait lieu : des parents qui savent où est leur fille sont moins gênants que des parents qui remuent ciel et terre pour la retrouver. La prostitution n'a pas besoin de ce genre de brebis galeuses. »

Carine Hustebaut, « profileuse » hollandaise spécialisée dans les affaires de pédophilie, reconnaît elle aussi que ce qui peut se faire avec des enfants serait beaucoup trop risqué avec de jeunes adultes.

Travaillant à Nantes dans la rue après avoir été longtemps une des « bouchonneuses » (entraîneuses de bar dont la plupart sont obligées d'accorder leurs faveurs en fin de soirée) des bars de nuit du quai de la Fosse,

---

1. Je parle des réseaux de prostitution d'adultes. Le problème n'est pas le même pour les réseaux pédophiles, même si, on l'a vu en Angleterre avec les récentes et odieuses campagnes de délation, le fantasme a, là aussi, tendance à distordre la réalité, si horrible soit-elle.

Nicole s'est retrouvée à la rue prise à ce double piège: une histoire d'amour, qui l'a amenée à rompre avec sa famille, et la drogue. De dose en dose, d'années d'addiction en cures de désintoxication, elle est aujourd'hui *clean*, mais continue de se prostituer. Sa famille l'a recherchée longtemps, jusqu'à ce que, après six ans de silence, Nicole se décide un jour à la rappeler[1].

Le véritable danger est ailleurs: dans l'errance, et la récupération que peuvent faire des proxénètes de jeunes filles perdues ou en fuite: « On s'aperçoit, continue Martine Costes, que la prostitution démarre très jeune. Beaucoup de jeunes filles commencent dès l'adolescence: soit parce qu'un monsieur « bien » les recueille, soit parce qu'elles désirent s'intégrer à une bande. Pour rentrer dans celles des Halles, par exemple, il y a souvent des rites d'initiation sexuels. Elles acceptent par peur, pour avoir une protection, pour éviter le viol. Un certain nombre d'adolescentes que nous rencontrons se rendent laides exprès pour ne pas attirer la convoitise... Il y a sans doute aussi là-dedans un processus d'autopunition: c'est trop dur de remettre vraiment en cause ses parents, alors on fait tout ce que fait une méchante fille. »

Dans Paris, un foyer accueille, rue de la Croix-Nivert, les jeunes fugueurs qu'amène la brigade des mineurs et leur offre une ou deux nuits d'hébergement, avant de tenter de renouer le lien soit avec les familles, soit avec les foyers. Ce soir-là[2], elles étaient deux à débarquer. Deux jeunes beurettes, deux cousines enfuies de leur foyer, depuis trois semaines pour la première, huit jours pour l'autre. La seconde semblait la plus raisonnable, stigmatisant (avec sincérité ?) l'inconscience de l'autre qui, fan-

1. La situation est souvent beaucoup plus dure pour les filles venues de l'étranger, majoritairement d'Afrique ou des pays de l'Est, et pour lesquelles il existe bien des réseaux qui organisent une initiation à la prostitution; mais elles sont plus souvent vendues par leurs familles qu'enlevées.
2. Le 16 septembre 2000.

faronne, provocante, se moquait allégrement des éducateurs qui tentaient de la faire parler. C'est elle pourtant qui évoqua les risques de prostitution qu'elle avait courus, puis s'effondra d'un coup en larmes. Aucun des deux éducateurs ne put lui faire raconter précisément ce qui la mettait dans cet état, mais ils étaient convaincus qu'il y avait eu passage à l'acte. Elle avait été abandonnée par sa mère à la naissance et vivait depuis de foyer en foyer. Sa cousine était encore en relation avec ses parents, de chez qui elle avait déjà fugué plusieurs fois et qu'elle traitait de « blaireaux » avec une constance remarquable. C'était leur troisième fugue en dix-huit mois. L'une avait 15 ans, l'autre 14.

Donc, que les « disparus » soient victimes de kidnapping pour des réseaux de traite des Blanches : non. Mais qu'après des jours, des semaines, parfois des mois d'errance, elles soient contraintes à la prostitution : oui, hélas ! Cette seconde hypothèse, plus vraisemblable, est pourtant moins souvent évoquée que la première par les familles ou les proches. Sans doute, si cruel soit-il d'imaginer son enfant victime d'un de ces réseaux, est-il encore plus difficile pour certains de regarder en face une réalité plus simple et plus dure, à savoir que le disparu les a niés au point de les rejeter de leur vie. Cet étrange fantasme en dit long sur les non-dits qui se cachent sous beaucoup de fuites « incompréhensibles ».

« J'ai envie de partir »

Jean-Michel Arnaud n'a connu ni l'enfermement de la secte ni la prostitution, et ses parents étaient trop raisonnables pour envisager la raison de sa disparition : juste un long ras-le-bol, l'envie de vivre sa vie, celle de tracer la route.

Il naît en Bretagne, dans un petit village près de Rennes, enfant attendu que des problèmes médicaux maternels priveront de frères et sœurs. Ses parents appartiennent à la classe moyenne, ils sont courtois, attentifs, marqués encore aujourd'hui alors qu'ils sont à la retraite par la blessure de sa fuite. Ils ont des principes, le père surtout, qui laisse encore transparaître dans certaines montées de voix l'écho des colères qui l'envahissaient. Jean-Michel est un enfant très tenu, mais il rue dans les brancards. Ses résultats scolaires sont décevants, malgré (ou à cause de ?) l'importance visible qu'y attachent ses parents. « On n'en avait qu'un, on aurait aimé qu'il réussisse quelque chose », dit le père. Il arrête après son CAP. « Mon père surtout était dur. Il ne vivait que pour son travail, à France Telecom. Il était absent toute la semaine. Le week-end, quand il rentrait, ma mère lui disait tout ce que j'avais fait, ou presque tout, et je me faisais engueuler. C'était plus répression que compréhension. » Plus proche de sa mère, il ne trouve pourtant pas auprès d'elle tout ce dont il a besoin. Il tâte de la fugue. « Une fois, j'étais parti par la fenêtre. Je voulais faire du stop, et la première voiture qui s'arrête, c'étaient les flics. Ils m'ont ramené. » Il a même une période « punk », où il arbore à la maison une crête rouge qui séduit assez peu. C'est aussi là qu'il s'approche pour la première fois de la drogue et goûte aux amphétamines, en prenant des cachets à sa mère, qui en avait besoin après une opération.

À 16 ans, il s'engage dans la marine : il faut bien faire quelque chose, et il aime la mer. Mais l'expérience n'est guère concluante. Il part sur un porte-avions au Liban. « Ça m'a pris la tête. Je ne voulais pas faire la guerre pour de vrai. J'ai déserté plusieurs fois. J'ai fait de la prison. Ils m'ont viré après mes trois ans. Six désertions pour en arriver à se faire virer, c'est un sacré bilan. » Après l'armée, il rentre chez lui. C'est là, très vite, qu'il décide de fuir.

« Je suis parti comme ça, un jour. Ça me trottait dans la tête depuis un moment. Je n'en ai parlé à personne, et je suis parti. ». Il rit, par courts éclats. Le catogan retombe sur ses épaules. Dans la brasserie très BCBG où nous nous rencontrons, il n'a pas l'air immédiatement à son aise, s'amuse de la carte. « Je me suis dit : on verra bien. J'avais dans l'idée de faire la route, de voir du pays, des gens, d'être libre, tranquille. » Il prend sa décision seul, ne prévient personne, même pas un ami : « Je ne faisais confiance à personne. Si j'en avais parlé, des gens auraient voulu que je reste. Je n'avais pas un pote à inviter : ils n'auraient jamais suivi. Je n'ai repris contact avec personne : je ne voulais pas qu'on me retrouve. » Il ne sait toujours pas bien comment expliquer son geste et peine à dire ce qui pour lui a été évident. « En partant, je voulais aussi montrer ce que j'étais capable de faire. Il y aurait eu plus de dialogue à la maison, je serais sans doute parti aussi, mais en le disant. Là, si j'avais dit : "J'ai envie de partir", on m'aurait répondu : "De quoi tu vas vivre, et comment, et avec qui ?...." » Il ignore, le jour où il empoigne son sac, combien de temps va durer l'escapade. « Pas aussi longtemps que ça, c'est sûr. Mais une fois parti, on ne revient plus. » Voulait-il se venger ? Oui, non. Il hésite, se rétracte : « Peut-être un peu. En tout cas, ce n'était pas déterminant. J'avais surtout envie de voir autre chose. Je ne voulais pas, à 20 ans, entrer à l'usine comme tout le monde, puis avoir trois gamins à 25 ans. » Ce jour-là, il devait aller faire de la planche à voile sur un étang en forêt de Brocéliande avec son père. Il ne sera pas au rendez-vous.

Il part d'abord pour Jersey, puis le sud de la France, l'Espagne, où il fait les vendanges en septembre et rencontre des Allemands. Il décide de les suivre, découvre Hambourg, puis Lübeck, où il s'installe. « Je ne parlais pas un mot d'allemand, mais j'ai été tout de suite bien accepté par les gens. J'ai mis deux ans à apprendre la langue. J'étais le seul Français, alors j'étais bien obligé d'apprendre. »

La vie n'est pas toujours facile. Il n'a pas de permis de travail, doit se débrouiller au noir. « Il me fallait un travail et une adresse. Je suis monté sur des bateaux, et je me suis embarqué. » Le travail est dur. Clandestin, il doit se cacher dans la soute quand il y a des contrôles, ne descend pas à terre, part pour plusieurs mois d'affilée. Il aborde l'Amérique du Sud mais ne la voit que de loin. Qui plus est, il a renoué avec la drogue et passe vite à des consommations importantes.

Il réussit à avoir des papiers, mais est de plus en plus « accro » : ses revenus ne lui suffisant plus, il se met à dealer, ce qui lui vaudra avec la justice allemande des ennuis auxquels il n'a échappé qu'en rentrant en France. De plus en plus, il fréquente les milieux punks d'outre-Rhin, beaucoup plus durs que leurs homologues français. Il ne s'étend pas sur cette période, en laisse deviner les zones d'ombre. Parfois, il pense à ses parents : « Des fois, à Noël, les trucs comme ça. Je passais au-dessus : si je voulais continuer... » Il a conscience de ce qu'ils endurent, mais persiste. « Si j'avais appelé, ils auraient voulu que je revienne, et j'aurais peut-être craqué. J'étais bien où j'étais, j'avais des amis, c'était ma famille maintenant. Des fois, on hésite à téléphoner. Mais on se dit : "C'est bon, je peux tenir encore un peu", et on repousse au maximum. À la fin, il fallait que je rentre. »

Il tiendra sept ans. Mais c'est déjà une autre histoire[1]...

---

1. Voir chapitre 8.

7

Secrets et mensonges

> « Au moment des adieux, l'homme dit : "Attends-moi, je vais chercher des cigarettes." Il s'esquive et rejoint le train par un autre accès, laissant sa femme plantée là :il avait fui devant l'émotion. Telle est la sorte de courage des mâles. »
>
> Henry de MONTHERLANT,
> *Le Démon du bien*

On ne s'enfuit pas quand la vie vous satisfait : un échec est toujours à l'origine de la disparition. Échec à vivre, il peut être plus simplement économique, même si l'absence d'argent, la baisse du niveau de vie, la honte qui s'ensuit peuvent aussi mettre au jour d'autres blessures, d'autres humiliations.

Pour François Thiérac, agriculteur, c'est l'échec d'une plantation de kiwis, alors que la ferme de son fils affiche de superbes résultats, qui a provoqué le départ. Il a laissé une note expliquant son geste, a réglé ses affaires, puis il est parti.

Pour Roland Wilbert, dessinateur-graveur chéri du Tout-Paris, c'est une réclamation fiscale coïncidant avec une baisse de ses commandes qui le pousse à partir pour une ferme des Cévennes. Il compte s'y installer comme tourneur sur bois. Mais l'accueil est pour le moins mitigé. Les Cévenols ne lui font pas confiance. D'un coup, son énergie semble l'abandonner. Le battant devient défaitiste. Un jour de novembre 1986, il disparaît. Des témoins le signaleront par la suite en Amérique latine, mais sans certitude[1].

Henri tenait une papeterie en Alsace, à Strasbourg. L'ironie un peu amère qui traîne au fond de son œil s'était-elle déjà allumée ? « Je n'ai jamais été un aventurier. » À la main il tient encore le balai avec lequel il vient de nettoyer le foyer d'handicapés mentaux que gère l'association qu'il a rejointe. « J'aimais les belles choses, l'odeur de l'encre, le crissement de la plume sur le papier. J'avais un temps écrit avec une plume d'oie que je taillais. » Il est grand, secoue avec douceur sa tête où s'accrochent encore quelques rares cheveux. « J'avais connu ma femme très jeune, chez des amis de mes parents. » Son mariage est plus de tendresse que de passion, mais un nuage l'obscurcit : ils ne peuvent avoir d'enfants. Heureusement, son frère a un fils, Paul, pour qui il se prend d'affection. Il pense même à lui comme héritier et cherche à le former au métier. « J'aimais beaucoup cet enfant, alors que j'avais peu d'atomes crochus avec mon frère. Je le voyais souvent. Nous en aurions préféré un à nous, bien sûr... » La papeterie fonctionne normalement et fait vivre le ménage, sans qu'elle se développe énormément. « Je n'ai jamais été un grand *condottiere*. » Il y revient, presque avec délectation, comme pour mieux s'enfoncer. « J'avais peur de changer les choses, peur d'investir. Il fallait que rien ne bouge. J'avais eu le téléphone après tout le monde, la télévision après tout le monde... » Il répugne ainsi à s'intéresser à l'informatique. « Je n'y comprenais pas grand-chose. Je ne comprends toujours pas, d'ailleurs. Mon neveu a tenté de m'assurer que c'était l'avenir, qu'il fallait se lancer. Je lui ai dit non. J'avais l'impression qu'en vendant des post-it et des machines à écrire, j'avais fait suffisamment de concessions. »

Paul grandit. Il fait plusieurs stages d'été dans la papeterie de son oncle, et en la voyant fonctionner se

1. Ces deux histoires sont détaillées dans *Perdu de vue 2, op. cit.*

convainc qu'il faut à tout prix l'ouvrir à autre chose. Il a de l'ambition, l'affirme. Devant le refus de son oncle, il décide d'ouvrir sa propre boutique. « Je ne m'y attendais pas du tout. Ça m'a fait drôle, un peu comme une trahison, presque un rejet. » Mais il dit d'accord, un peu inquiet devant la somme que son neveu veut investir. « Dans le fond, c'était l'argent de mon frère. » Il en rit même un peu sous cape. Non qu'il souhaite l'échec de son neveu, mais cela lui donnerait quand même une leçon.

Paul (refus de la concurrence directe, conviction que la ville voisine est plus apte à sa réussite ?) va s'installer à côté, à Colmar. Henri est plutôt content : si cela ne marche pas, il reviendra à Strasbourg et reprendra, comme il l'avait prévu, l'affaire sûre de son oncle.

Le nouveau magasin ouvre. Les plumes et le comptoir boisé n'y ont pas droit de cité, mais Word et Macintosh, si. « Aujourd'hui, il doit vivre des Pokémon », sourit Henri. Très vite, c'est le succès. « Sa réussite m'a rongé. Je ne me serais pas cru capable de cette sorte de mesquinerie, surtout envers un garçon que j'aimais beaucoup. Je m'affichais content pour lui, mais en fait chacune de ses victoires me blessait. Parce que je réalisais qu'il ne pourrait jamais me succéder, qu'il ne dépendrait jamais de moi, que j'avais toujours été trop timoré, trop discret, que j'aurais peut-être pu triompher à sa place. Pourtant, il était gentil. Il ne me le faisait pas remarquer. » Il aurait pu, car, en même temps que sa boutique grandissait, celle de l'oncle périclitait doucement. Les clients se faisaient plus rares, l'homme vieillissait. « Je n'avais plus la force d'endiguer la baisse, sans doute parce que je savais qu'il aurait fallu tout refaire, et surtout tout refaire comme lui. » La mort de sa femme, après vingt-deux ans de mariage, l'enfonce dans la déprime.

Et arrive le jour de la dispute, insignifiante en apparence. « Il s'interrogeait sur la nécessité de s'ouvrir aux jeux vidéo. Là, mon sang n'a fait qu'un tour : je suis monté sur mes grands chevaux. » Il libère trois ans de rancœurs, de remises en question. « Sans doute m'avait-il rarement vu comme cela. Nous étions à table, avec ses parents, et ma belle-sœur qui m'avait toujours tapé sur les nerfs. Je suis parti, j'ai pris ma voiture, j'ai roulé. Et j'ai décidé de ne pas rentrer. » Depuis, il a écrit, laissant une lettre où il explique son geste, mais n'envisageant pas de retour. « Je crois qu'à peine parti j'ai su que c'était pour toujours. Aujourd'hui encore, je ne comprends pas très bien pourquoi. La révolte n'a jamais été très forte en moi. Elle a dû s'imposer année après année. Mais j'ai éprouvé un grand sentiment de soulagement. J'étais peut-être fait pour être rebelle. » Il rit, franchement, pour la première fois depuis le début de l'entretien. « C'était une fuite, de toute évidence. Je n'aurais peut-être pas pu continuer comme ça. Aujourd'hui, je pense à eux avec tendresse. J'imagine leur peine. Mais je ne reviendrai pas. Ne pas avoir à m'expliquer, avoir fait ce que je voulais jusqu'au bout est sans doute la décision la plus libératrice que j'aie prise. Je l'assume jusqu'au bout, avec sa part d'égoïsme. » Il a quand même pris ses précautions, écrit pour donner les adresses des créanciers, celles des fournisseurs, pour permettre éventuellement de redresser la papeterie, soin qu'il laisse entièrement à son neveu s'il le désire. Autrement… « Autrement, ils attendront que je sois déclaré absent pour la vendre. » Cela lui semble un dernier bon tour à jouer. Un handicapé entre à ce moment. Il se lève, le raccompagne avec une grande gentillesse dans l'espace où il doit se tenir.

Le poids de la routine

La misère n'est pas forcément matérielle, et les patients d'Édouard Zarifian qui rêvent de disparaître ne sont ni pauvres ni en situation d'échec. La crise de la quarantaine a longtemps été étudiée, voire caricaturée. Médecin, Fernand Valèges l'a pleinement éprouvée. « J'avais passé bien comme il faut le cap des 40 ans. Et, cinq ans après, tout m'est tombé dessus. Cela a été assez rapide. Je me suis senti mal dans ma peau. Mes enfants étaient à cet âge délicieux où les parents n'existent à leurs yeux que comme porte-monnaie ou empêcheurs de sortir en rond. Ma femme et moi nous étions enfermés dans une routine, où nous ne faisions plus l'amour que les soirs de grand ennui. Ma vie professionnelle m'absorbait au point de ne plus guère laisser de place pour autre chose. J'avais ouvert un cabinet. Quinze ans après, le succès avait dépassé mes espérances. Je travaillais douze heures par jour et je m'ennuyais. » Il pense à son départ trois mois avant de passer à l'acte. « L'idée m'en est venue en voyant une publicité pour un voyage dans les îles. L'eau de la photo était si bleue ! Comme quoi on peut parfaitement se prendre pour un intellectuel et fonctionner aux pires clichés. Mais j'ai marché. Le soir, quand je sortais le chien (parce qu'en plus nous avions un chien...), je faisais exprès un détour pour passer devant l'agence. Le jour où ils ont enlevé l'affiche, j'ai eu l'impression qu'on me faisait quelque chose. Alors j'ai décidé de partir. J'ai pris un billet pour le mois suivant, pour être sûr de pouvoir changer d'avis. Je le regardais tous les matins. Cela me faisait du bien. »

À l'origine, il pensait bien évidemment en parler à sa famille. « Un jour, j'ai failli le faire. Je m'étais préparé, je leur avais mitonné un discours du type : "Papa part en voyage. Je resterai absent quelque temps. Je suis fatigué", tout ça. J'avais d'abord pensé en parler à ma femme en tête à tête, mais j'ai été lâche et ne l'ai finalement pas fait. J'ai voulu alors l'annoncer un dimanche, quand tout le monde était réuni. De tout le repas, je n'ai pas trouvé le courage. Tout était pourtant comme d'habitude, mais j'ai eu le sentiment d'être dehors, dans un bocal, de les regarder sans plus du tout comprendre ce que j'avais devant moi. Alors, j'ai su que je ne leur dirais rien. Je me souviens très bien de la première fois que l'idée de ce silence m'est venue. J'épluchais une pomme que j'ai dû regarder comme Roquentin regardait son tronc d'arbre[1]. D'un coup, cela m'est apparu évident, lumineux. Et à la date prévue, je suis parti. Je me sentais complètement libéré, exalté. »

L'aventure ne durera pas très longtemps. Le séjour aux îles se prolongera pendant un an. Il découvrira certains bonheurs et la désillusion. S'il s'est étendu sans pudeur sur son départ, il répugne plus à évoquer cette expérience. « Disons que cela a été à la fois riche et décevant. » Il voyage beaucoup sur l'archipel polynésien, loue une petite maison, a quelques liaisons, pratique parfois son métier et, au bout d'un an, décide de rentrer. « Je me suis aperçu que j'avais emporté mon malaise avec moi. Alors je suis revenu. » Sa famille lui manquait-elle ? « Par moments. Mais j'ai toujours eu l'impression que cette parenthèse était hors de ma vie normale, qu'elle ne les atteignait ni ne les concernait. J'ai été très surpris, avec, je le reconnais, une certaine inconscience, de ce qu'ils avaient vécu en mon absence. Mais je serais malhonnête si je prétendais que cela m'a fait regretter l'expérience. »

Aujourd'hui, il a repris son activité de médecin. Pas à son cabinet, qui a fermé, et que le scandale de son départ aurait de toute façon empêché de prospérer, mais à l'hôpital de la ville. « Ma femme et mes enfants ont accepté mon retour, même si ça s'est fait non sans mal. » Sa vie a repris son cours.

L'amour vient souvent épauler ces crises, où se fait jour la douloureuse conviction que, comme l'écrit Spinoza, « il y a une grande différence entre être vivant et être en vie ». Les provoque-t-il ou ne sert-il qu'à donner à ceux qui partent un prétexte ? Les deux sans doute. Mais l'excuse vaguement ironique trop souvent donnée par les gendarmes (« Attendez qu'il revienne, c'est sûrement une fugue ») cache aussi une réalité. On ne part pas toujours seul. Démangeaison des sept ans ou

---

1. Dans *La Nausée* de Jean-Paul Sartre, Antoine Roquentin, rentier, découvre que « l'existence, c'est être là, simplement » en contemplant longuement les racines d'un arbre.

démon de midi se partagent le privilège de susciter des fuites pas toujours glorieuses.

Hugues Berg, employé au Crédit Agricole, en avait assez de sa vie quand il a rencontré Anne. Aujourd'hui, il en sourit. « Elle était très belle. J'avais épousé une fille que j'avais connue à 20 ans. Nous nous étions sans doute aimés, mais l'habitude avait vite repris ses droits. Nous n'avons pas eu d'enfants. C'est à cause de moi, un problème génétique, et je crois qu'elle m'en a beaucoup voulu. Je sais qu'elle a eu quelques liaisons, moi aussi. Mais rien d'approchant à ce qui m'a saisi devant Anne. Je suis tombé passionnément amoureux. Très vite, j'ai voulu partir avec elle. Elle avait également l'air éprise. Après huit mois de liaison clandestine, nous avons décidé de fuir. Je m'étais répété des jours et des jours la scène où je devais tout annoncer à ma femme. Et, comme un acteur qui aurait eu le trac, je ne suis pas entré en scène. Je suis parti, pas très loin, sans rien dire, sans doute par lâcheté, mais aussi pour faire le plongeon jusqu'au bout. Anne avait un métier de lectrice pour une maison d'édition qu'elle a pu continuer. J'ai retrouvé moi aussi au bout de deux mois un travail moins intéressant que celui que j'avais eu, mais suffisant à me faire vivre. Je ne sais d'ailleurs pas comment mon nouvel employeur ne s'est pas renseigné auprès de l'ancien et n'a pas appris les conditions de mon départ. Mais c'est une chance dont j'ai profité. »

De son côté, sa femme le cherche. Elle contacte la gendarmerie, laquelle, après s'être fait tirer l'oreille, lance des recherches. Elles aboutissent. Un jour, Hugues voit les gendarmes débarquer chez lui. « J'ai eu très peur. Profondément, à ce moment-là, je me suis senti coupable. Et je lui en ai voulu de me mettre dans cette situation. En fait, ils ont été très courtois. Ils m'ont signalé qu'on me recherchait. J'ai précisé que je ne souhaitais pas que l'on dise à ma femme où j'étais. Ils m'ont fait signer un papier, et je n'ai plus jamais eu de leurs nouvelles. Je me suis alors soudain senti libéré, comme si le dernier lien avait été tranché. En fait, j'avais peur qu'on ne me retrouve. De l'avoir été m'a complètement rendu à mon autre vie. Le problème, c'est que j'ai alors réalisé qu'Anne n'avait été qu'un prétexte à fuir. Six mois après, nous nous sommes séparés. »

Plutôt qu'épiloguer et multiplier les récits, autant renvoyer à celui qui les a si magistralement racontés, à une émotion littéraire qui a également inspiré ce livre. La plupart des romans durs de Georges Simenon (*La Chambre bleue, Le Temps d'Anaïs, Le Riche Homme, Les Suicidés, Le Train de Venise, Long Cours, L'Ours en peluche, La Main, La Prison* et bien d'autres) racontent la découverte par un homme de l'inanité de sa vie. Le prétexte en est parfois un événement exceptionnel (un accident dans *Les Complices)*, le plus souvent une rencontre sexuelle intense. Le sentiment de vide soudain, l'excitation illusoire offerte par cette fuite, même si elle n'est qu'intérieure, l'incapacité à l'assumer pleinement, la culpabilité dans laquelle elle s'englue d'entrée n'ont sans doute jamais été aussi bien racontés que dans ces livres courts. Pour leurs héros, le bout du chemin est souvent le suicide. Il aurait aussi bien pu être la disparition[1].

« Ma vraie vie était ailleurs... »

Tenter de comprendre une disparition, c'est forcément plonger dans le secret des âmes, voire dans le secret tout court. La peur de dire, d'avouer peut condamner à ne plus reparaître, de même que beaucoup de retours, souhaités, sont empêchés par l'incapacité d'expliquer le geste.

Jean-François a une beauté fragile qui, par moments, évoque celle de l'Antinoüs d'Hadrien. Ou la référence n'apparaît-elle, d'autant plus évidente, qu'après qu'il a

1. La fiction est parfois plus juste que n'importe quel reportage. De même que Simenon avait déjà tout écrit sur certaines raisons de disparaître, rien d'aussi juste n'a été dit sur la difficulté du retour que le récent film de Claude Mouriéras, *Tout va bien on s'en va*.

raconté son histoire ? Il est homosexuel. Lui l'a toujours su. « Je n'ai jamais été attiré que par des garçons. D'aussi loin que je me souvienne, j'ai sans arrêt recherché leur contact, leur présence. Quand l'adolescence est arrivée, les premiers troubles les ont pris pour objet. Je ne me suis pas fait pédé, je l'ai toujours été. » Il emploie le terme « pédé » avec provocation, comme s'il quêtait chez son interlocuteur une lueur de désapprobation pour ensuite la lui renvoyer, triomphant.

Sa famille n'est pourtant pas le terreau où pouvaient s'épanouir ses tendances. Appartenant à la classe moyenne, catholique « parce que cela se faisait de l'être », vivant sur des certitudes dont ils avaient plus hérité qu'ils ne se les étaient construites, ses parents n'ont jamais été prêts à accepter l'ambiguïté de leur fils unique. Le père surtout, peut-être parce qu'il s'en doutait confusément, a multiplié les attaques et l'agressivité, stigmatisant toute déviance. Déjà enfant, Jean-François avait été confronté à la sévérité de ce fonctionnaire aigri, qui se rêvait acteur et donnait des cours de théâtre dans les lycées le soir, où il avait une réputation de grande dureté. Il aurait voulu mettre en scène la vie de son fils, mais l'acteur principal regimba très vite. « Je me souviens de mon adolescence comme d'un long et étouffant tunnel où une discipline stricte s'associait à la négation totale de ce que je me sentais devenir. » Il était plus proche de sa mère, mais l'acteur raté était aussi un don Juan accompli et la cantonnait dans un rôle d'épouse trompée et soumise pour lequel son fils éprouvait un certain mépris. « Cela m'a éloigné d'elle pendant un long moment. Quand je l'ai découvert, j'ai perdu une confiance que je n'ai jamais retrouvée. »

Eysines, banlieue proche de Bordeaux, contient mal ses aspirations. « Je n'avais qu'une question en tête : celle de ma normalité, ou plutôt de mon anormalité, car je la vivais comme telle. Dans mon lycée, les plaisanteries sur les pédés étaient ce qu'elles sont dans tous les lycées du monde, je suppose. Je ne sentais chez personne autour de moi les mêmes interrogations. Et, à la maison, je retrouvais en pire la vision que je recevais au lycée. »

Les études sont aussi peu brillantes qu'on pouvait le craindre. « Ma vie était vraiment ailleurs. Je me moquais totalement de ce que je pouvais devenir. J'avais l'impression d'être dans une cage, sans aucune perspective de m'en échapper. » Après le brevet des collèges et une troisième doublée, il s'oriente vers un lycée technique et, à 16 ans, entre comme manutentionnaire dans une boîte d'informatique située dans la zone industrielle de Gradignan. Il y restera dix ans, jusqu'à sa disparition.

Pendant ces dix ans, il s'affranchira totalement de sa famille, mais en cachette.

Il travaille depuis deux ans quand il rencontre Thierry. Ce dernier a vingt-cinq ans de plus que lui. Après avoir monté une brasserie avec succès en banlieue parisienne, il est venu en monter une à Bordeaux « pour être plus près de la mer ». Il rencontre le jeune homme par le biais de l'entreprise qui l'emploie, à laquelle il a demandé d'équiper en informatique son établissement. « Il a tout de suite senti en moi à la fois ma nature profonde et mon trouble. Il était passé par les mêmes affres, et a été à la fois mon initiateur, mon amant, mon père presque, et mon mauvais démon. » Les deux hommes deviennent amants très vite : « J'avais 20 ans. C'était ma première expérience sexuelle, mais cela a été aussi bien plus : le sentiment, enfin, d'être compris, la certitude que je n'étais plus seul au monde. » Thierry a beaucoup plus vécu que son jeune ami, il l'introduit dans le monde des boîtes et des clubs « gays ». Ils se mettent à fréquenter les quelques saunas homosexuels de la capitale girondine.

Jean-François, d'un coup, découvre les « back rooms » et le multipartenariat. « Thierry avait réussi à totalement désolidariser ce genre de vie de notre relation, m'assurant qu'il n'y avait aucun lien entre la sexualité et l'amour. Je le suivais les yeux fermés. Physiquement, j'ai connu des moments extraordinaires. Moralement, j'avais quand même du mal : on ne se débarrasse pas comme cela d'une éducation comme la mienne. » Pendant ce temps, son père, décidé à en faire un « homme », tente de lui présenter des filles et de suivre ses progrès. « Il a même demandé à certaines de ses petites amies de me tester. C'était ignoble. »

Ses frasques ne peuvent manquer de se remarquer, d'autant qu'il les affiche de plus en plus ouvertement : « J'ai été tenté de jouer la grande folle. Mais ça ne me ressemblait pas vraiment. Toute cette ostentation était surtout là pour embêter mon père. J'allais jusqu'à lui voler ses maquillages de scène. » La réaction ne se fait pas attendre. « Ç'a un jour été une scène atroce. Je pense qu'il avait dû faire un effort énorme sur lui-même pour admettre ce que j'étais. Ensuite, il a fallu qu'il le fasse payer à quelqu'un, et sa fureur a été sans bornes. Nous avons été à deux doigts de nous battre. Ma mère s'est interposée, ce qui a sans doute été pour elle aussi un énorme effort. Cette soirée a été la soirée de tous les efforts (il rit). J'ai fini par partir et par aller me réfugier chez Thierry. Pour mon père, j'ai disparu ce jour-là. Pendant deux ou trois mois, je n'ai pas donné de nouvelles. Mais je suis revenu pour ma mère. »

Un an plus tard, la mort du père, dans laquelle il se refuse encore à voir la moindre corrélation avec ce qui les avait opposés, le libère des quelques réserves qui le maintenaient encore loin de chez lui. Il arrive à équilibrer sa vie. Sa mère ne lui en demande pas plus, même s'il sent qu'elle le désapprouve : « C'était même plus que cela : elle ne comprenait pas. J'étais passé hors de sa sphère. Je restais son fils, bien sûr, mais mâtiné d'un côté extraterrestre. »

L'équilibre et le secret

La relation avec Thierry s'est à la fois stabilisée et un peu gâtée. Jean-François en a assez de la vie de débauche qu'il mène. Le milieu homosexuel bordelais s'avère finalement assez fermé. Ses règles absurdes et ses intolérances le fatiguent. « C'était au début de la période revendicatrice, celle des premières "gay pride". En fait, après être allé jusqu'au bout d'une certaine démarche, j'avais envie de me définir autrement que par mon homosexualité. » Thierry, avec qui il n'avait jamais voulu partager un appartement, ne comprend pas ses scrupules, imagine derrière l'éloignement de son ami un nouvel amant plus jeune : « Il avait extrêmement peur de vieillir, comme beaucoup d'entre nous. C'est aussi à cette hantise que je voulais échapper. » Il se rapproche un peu de sa mère, loue un petit studio dans la rue du Loup, près du centre de Bordeaux. Un jour, passant sur la place des Quinconces, il voit un camion de transfusion sanguine. Il n'a encore jamais donné son sang. Pourquoi pas ? se dit-il.

« Depuis, je me suis souvent reproché de l'avoir fait. Mais c'est idiot. J'aurais appris de toute manière, et il valait mieux que ce soit au plus tôt. » Il a encore du mal à en parler, même si cela fait trois ans maintenant. Le contrôle sanguin lui apprend qu'il est séropositif. « Je lis souvent dans des cas de ce genre, comme récemment pour la mort de Didier Derlich : "il était effondré". Le mot m'apparaît absurde, tellement faible. C'est un écroulement, un anéantissement. Je ne savais plus où j'étais, je ne savais plus que penser. Je ne songeais même plus à trouver un coupable : ce ne pouvait être qu'un anonyme, un homme d'un soir. Pourtant, nous prenions des précautions. Mais il y a toujours le risque du préservatif qui craque et ces quelques soirées où l'excitation est telle que plus personne ne fait attention... Enfin, voilà, je l'avais. J'ai réussi à retourner au travail, en prétextant une grosse migraine pour justifier mes absences : j'allais aux toilettes toutes les deux ou trois heures, et je craquais. Je n'ai pas voulu revoir Thierry : Je n'aurais pas pu le lui dire sans l'accuser. Quant à prévenir ma mère, ce n'était carrément pas envisageable. C'est pendant cette semaine que l'idée de fuir m'est venue. Le samedi, je l'ai fait. »

Ce jour-là, il a une livraison à effectuer. Le patron de la boîte lui a laissé, comme souvent, les clés de la camionnette. Il monte dedans. A-t-il déjà pris sa décision ? « Franchement, je ne sais plus. Oui, j'y avais pensé. Est-ce que j'ai voulu le faire en prenant la camionnette et en roulant, ou étais-je parti pour cela ? Je ne sais pas. Et pour être très franc, cela m'est égal. » Il roule, dépasse le centre de Bordeaux, repasse par Eysines, presque devant chez lui, et se retrouve dans le Médoc. De là, il donne un dernier coup de fil à sa mère pour lui dire de ne pas s'inquiéter. « Je sentais que je lui devais ça. Mais j'avais déjà l'impression que je ne la reverrais plus. » C'est là que, trois jours plus tard, on retrouvera la camionnette. Lui a pris le bac à Royan et le train pour la Bretagne. « J'avais depuis longtemps envie d'y aller. J'ai tiré de l'argent sur mon compte. J'avais 7000 francs. J'ai eu de la chance : j'ai trouvé du travail tout de suite. Comme serveur, malgré mon manque d'expérience, puis gardien de nuit et manutentionnaire à nouveau. »

Se plonger dans une nouvelle vie lui permet d'atténuer un peu le choc de sa découverte. « Nantes n'est pas Bordeaux. Personne ne m'y connaît. Après un mois, j'ai décidé de me prendre en main. Je suis allé à l'hôpital. Maintenant, je suis une trithérapie. » Il n'y a plus grand-chose en commun entre celui qu'il était et celui qu'il est devenu. « Je n'ai pas repris de vie sexuelle. Je le ferai sans doute un jour, mais pour l'instant je suis en *stand by*. Je me réhabitue à vivre. Ce n'est plus tout à fait un secret : j'en ai parlé à deux amis, à ceux qui me soignent. Je vois un psychiatre. » Mais il n'a plus voulu reprendre aucun contact avec son ancienne vie. « Je ne crois pas que je pourrais supporter leur regard. Eux ne doivent pas savoir. Je ne veux pas. Je ne pourrais pas le supporter. » Il songe souvent à l'inquiétude de sa mère. « Elle doit bien se douter que je suis encore vivant. Je l'ai appelée avant de partir. Pour l'instant, je trouve cela suffisant. » A-t-il eu raison ? Il se le demande. « J'aurais peut-être dû laisser croire que j'étais mort. J'ai même pensé à mettre en scène quelque chose pour le laisser croire. Et puis, j'ai renoncé. Je ne veux pas cacher que j'ai fui : je veux cacher pourquoi j'ai fui. Si on me retrouve, je refuserai que l'on communique mon adresse, ou je repartirai. »

Il a retrouvé un équilibre dans lequel le secret a sa place. Pour combien de temps ? Il ne le sait pas. « Au début, je pensais que je mourrais très vite. Maintenant, je sais que je peux encore vivre de très nombreuses années. Alors ? Pour l'instant, je suis bien ici. Je n'ai rien l'intention de modifier. J'associe trop mes amis et Thierry à ma maladie pour pouvoir encore les revoir. Ma mère me manque, c'est vrai. Je n'ai pas eu de ses nouvelles depuis trois ans. Elle peut mourir sans que j'en sois prévenu. Si un jour je reparais, ce sera pour elle. Mais cela n'arrivera peut-être jamais. »

Déplacer un problème ?

Dans *Le Faucon de Malte*[1], Dashiell Hammett, pourtant maître du récit direct et linéaire, s'autorise une étrange digression : « Spade s'assit dans un fauteuil, près de la table, et sans préliminaires, sans la moindre remarque, il raconta à la jeune fille une histoire qui s'était passée quelques années auparavant dans une ville du Nord-Ouest. » L'histoire est celle d'un agent immobilier de Tacoma, Flitcraft. Son agence est prospère, sa femme heureuse et ils ont deux enfants. Il aime jouer au golf tous les jours à 4 heures. Un jour, il disparaît. Sa femme vient voir Spade cinq ans plus tard pour lui dire qu'on a vu dans une ville voisine un homme ressemblant à son mari. Le détective s'y rend et tombe effectivement sur Flitcraft. Ce dernier lui raconte son histoire. En sortant du bureau, une poutre lui est tombée dessus. Elle n'a fait que l'effleurer, mais à un centimètre près l'aurait tué. « Il avait été élevé comme ça. Et voilà que la chute d'une poutre lui révélait brusquement que la vie n'avait

1. Dashiell Hammett, *Le Faucon de Malte*, Gallimard, coll. « Série noire ».

rien à voir avec ça. Il avait compris que les hommes meurent au hasard et ne vivent qu'épargnés par ce destin aveugle. » Le même jour, il part pour Seattle. Puis il s'installe à Spokane et se remarie. Quand Spade le retrouve, il a une nouvelle femme « guère différente de la première au fond », un bébé et joue au golf tous les jours à 4 heures. « Il ignorait même, je crois, qu'il était retombé dans la même ornière. »

Le jeu en valait-il la chandelle ? Pour combien la fuite n'a-t-elle représenté que ce déplacement de leurs problèmes d'un lieu à l'autre ? Peut-être existe-t-il, quelque part dans le monde, un disparu qui a trouvé dans le départ son plein épanouissement, qui est riche et heureux alors qu'il était pauvre et malheureux, et que ces quelques lignes feront bien rire. Je ne l'ai pas rencontré. Parmi ceux que j'ai pu approcher, beaucoup s'étaient sortis par leur fuite d'une situation insupportable, ce qui suffirait à légitimer leur choix. Mais la culpabilité, les souffrances qui les avaient poussés à partir continuaient de marquer leurs jours. Certains n'avaient même pas retrouvé leur qualité de vie d'avant, et s'étaient laissé grignoter par la rue et ses dérives. « Réussir sa disparition dépend de la capacité de refoulement de celui qui part, de sa capacité à se réinvestir dans autre chose. Ce ne me semble vraiment possible que chez les psychopathes, c'est-à-dire chez des gens qui ont très peu d'investissement dans les liens affectifs », estime Édouard Zarifian.

Dans *Et si l'on changeait de vie*[1], la journaliste Armelle Oger se livre à une apologie du changement : « Nous n'avons pas appris à nous réjouir à l'idée d'avoir, un jour, envie d'autre chose. C'est dommage. Changer est un acte infiniment libérateur. Valorisant. Édificateur. Ce n'est pas détruire mais se reconstruire, ce qui est bien différent. » Dans les cas qu'elle évoque (télétravail, changement de métier, voire divorce), peut-être.

1. Armelle Oger, *Et si l'on changeait de vie*, Lattès, 2000.

Pas dans celui de la disparition. Parce que le geste lui-même implique un mal-être, des relations humaines ratées, voire des souffrances qui ne s'oublient pas et n'ouvrent que rarement les portes du bonheur.

L'espoir a sans doute été fou. Il n'a souvent débouché que sur la grande désillusion. Ou, au mieux, des petits arrangements avec la vie. Nicole Vernes avoue avoir retrouvé un certain équilibre et aimer ses enfants mais laisse transparaître un demi-échec conjugal et des envies de repartir auxquelles elle a bien failli céder. François Sauveterre a retrouvé, moins bien payée, une place dans une menuiserie et n'a pas encore de nouvelle compagne. Michel Lenoble ne vit pas très loin de son ancienne ville et avoue : « Partir m'a libéré sur le coup de contraintes que je ne supportais plus. Mais il m'a bien fallu retrouver un travail. Au début, j'ai vraiment galéré, et j'ai regretté. Maintenant, ça va mieux. Mais la vie professionnelle en soi me pèse toujours beaucoup. » Jean-François retarde sa mort et lutte contre l'envie de rappeler sa mère. « Le Cachalot » a eu le bonheur d'aller au bout de sa route, mais cela a été pour s'échouer seul sur un coin de trottoir. Et si Henri a trouvé dans le foyer qui l'emploie le sentiment d'une utilité qu'il n'avait pas dans sa papeterie, c'est aussi après avoir dû constater puis admettre que ses soixante premières années avaient été une erreur.

Le parcours est fait de regrets, d'envies de retourner en arrière. Ce sont les coups de fil réguliers de Claude Tremblay, le suivi lointain de ses fils, le SDF qui va voir ses enfants à la sortie de l'école. Tous avouent avoir eu un jour envie de rentrer, de revoir les leurs, de savoir ce qu'ils étaient devenus. Mon enquête a sans doute été grandement facilitée par ce désir. À ma grande surprise, rares sont les disparus[1] qui ont refusé de me rencontrer : parce que j'étais une passerelle vers leur passé ; parce que je leur permettais d'évacuer et d'expliquer

---

1. Deux seulement sur une trentaine de personnes rencontrées.

des choses qu'ils avaient trop longtemps cachées ; parce que je représentais un lien possible avec ceux qu'ils avaient abandonnés (combien de fois ai-je entendu un « Et vous allez les voir ? », à la fois inquiet et plein d'espoir ?). Parce que, même si rien ne devait suivre, je répondais à l'envie qu'ils éprouvent beaucoup : celle des retrouvailles.

V
Revenir

8

Les retrouvailles

« Je rentre un peu tard, je sais
Dix-huit ans de retard, c'est
[vrai
Mais j'ai trouvé des allumettes
Dans une rue du Massachusetts
Il est fatigant le voyage
Pour un enfant de mon âge. »

Jean-Loup Dabadie et Jacques Datin,
L'Italien, interprété par Serge Reggiani

Elle n'avait pas entendu sa voix depuis sept ans. « Ce qui m'a le plus étonnée, c'était qu'il peinait presque à parler le français. » Mme Arnaud ne s'étendra pas plus sur son émotion, à la fois évidente et indicible. Sept ans auparavant, Jean-Michel était parti[1]. Le désespoir, l'incompréhension, la remise en cause aussi de ses parents avaient été à la mesure de l'épreuve. « Mais j'avais toujours su qu'il était vivant. Une espèce d'intuition. » Un coup de fil un jour de 1990 lui donne raison. C'est un ami de Jean-Michel. Il assure qu'il est vivant, qu'il se porte bien, qu'il lui a demandé de passer ce coup de téléphone. Mais il refuse de donner autre chose que son prénom, Claude, et garde pour lui l'adresse de Jean-Michel.

L'appel à la fois soulage et crucifie les parents : les soulage parce qu'ils savent qu'il est vivant ; les crucifie

1. Voir chapitre 6.

parce qu'ils comprennent que le retour n'est pas encore pour tout de suite, et qu'il n'est pire supplice que d'être si proche d'un but qui s'éloigne encore. Mme Arnaud ne désarme pourtant pas: elle croit avoir reconnu dans l'accent du correspondant anonyme celui de sa belle-sœur, qui vit à Roanne. Elle appelle *Le Progrès de Saint-Étienne*, raconte son histoire à un journaliste, qui accepte de passer un appel à témoins. Et, miracle, quelques jours plus tard, la mère de Claude appelle: elle croit avoir reconnu son fils dans le libellé de l'annonce, refuse de donner son adresse, mais raconte qu'il a passé le réveillon à Amsterdam, qu'il faisait des passages sur un bateau et connaissait plusieurs langues étrangères. Elle parle aussi de la Baltique. Mme Arnaud poursuit ses investigations: les seuls bateaux qui font le passage entre Amsterdam et la Baltique partent de Lübeck. Elle y contacte le consulat de France et l'Armée du salut. Ils retrouvent la trace de Jean-Michel, lui demandent l'autorisation de donner son adresse. Il refuse, mais accepte de leur écrire. Les parents répondent, lui affirmant qu'ils ne lui en veulent pas. « Bien sûr, j'avais eu envie de rentrer. Mais je voulais aussi tenir le plus longtemps possible », dit-il. Cela devenait de plus en plus difficile: il est alors dans des problèmes de drogue jusqu'au cou, obligé de « se débrouiller » pour pouvoir se payer ses doses. Il écrit à nouveau, donnant une adresse et un numéro de téléphone. Et c'est le premier appel, le premier contact depuis sept ans.

« Ma vision du monde a changé »

Il accepte de les revoir, mais pas chez eux. Les parents envoient l'argent pour le voyage. Ils décident de se retrouver dans les Landes, sur le quai de la gare. Il est venu avec sa petite amie allemande, Steffi. « Il n'avait pas beaucoup changé: les cheveux longs, assez maigre. On a été heureux. » Ils ne peuvent rien dire de plus, sont encore au-delà des mots. Pendant une semaine, ils restent ensemble. « Cela a été formidable. » Mais Jean-Michel repart. « La semaine s'était bien passée, raconte-t-il, mais on ne parlait pas beaucoup. On ne savait pas trop quoi se dire. Il s'était passé pas mal de trucs : mes grands-parents étaient morts, et la famille m'avait presque reproché d'avoir tué mon grand-père de chagrin. Mon oncle, surtout : depuis cette histoire, il ne parle plus à mes parents qui ont pris mon parti. Que je reparte a sûrement été dur pour eux, ils pensaient que je resterais. Mais ils étaient déjà contents que je sois entier. »

Il a quand même le temps de s'apercevoir que ses parents ont changé. « Ils voyaient les gens autrement, les choses autrement, n'avaient plus d'*a priori* sur la dégaine des gens. Mon père est aux *Restos du cœur*. Avant, je ne l'aurais pas trop senti dans ces trucs-là. » L'aventure leur a fait du bien ? Il rit : « Peut-être, oui. » Sans aller jusque-là, eux aussi constatent l'ouverture à laquelle la souffrance les a poussés. « J'ai dû beaucoup aller dans les milieux SDF voir s'il n'y était pas. C'est sûr que ma vision du monde a changé », confie Mme Arnaud. « Il y a des gens qui nous disaient : "Des ingrats comme ça, c'est pas la peine de les revoir", ajoute le père. Ce sont eux que nous n'avons pas revus. »

Un jour de 1992, Jean-Michel rappelle. Là-bas, la situation se dégrade nettement. Il a des problèmes avec la justice allemande, a l'interdiction de quitter la ville, ce qu'il devient justement urgent de faire. « Viens me chercher. » Le père saute dans sa voiture, monte jusqu'à Lübeck, embarque son fils, à qui le voyage du retour paraît long : « On ne savait pas trop quoi se dire. Et puis je n'avais plus rien : le deuxième jour, je commençais à être stressé. »

Cette fois, il est de retour pour de bon. Pour ses parents, c'est à la fois le soulagement et la crainte. « On n'avait pas l'impression qu'il était chez lui. À la maison, il nous demandait la permission pour aller dans sa chambre, pour monter au grenier voir ses affaires. Il disait "chez nous" en parlant de Lübeck. Au début, on n'a pas osé poser de questions. Après, on n'a plus eu envie de le faire. » Lui a d'autres problèmes. « Les premiers jours, je n'avais plus rien, plus de contacts, ça a été très dur. Je me suis fait un cocktail détonant, et je me suis retrouvé aux urgences. Mon père est venu, et je pense qu'il a compris. Mais il ne m'en a jamais reparlé. » Il fait une cure à Rennes, dans un centre baptisé « L'Envol ». « Ça a été dur de ne pas replonger. J'ai été pris en charge pendant un an par un curé du Jura qui aidait à la réinsertion des taulards et des toxicos. Chez lui, pendant un an, c'était bien. Moi qui n'aimais pas les curés... Depuis, j'ai connu quelques dérapages, mais pas grand-chose. » Les parents (pudeur ? ignorance ?) évoqueront la possibilité pendant notre entretien que leur enfant ait touché à la drogue, mais sans l'affirmer avec certitude. « Les gens me manquaient, poursuit Jean-Michel. Ici, je ne connaissais plus personne. En dix ans, ça bouge, il fallait réapprendre à avoir des horaires, à se lever le matin. Ce n'est pas facile quand on ne vit que la nuit. »

Il ne sait pas très bien ce qu'il veut. Son père propose de lui acheter un petit appartement : il accepte, mais quand c'est fait ne veut pas y habiter, et ce sont aujourd'hui des locataires qui l'occupent. En revanche, il demande s'il peut habiter la maison de campagne, où il vit encore aujourd'hui avec sa compagne. Il a retrouvé un travail dans l'industrie pharmaceutique.

Le dialogue renaît difficilement : « On avait très peur de le vexer, de dire un mot de trop et qu'il reparte. Maintenant, on se voit toutes les semaines. Mais nous n'irons jamais chez lui à l'improviste. » Lui a mis des distances dès son retour. « On ne se voit pas de trop : j'ai voulu ça comme ça. Quand je suis revenu, c'était repas à la maison tous les dimanches, alors j'ai mis le holà. C'était bien, mais qu'on vive notre vie à nous. » Pourtant, il aimerait bien briser ce silence : « Moi, j'aimerais bien parler de ma fuite avec eux. Mais ils ne me demandent jamais rien. » Eux, de leur côté, persistent : « On n'ose pas. » La compagne actuelle de Jean-François confirme : « Tes parents sont rassurés sans l'être. Il y a encore beaucoup de non-dits dans la famille. Ta mère a peur de parler de certains sujets, toujours peur que tu ne t'emballes, que la discussion ne tourne mal. Je sers un peu d'intermédiaire. » La situation est-elle frustrante ? « Finalement, pas tant que ça », explique la mère. La frustration vient pour le père d'un côté plutôt inattendu : « J'aimerais bien connaître la vie d'aventurier qu'il a eue. Moi aussi, j'aurais voulu partir. J'avais même eu un plan pour aller avec un ami chercher des diamants en Afrique. Mais je n'ai pas pu le faire à cause de ma grand-mère, qui était alors très malade. »

Des deux côtés, la rancune est gommée : « On lui en a peut-être voulu les tout premiers jours. Mais ça n'a vraiment pas duré. On l'a accueilli comme s'il était parti la veille », dit la mère. « Je me dis que lui aussi doit nous en vouloir. Ça fait match nul », ajoute le père. Jean-Michel s'est-il senti coupable ? « Un peu, mais c'était fait. Je sais pourtant maintenant qu'ils en ont vraiment bavé. » « Un jour, il nous a dit : "Vous en avez bavé, mais moi aussi j'en ai bavé", dit le père. S'il ne se plaint pas de son côté, pourquoi le ferions-nous ? » « Partir, c'est facile. C'est revenir qui est difficile », conclut la mère. D'Allemagne, il avait ramené un chat, Béru[1]. Les parents, qui n'en avaient jamais eu, l'ont gardé. Quand Béru a été empoisonné par un voisin malveillant, ils ont pris un autre chat, eux qui avaient toujours refusé d'en avoir un. Dans le salon, il y a encore son portrait, peint d'après photo.

« On a eu sept ans pour se poser des questions, et on n'a toujours pas les réponses. On se dit : est-ce qu'on a trop insisté sur l'école ? On ne le saura jamais. On sait juste que ce qu'on a fait n'était pas bon. Mais l'inverse ? Ça aurait peut-être été pire. À un moment, il faut arrêter de penser parce qu'on se prend la tête et que ça ne sert à rien. »

Ils éprouvent un sentiment de privilège face aux parents qu'ils ont rencontrés en s'inscrivant à « Disparition espoir ». « Devant eux, nous sommes presque gênés

1. En hommage aux *Berurier noirs*, pas à l'inspecteur Alexandre-Benoît.

d'évoquer notre joie, alors qu'ils vivent encore cette horreur. » Rien n'est pourtant oublié, et la peur du départ toujours là. « On vient de vivre une période pas marrante avec son changement de boulot. On ne sait jamais comment il va réagir. On a toujours peur qu'il ne reparte. » Lui jure qu'il ne le fera plus, ou du moins plus comme ça : « J'aime toujours bouger, mais je ne repartirai pas. L'âge aussi, ça calme. Je voulais le faire une fois, et une fois suffit. Il y a des gens sur la route dont personne ne sait comment ils vont finir. Et puis je ne referais pas le coup à mes parents. Si je repartais, je donnerais des nouvelles. Ça serait trop dur, ils ne le supporteraient pas une seconde fois. »

Claude et ses fils

Qu'elles sont dures, ces retrouvailles ! Qu'elles font peur, et qu'elles sont souhaitées pourtant, même par ceux qui sont partis. Je ne m'attendais guère à trouver chez eux cette nostalgie du passé, cette curiosité envers ce qu'ils ont laissé, parfois saccagé, cette avidité à évoquer la vie sur laquelle ils pensaient avoir mis une croix. Ils sont pourtant nombreux à les ressentir.

Sur 400 personnes retrouvées pour *Perdu de vue* et à qui elle a proposé de renouer avec leur passé, Patricia Fagué n'a essuyé que de très rares refus. Même muré dans son secret, Jean-François[1] le séropositif se laisse parfois aller à rêver de revoir sa mère. « Je n'ose pas, et je ne le souhaite pas encore. Mais j'ai peur d'en avoir envie quand ce sera trop tard, et de le regretter à jamais. » « C'est une pensée que l'on a souvent, explique Michel Lenoble[2]. Je me surprends souvent à en rêver, à m'imaginer des scénarios rocambolesques où je croise ma famille dans la rue, ils me tombent dans les bras, enfin tout… Et, dans le fond, je n'en ai

1. Voir chapitre 7.
2. Voir chapitre 6.

pas envie. Je ne suis pas parti pour rien. » On a vu aussi bien un SDF que le docteur Martin[1] tenter de suivre leurs enfants à la trace. Ils sont sans doute plus nombreux qu'on ne le croit, ces parents indignes venus épier en étrangers les enfants qu'ils ont reniés. On ne se coupe pas ainsi de ses premières années, surtout si, ce qui est souvent le cas, on ne retrouve pas ailleurs l'équilibre voulu.

Pourtant, ils osent rarement faire le premier pas. Il y faut des événements extérieurs, une sollicitation, un hasard parfois arrangé. Ou une aventure pour le moins inattendue, comme celle d'André Roulez.

Après une rupture totale avec sa famille, il prend le train pour Paris sans rien dire à personne, et y restera vingt-six ans. Un jour, ayant besoin d'une fiche d'état civil pour se faire établir un passeport, il écrit à sa Belgique natale, et apprend… qu'il est enterré depuis un quart de siècle. Il rentrera s'incliner sur sa tombe, dont on ne sait toujours pas qui elle abrite. Sa femme et une de ses cousines avaient formellement reconnu comme le sien un corps repêché dans la Meuse six mois après son départ. Du coup, il en profitera pour renouer avec quelques-uns de ses frères.

Le retour pose aussi la grande question de savoir qui doit changer. Celui qui rentre n'est jamais le même que celui qui est parti. Usé par les galères, mûri par la solitude, rendu humble par la douleur ou au contraire arrogant, repentant ou convaincu d'avoir eu raison, le disparu doit recommencer une vie commune qu'il a déjà une fois jetée aux orties. « On ne peut pas redémarrer une relation après une disparition ou une fugue comme si rien ne s'était passé. Je crois, sans tomber dans la phraséologie chrétienne, que c'est à ce moment-là que le pardon prend tout son sens, explique Pierre Lassus. Il faut pouvoir aller au-delà de la rancune et reconstruire quelque chose. »

---

1. Voir chapitre 6.

Ce qu'a fait Élisabeth Auerbacher[1]. Après avoir retrouvé son mari, elle a décidé de prendre en compte ses valeurs à lui et de les intégrer à sa vie. Et c'est elle qui a changé et a accepté de quitter Paris pour aller vivre avec lui à la campagne.

Claude Tremblay[2] n'en est pas encore là, et ses enfants non plus, qui restent circonspects face à ce père qui leur (re)tombe du ciel après vingt-deux ans d'abandon. Mais il a tenté le coup. Un jour, il appelle ses beaux-parents, malgré le lourd passé qui les lie, et leur demande les coordonnées de ses enfants. Il téléphone. Pourquoi à ce moment-là ? « Mes enfants sont mes enfants, de même que je suis leur père. Ils ne me manquaient pas plus que ça, je serais malhonnête de dire le contraire. Mais l'idée me travaillait. Seulement, ce n'était pas le moment. Les rapports étaient trop tendus avec la famille. Là, il y a eu un déclenchement, peut-être lié à l'an 2000. J'étais dans un bar, seul. Je me suis senti prêt. »

Ce jour-là, le téléphone sonne chez Philippe, son fils aîné. Sa femme, qu'il n'a jamais vue, lui dit : « Je ne vous connais pas mais vos petits-enfants vous connaissent. » Plus tard, il parlera à Ludovic, son petit-fils de 10 ans. « On s'est très bien compris, raconte-t-il. Je lui ai dit : "Je suis ton grand-père", il m'a dit : "Ah, tu es Claude." Il y avait un chaînon manquant. »

Chez ses fils, c'est la surprise, mêlée de joie et d'appréhension. Les deux que j'ai rencontrés sont différents. Louis vit dans un appartement près du centre de Strasbourg. Il a l'air réservé, timide mais sincère, émotif. Les larmes eurent leur part dans notre entretien, qu'il a accepté sans hésitation bien que son père ne l'en ait pas prévenu. David habite dans une banlieue de Colmar, avec son amie. Chez lui, tout est parfaitement rangé. Peu de livres, une vision du monde que l'on devine très pragmatique, très matérielle, ce que confirmeront ses réponses où s'exprimeront un souci froid d'analyse et une volonté

1. Voir chapitre 6.
2. *Ibid.*

de brider l'émotion. Lui avait été prévenu par son père et s'était sans doute préparé à notre rencontre. C'est lui qui a souhaité que le nom de la famille soit dissimulé sous un pseudonyme.

« Mon père a appelé au bon moment, raconte Louis. Mon fils venait de naître. Sans lui, je ne pense pas que j'aurais répondu à son appel. »

David a d'abord voulu parler avec lui au téléphone. « J'ai rappelé. Pendant une heure, on a parlé de choses et d'autres, de ce qu'on était devenus, sans aborder ce qui pouvait fâcher. Je n'ai pas voulu, par pudeur, lui poser tellement de questions personnelles, sinon pour savoir s'il avait voulu refaire sa vie en nous quittant. »

Tirer les questions au clair

Le premier rendez-vous aura lieu chez Louis. Ils en attendent tous des résultats différents. « Je n'espérais plus le revoir, dit Louis. Depuis la naissance de mon fils Adrien, j'ai commencé à voir les choses différemment. J'ai surtout essayé de voir ce que mon père pouvait encore lui apporter. »

David est plus rationnel : « Je n'avais rien à perdre à ces retrouvailles, peut-être tout à gagner, mais je n'en savais rien. Je n'avais pas peur. J'étais même curieux de rencontrer cette personne. Je ne me suis pas jeté dans ses bras, je ne lui ai pas fait de reproches. Son retour peut être embarrassant comme plaisant, je ne sais pas encore. Je ne voudrais pas qu'il soit envahissant. »

Le premier contact est forcément tendu : ils se disent bonjour, se regardent. Les gestes sont mesurés, encore lourds de l'absence. Le non-dit pèse : sont-ils venus pour régler des comptes ? « Le père a été clair. "J'ai prévenu : je répondrai à toutes les questions que vous me poserez. Mais je n'ai pas de culpabilité. Ma démarche est claire : vous êtes mes enfants, je suis votre père. Je viens vous voir par filiation, pas pour régler le passé." On a parlé de généralités, en préservant une certaine pudeur. » « J'ai très peu posé de questions, poursuit Louis. J'ai mis Adrien dans ses bras et ça m'a fait du bien. Je ne sais si ça a été émouvant pour lui. Pour moi, oui. Je souhaitais pouvoir dire à Adrien : "Voilà ton grand-père." Mais la question reste là, rendue encore plus crue par la présence d'Adrien : comment a-t-il pu faire pour abandonner ses enfants ? » David est, là encore, plus exigeant : « Il faudra un jour qu'on tire les questions au clair. Mais je ne le vois pas nécessairement pour cela. Laissons faire les choses : il faut que ça se décante. Si ça se trouve, dans six mois, je voudrais tout lâcher. » La conversation reste amicale. « Ça a dû être plus éprouvant pour lui que pour nous, constate David. Il a vu qu'on était normaux (rires), qu'on a bien évolué. Nous ne sommes ni truands, ni voleurs, ni drogués. » Louis est plus tendu : « Avais-je besoin d'évacuer de la rancune ? Je ne sais d'ailleurs pas si c'est de la rancune. Un besoin d'explications, oui, mais ce qui est passé est passé. Je n'essaie pas de rebâtir quelque chose. Quoi qu'il ait fait, je ne pense plus que ce soit un monstre alors qu'à une époque j'aurais pu le croire : quand il ratait nos anniversaires, ne se renseignait pas sur ce qu'on devenait, nos examens, nos problèmes. Je crois qu'il avait peur de notre jugement. Venait-il demander un pardon ? »

Claude avoue, de son côté, son inquiétude : « Avec la vie que j'ai vécue, je ne m'en sors pas trop mal. Mais il y a des choses qu'ils ne soupçonnent pas dans mon passé. Est-ce que je pourrais tout leur dire ? Je ne sais pas. Je suis prêt à tout. Mais je ne voudrais pas avoir à leur expliquer des choses qu'ils ne comprendraient pas. »

Qu'a-t-il été ? La question les taraude tous. Louis est « prêt à assumer son passé quel qu'il soit ». David s'inquiète plus : « Je pensais qu'il avait refait sa vie, qu'il avait tourné la page. À l'entendre, il semblerait que non. Il y a des étapes dans sa vie, donc fatalement dans la mienne, que j'aimerais bien qu'on m'explique. Il a par exemple un besoin permanent d'affirmer qu'il connaît des gens bien : j'ai le sentiment que si quelqu'un essaie tout le temps de se justifier, c'est quelque part qu'il a tort. J'ai envie de lui demander: "Est-ce que tu ne voulais pas entrer en contact avec tes enfants parce que eux n'étaient pas intéressants?" Mais avoir des réponses maintenant ne changera de toute façon plus grand-chose. Il est parti au début de ma vie, et après, une dynamique a disparu. Je me sentirai peut-être rassuré, mais ce n'est pas un besoin réel. J'ai d'autres interrogations aujourd'hui que je considère comme plus importantes. Ce serait sévère de dire: "Pourquoi ne pas continuer comme on a fait avant?" Mais pourquoi pas, dans le fond? »

Car renouer n'est pas oublier. « Il est toujours là, et il est loin d'être con. J'ai été impressionné quand il a parlé de sa dignité. Il se cultive énormément, alors qu'il n'a pas eu de professions à responsabilités. Il y a encore beaucoup de positif en lui. Mais je ne le sens pas s'orienter vers des projets à long terme. Je le trouve trop mobile, évoluant par coups de tête vers une instabilité familiale et géographique. »

Et déjà un premier jugement, plus dur chez David que chez son frère: « Ce qui m'a choqué, c'est que dans sa situation actuelle il se contente de ce qu'il a. C'est quelqu'un qui aurait pu bien faire, qui a une culture bien bâtie. J'ai été déçu de voir qu'il aurait pu refaire sa vie et qu'il ne l'a pas fait. »

La méfiance n'est pas loin. « Je ne voudrais pas que la situation se retourne contre moi et qu'il m'appelle pour me demander de l'aide. Je ne sais pas si je pourrais. Lui ne s'est pas posé la question pendant vingt-deux ans. Ce n'est pas de la rancune, mais on ne peut pas non plus tout effacer. Il n'était pas là pendant mon épanouissement. Quand il nous dit que chaque personne a sa dignité, je me dis que la vraie dignité commence par celle de ses enfants. À aucun moment il ne s'est soucié de nous. Si demain il nous demandait de l'aide, je trouverais ça fort déplacé. » Il répète le mot: « Oui, déplacé. Sa démarche, je la cherche. Moi, dans tout ce que j'entreprends, il y a une finalité. Pour l'instant, je ne suis pas méfiant, mais je suis comme un enfant : si un jour on me ment, je ne fais plus confiance. Et lui m'a menti. Alors, s'il devait maintenant se contredire, je stopperais tout. »

Et après ? « Si ces rencontres n'aboutissaient pas, je ne sais pas. Peut-être qu'on essaierait autre chose, peut-être pas. J'y vais avec beaucoup de pragmatisme et de prudence. J'attends que lui nous avoue réellement quelles sont ses raisons. Aujourd'hui, il ne m'a toujours rien dit. » David s'oppose encore à une grande réunion familiale, qui lui semble vaine, alors que son frère serait prêt à dire oui. « Certaines choses ont été trop loin. Je pense que ce n'est pas souhaitable. »

Claude est au contraire ravi, émerveillé par la réussite de ses enfants, et c'est anxieux qu'il quête chez l'observateur la même impression : « Vous aussi, vous avez trouvé qu'ils me ressemblent ? » Le sourire se teinte d'une fierté tardive. « Ma chance, c'est que mes enfants ont réussi. Vous l'avez vu, hein ? » Il y revient plusieurs fois, les passe en revue : « Philippe, vous avez vu, il vient de faire un doctorat d'arts plastiques et il tire des photos sur bois, enfin un truc incroyable ! Philippe, ça va être le plus difficile à avoir, mais ça sera le plus intéressant. J'ai été dans des galères, mais j'ai donné naissance à ça : c'est quand même bien. David, il gagne au moins 20 000 francs par mois. Louis, il est entre les deux. Il a quand même un bon boulot, il a une femme bien, ils sont heureux. Je suis très heureux que ça leur arrive. J'ai une philosophie : je pense que le plus important, c'est eux, pas moi. Mes enfants ont réalisé ce que je n'ai pas pu faire. Professionnellement et familialement, c'est une réussite incroyable. De ce côté-là, je ne suis pas pareil, faut être conscient. Je suis fier d'eux, et pourtant je n'y suis pas pour grand-chose. Ils ont leur vie, ils se sont construits. J'ai répondu présent, c'est tout. C'était un lien à renouer, et les enfants sont prêts pour ça. Même s'il y a eu des problèmes, faut pas le nier. Mais ce qui compte, c'est l'avenir, pas le passé. »

« De toute façon, ils ont pas à me faire la guerre. Je les aimais quand ils étaient petits, et ils le savent, même si c'est flou. Y a eu un problème après, mais ils savent bien que j'étais pas un bourreau. David m'a dit : "As-tu un projet ?" Non. Mon premier projet, c'est de survivre, d'être normal. "Je vais me mettre dans le coin, à vingt kilomètres de chez vous, et puis vous saurez que je suis dans le coin. C'est ça mon projet." On ne remplacera jamais ces années perdues. »

Un détail en dit sans doute plus long que bien des discours sur ces retrouvailles : Claude, quand il raconte, ne cesse de dire : « Ils m'ont dit : "Papa, ci, papa, ça." » Quand on demande à ses fils, ils affirment l'avoir appelé par son prénom ou avoir évité de prononcer un nom. Mais Papa ? « Je ne sais pas si un jour je pourrai », pense David.

Christine et son père

Après avoir retrouvé son père, Christine Herp[1] s'apercevra elle aussi de la difficulté qu'il y a à renouer. Elle s'adresse à *Perdu de vue*, qui accepte de s'occuper de son dossier à condition que son frère, qu'elle n'a pas vu depuis neuf ans et avec qui elle renoue à l'occasion, et sa sœur s'associent à sa démarche. Patricia Fagué est chargée de son dossier et réussit à retrouver le père. Robert Murcia accepte de revoir ses enfants, mais refuse de participer à l'émission. Les producteurs lui communiquent quand même leur adresse.

Le premier contact a lieu en février. Christine appelle le foyer d'émigrés dans lequel il vit. Le directeur le lui passe. « Je lui ai dit "Papa", c'est tout. Ça a été à la fois très dur et très émouvant. » Ils se rappellent en novembre, mais ne se reverront que le 17 décembre. Cela fait vingt-six ans que Robert les a quittés.

1. Voir chapitre 6.

La rencontre a lieu dans un bar, près de chez lui. Ils ont décidé de passer le week-end ensemble. Les trois enfants viennent par le train, des trains différents, et arrivent les uns après les autres : Christine la première, puis sa sœur, enfin son frère. Trois fois de suite, le père se lèvera, leur dira : « C'est moi », affrontera les regards parfois simplement curieux, parfois plus agressifs. « C'est lui qui attendait le jugement : c'est lui qui avait fauté. » Ils mangent ensemble, passent l'après-midi ensemble. La nuit, ils vont à l'hôtel, puis retournent le voir le dimanche.

Une demi-heure avant de prendre le train pour y aller, Christine n'était pas encore sûre qu'elle allait le faire. Elle est venue avec sa fille. Lui est vêtu de cuir, il est petit, il a plus de 60 ans, « Sur les photos, j'avais vu un Méditerranéen ténébreux. Ce n'était plus vraiment ça. Quand je l'ai vu, j'y suis allée à reculons en me disant : "Non, ça ne peut pas être lui." Ça n'a pas été l'effusion, la romance du genre : "Papa, je suis ta fille, on va boire un coup." Tout le monde était bloqué, on ne savait pas quoi dire. On a dû parler de nous, de nous maintenant, pas de nous avant. De nous, mais pas ensemble, parce qu'on n'avait plus rien en commun. Après, on a attendu les autres. Il était très mal à l'aise : ça, plus sa déchéance physique qui commençait à se voir… » Imaginait-elle ce qu'il avait pu devenir ? « Je savais surtout ce qu'il n'était pas devenu. »

Les vraies questions sont venues assez vite. « C'est marrant : je ne me souviens plus des réponses, sans doute parce que je n'avais pas très envie de les entendre. » Elle dissipe très vite une peur qui la tenaille. « Je ne voulais pas qu'il ait fait d'autres enfants. Il a été très franc, dès que les questions sont venues, mais son histoire a été vite résumée. En fait, je voulais juste savoir s'il savait qui nous étions, ce que nous étions devenus, si nous avions compté pour lui. Et je voulais que l'on reprenne là. Après, je ne savais pas trop. On ne peut pas réinventer l'absence. »

La rencontre ne laissera pas les mêmes traces chez tous les enfants. Le frère rompra tout de suite. La sœur restera plus hésitante, ne fermant pas totalement la porte, mais ne faisant guère que l'entrouvrir. Christine ira jusqu'au bout.

Ils se revoient. Robert vient chez sa fille, ils vont même tous les deux à Toulon pour y revoir la mère de Christine, rencontre qui se passera fort mal. Cette dernière, avec qui la jeune femme avoue n'avoir que des rapports superficiels, refuse de comprendre les motivations de sa fille. « Moi, je ne lui en avais pas parlé. Seule ma sœur l'a fait, quand *Perdu de vue* lui a demandé de s'associer à mes recherches. C'est ma mère qui m'a appelée après, me demandant agressivement : "Tu cherches quoi ?" »

Robert se prend au jeu, regoûte à l'affection de cette fille oubliée pendant vingt-six ans. Ils se mettent à s'écrire. Dans ses lettres, il lui raconte tout, espérant regagner ainsi une confiance qu'il sent encore hésitante et détruisant par là même ce qu'il voulait construire. L'impudeur de sa correspondance effraie sa fille. « Il était très lourd, n'avait pas compris ma démarche. Il me demandait trop de choses, m'en confiait que je n'avais pas envie d'entendre : le passé, c'était le passé, et je ne voulais pas tout savoir. Il allait même jusqu'à me parler de ses relations avec ma mère. Là, j'ai dit "stop". Je ne voulais pas savoir. Même adulte, je reste leur enfant. »

Il appelle chez elle, lui reproche de ne pas être là. Elle est obligée d'être cruelle : « Tu ne t'es pas occupé de moi pendant vingt-six ans, je ne vais pas attendre à côté du téléphone que tu appelles. »

« Ça devenait trop pesant. Je n'arrivais pas à m'en défaire, mes enfants me voyaient perturbée. Quand une lettre de lui arrivait, avec son écriture très reconnaissable, ma fille venait me voir et me demandait toujours : "Ça va ?" Elle n'avait d'ailleurs pas très envie de le voir à cause de ça. Il n'y avait en fait pas de place pour lui dans ma vie. »

En 1995, elle décide de rompre à son tour. Elle lui envoie une dernière lettre : « J'arrête, je fais un break. »

« Je ne regrettais pas du tout ce que j'avais fait, mais ça ne pouvait plus continuer comme cela. »

Il prend très mal cette nouvelle rupture. L'assistante sociale rappelle Christine. Il se sent très mal, affirme ne plus penser qu'à elle. « Quel privilège ! » dit-elle ironiquement. Il l'accuse : « Finalement, tu fais comme moi. » Elle s'interroge : « Je cherchais des points communs entre lui et moi. Est-ce qu'on reproduit toujours ce qu'on a subi ? » Pourtant, elle s'insurge : « La comparaison me semble injuste. »

Fin 1997, elle apprend qu'il est très malade – une pathologie ORL très grave, sans doute un cancer – et reprend contact. Mais Robert Murcia n'est plus que l'ombre de lui-même. Quand je l'ai rencontré, en juin 2000, notre discussion n'a pu durer qu'une demi-heure tant il était fatigué. Un tuyau lui sortait du ventre. Si intellectuellement il comprenait parfaitement ce que je lui disais, il pouvait à peine parler à cause d'une récente opération et s'épuisait très vite. Quelles relations peut-il encore avoir avec sa fille ?

« Je ne pouvais pas laisser crever mon père tout seul, mais je n'aurais pas cru honnête de lui tenir la main jusqu'au bout. Je sais qu'il a repris contact avec ma sœur. Moi, je ne pouvais plus. »

Elle veut pourtant réussir une dernière chose : sa mort. « Je ne laisserai personne d'autre le faire à ma place. C'est devenu notre histoire. Je vais décider avec lui comment les funérailles se passeront, j'en assumerai le coût financier. Et ceux qui voudraient éventuellement revenir, ma mère, mon frère (avec qui il a eu des histoires qu'il ne m'appartient pas de juger) ne me remplaceront pas auprès de lui. Peut-être que l'assistante sociale aura raison finalement, peut-être que ce sera une histoire qui se finira bien. »

Retrouvera-t-elle la paix ? Elle a fait un pas dans sa direction. « Ces retrouvailles m'ont apaisée. Je suis moins perturbée malgré la dureté de ce qui s'est dit. Maintenant, je sais ce qu'il est, ce qu'il a fait, je peux juger par moi-même. Je sais qu'il m'a modelée, même par son absence. Je suis mère avant tout, extrêmement possessive. J'ai trois enfants à moi, je garde ceux des autres comme nounou. Avec mon mari, nous sommes surtout un couple de parents. Je le lui dois sans doute. »

Trente ans après...

Nicole Vernes[1] a elle aussi vécu les joies, puis les difficultés des retrouvailles, dont elle n'était d'ailleurs pas à l'origine : l'initiative est venue de son fils, qu'elle avait abandonné entre les mains de sa belle-mère. Elle reçoit un jour une lettre de Berlin, où il fait son service militaire. S'ensuit une correspondance sporadique, qui s'arrête. Cherchant à savoir ce qu'il est devenu, elle fait appeler chez son ex-mari par une amie. On lui répond qu'il est au Havre. Elle pense à une petite amie, essaie de le chercher mais sans succès : sans doute son téléphone, s'il en a un, est-il au nom de l'amie.

Puis arrive un appel de *Perdu de vue* : son fils la recherche. Elle est stupéfaite (cela fait quatre ans qu'elle n'a plus de nouvelles), mais accepte tout de suite le principe des retrouvailles. Elle se rend dans les bureaux de Montparnasse, où l'émission se fabrique. Les producteurs la reçoivent gentiment. Mais il y a un problème, car elle les informe que son mari refuse catégoriquement qu'elle participe. « Il était formel. Je le leur ai dit : je ne pouvais pas casser un ménage de trois enfants pour un enfant. » La veille, enfin, ils consentent à ce qu'elle vienne récupérer son fils après l'émission, un samedi vers 11 heures du soir.

La rencontre a donc lieu. Elle a très peur. « Je ne l'avais pas vu depuis vingt ans. Que pouvait-il penser de moi ? Qu'est-ce que c'est qu'une mère qui abandonne son enfant ? Son jugement me terrifiait. »

---

1. Voir chapitre 6.

L'un des producteurs de l'émission le lui présente. « Je ne l'aurais pas reconnu. J'essayais de l'imaginer, d'autant qu'il m'avait envoyé des photos lors de son service militaire, mais je n'y arrivais pas. » Ils vont prendre un verre : le contact se renoue immédiatement. Mais toutes les conversations sont basées sur sa vie actuelle, pas sur leur passé... Les non-dits sont assourdissants. « Il ne m'a rien demandé. J'ai pris les devants pour lui expliquer. Je crois qu'il en avait besoin. » De son côté, elle n'osera jamais lui demander pourquoi il l'a recherchée. Elle apprend que c'est sa belle-fille qui a fait la démarche, mais pourquoi ? Et pourquoi à ce moment-là ? « Si je le lui demande, il pensera que j'ai une mauvaise pensée, que je ne voulais pas qu'il me retrouve. »

Après l'émission, elle le ramène chez elle. Il y restera trois mois. Sa femme repartira, lui restera. C'est une redécouverte lente, souvent inaboutie. « C'était un peu spécial d'être seule avec lui. Je ne le connaissais pas beaucoup, c'était difficile de se dire ce qu'on pensait vraiment. Il ne m'a jamais rien reproché, mais je n'ai jamais vraiment su ce qu'il pensait. » Elle n'attend surtout pas de retrouver son ancienne famille. L'idée même la fait ricaner : « Revoir mon mari à travers lui ? Pas question, pas un idiot pareil. Je n'aurais eu que des méchancetés à lui dire. »

Autour d'eux, sa nouvelle famille ne comprend pas très bien. Son mari surtout renâcle. « Je me demande s'il n'était pas jaloux. Il trouvait que mon fils me collait. C'est vrai qu'il me suivait partout. Il avait un besoin perpétuel de dire "maman". Pour mon mari, c'était trop d'un coup, alors que mes autres enfants, à qui j'avais toujours dit qu'ils avaient un frère ailleurs, l'acceptaient sans problème. Mais pour mon mari, mon passé avant lui ne devait pas exister. » Du coup, elle voit peu sa petite-fille, qui a 7 ans au moment des retrouvailles. « Je la verrais sans doute plus s'il n'y avait pas ce blocage de mon mari. »

Blocage qui ira très loin. La personnalité du fils et celle de sa compagne heurtent le mari. Ils vivent tous deux de travaux intérimaires. Quand ils viennent, ils demeurent à domicile, parlent de rester plus longtemps et de s'installer dans la région. Elle cherche dans les journaux s'il n'y aurait pas du travail dans le coin. Lors d'un de leurs séjours, c'est l'incident : le mari refuse de continuer à prendre ses repas avec eux. Nicole doit choisir à nouveau entre, d'un côté, son ménage et ses trois enfants et, de l'autre, ce fils abandonné et retrouvé. Elle choisit « pour mes enfants ; mon mari, je l'aime bien, mais je suis surtout une mère ». Elle raccompagne son fils à la gare, après lui avoir expliqué la situation. Mais il ne comprend pas et lui fait une lettre extrêmement dure. « Je suis encore déchirée : il ne veut pas le voir, ou il n'y arrive pas. » Sa belle-fille téléphone parfois, mais elle s'en moque : ce qu'elle veut entendre, c'est la voix de son fils. « Je lui ai laissé des messages lui disant que parfois les gens s'éloignent mais que ce n'est pas pour autant qu'on ne les aime pas. »

Pour l'an 2000, elle recevra pourtant une carte de vœux, avec un petit mot gentil et un numéro de téléphone. Elle rappellera. « Je n'envisage pas de ne plus le voir : on a besoin l'un de l'autre. Un enfant a besoin de ses parents. Je n'ai pas été une mère pour lui, je ne peux l'être que maintenant et ce n'est pas facile. Je ne peux pas tout faire comme je le voudrais. »

L'homme aux trois familles

Éric Robert sait aujourd'hui qui il est, même s'il peine encore à l'expliquer. « J'ai trois familles, mais c'est pas pareil. » En 1980, il a 16 ans, vit à Pouru-Saint-Rémy avec sa mère, son beau-père, M. Van de Voorde, et leurs six enfants ; il ignore qui est son père, qui a disparu juste après sa naissance, et s'ennuie. « Je me sentais toujours mis de côté, délaissé par rapport à mes demi-frères, toujours dans mon coin. » Il est seul à s'appeler Robert, et le comprend mal[1]. Pour la troisième fois (les deux premières, il a été rattrapé et ramené chez lui), il fugue. Cette fois, il passe la frontière et se retrouve en Belgique. « Je voulais partir à l'aventure et qu'on ne me retrouve jamais. » L'accent est rocailleux, l'élocution lente, comme si chaque mot ne sortait qu'avec prudence, une fois qu'il est bien sûr de ce qu'il veut dire.

Là-bas, il se fait appeler Éric Van der Woolden, mais insiste sur le fait qu'il a gardé son prénom. Il travaille un peu. Un soir, les gendarmes belges l'arrêtent. Ils l'ont reconnu, lui disent-ils. Ils vont l'amener à ses parents. Lui se contente de répondre « oui » à tout ce qu'on lui demande, et rit aujourd'hui comme d'un bon tour de cette ruse enfantine. « J'ai tout dit au hasard. » Car il comprend vite qu'on le prend pour un autre, un certain Freddy Toulouse, qui a disparu il y a déjà dix-huit mois à Estinnes-sur-Mont, une bourgade un peu dans l'intérieur des terres belges. Freddy avait les cheveux et les yeux de la même couleur que les siens et, coup de patte du destin, la même petite cicatrice sur une bosse frontale. Quand il dit, autre coïncidence, que le nom de son père commence par P et finit par E, et que les gendarmes vérifient que le prénom de M. Toulouse est Pierre, ils sont certains d'avoir retrouvé le garçon et décident de le ramener chez lui.

« Il est entré. J'ai dit: "Viens m'embrasser", alors il s'est mis à pleurer. » Visage émacié surmonté d'une casquette, dévoré par une grosse moustache, M. Toulouse s'exprime avec difficulté. À ses côtés, sa femme, ronde et blonde, cherche aussi ses mots. Tous deux tournent autour du mystère, n'arrivant pas à l'expliquer : non, ils n'ont pas vu qu'Éric n'était pas leur fils. « La police a dit que c'était notre fils. Pourquoi ils se tromperaient ? » tente d'expliquer la mère. « Il faisait des gestes comme

1. Cette histoire et toutes les citations sont tirées des *Trois Familles d'Éric Robert*, un documentaire de Mireille Dumas et Dominique Colonna, qui a également, sans en être crédité, inspiré le meilleur film d'Agnieszka Holland: *Olivier, Olivier*.

Freddy, tortillait ses cheveux comme lui. Il avait l'air de connaître la maison. » « Après vingt mois, ça nous a fait un choc. On était tellement heureux de l'avoir retrouvé », se souvient le père. Éric rencontre ses dix frères et sœurs. Lui-même est stupéfait : « Je n'y avais pas pensé. J'avais peur. J'ai dit "papa" et "maman" pour leur faire plaisir. J'avais l'impression d'avoir trouvé mon père. »

Il surveille les autres, trouve vite ses marques, d'autant plus facilement qu'on ne lui demande pas grand-chose. « Je me sentais bien. C'était pas pareil que chez mes parents. On s'occupait plus de moi. Je m'entendais surtout bien avec le père. Je ne pensais plus à mes parents. Pour moi, c'étaient les Toulouse. » Dans sa tête, tout ne se mêle pas trop. « J'étais Éric et Freddy en même temps. Je jouais Freddy pour les autres, mais je savais que j'étais Éric. Quand j'étais Freddy, j'étais plus heureux que quand j'étais Éric. »

L'amour vient troubler cette harmonie. Il s'éprend de Claudine, sa « sœur », et lui avoue la vérité. Elle jure de ne rien dire. Ils deviennent amants. Mais la jeune fille vit mal la situation et ce qu'elle implique pour les autres. « Je pouvais pas vivre avec mon frère. » Éric pense à fuguer avec elle, mais elle trouve un nouveau petit ami, Marco. Alors, Éric part. « Je l'aimais toujours, moi. »

Il rentre chez lui, où il raconte qu'il a travaillé dans le port d'Anvers. Il y restera huit jours. « Il était heureux de nous retrouver, raconte sa mère. On a pleuré tous les deux. » Mais il repart quand même. Pendant cette semaine, il a aussi revu sa grand-mère. Elle lui donne l'adresse de son vrai père, qui habite Sedan. « Je ne savais pas qu'elle le connaissait. Je ne savais pas qu'il était en vie. » La mère, qui l'apprendra par l'équipe de Mireille Dumas, ne comprendra pas le geste de la grand-mère. « On ne communique pas beaucoup. Elle ne me l'a pas dit. »

Alors Éric part chez son père, le vrai, celui qui l'a abandonné à la naissance. M. Robert s'est remarié, a huit enfants. Il raconte cette première rencontre avec ce fils qu'il n'a jamais vu. « Il m'a dit "bonjour", quoi.

Je lui ai dit (il bredouille un peu), je lui ai demandé pourquoi il avait fugué. » Avait-il envie de le revoir ? « Non. Je supposais qu'il était bien là où il était, avec sa mère. » Mais il l'accueille. Éric s'installe. « Au début, j'avais que ma mère comme famille. Maintenant, j'avais trois pères. J'étais un peu perdu. » Il est pourtant content en le racontant, parce qu'il a touché à la fin de sa quête. « Je m'appelle Robert, donc mon père s'appelle Robert. »

Il pense pourtant beaucoup aux Toulouse, leur téléphone. Et un jour, il revient. Là, un grain de sable vient rouiller la mécanique. « Il avait changé, il était plus fin, raconte M. Toulouse. C'est là que j'ai commencé à douter. Mais je n'ai pas osé poser de questions. Je voulais continuer à le croire. » Éric aussi sent un malaise grandissant. « J'avais l'impression de mentir. Je ne pouvais plus être Freddy. Je voulais dire la vérité. J'avais retrouvé mon vrai père. » Alors il avoue, provoquant stupeur, révolte, indignation chez les Toulouse. La police s'en mêle. Il est arrêté et condamné à un mois de prison pour faux et usage de faux. Pourtant, au tribunal, M. Toulouse tente de le défendre : « Pourquoi en vouloir à Éric ? On lui a tendu une perche, il l'a prise. Il était bien ici. Pour nous, c'était Freddy. Je me trompe encore, des fois je dis Freddy. » De prison, il écrit aux Toulouse : « Je vous écris cette lettre car je comprends que je vous ai mis en tristesse. J'espère que je vous retrouverai. J'ai été très heureux avec vous. » Le drame vient mettre un point ultime à l'histoire. L'enquête sur la disparition de Freddy est rouverte, et le corps de l'enfant retrouvé : il avait été assassiné par un voisin en mai 1978.

Aujourd'hui, Éric s'est réconcilié avec les Toulouse. Il voit encore beaucoup son père, avec qui il s'entend bien et avec qui il s'est découvert en commun un don qui ne trompe pas : pouvoir faire tenir n'importe quoi en équilibre sur son nez. Il voit encore sa mère, ne semble pas avoir grand-chose de plus à lui dire.

L'explication de cette ahurissante histoire ? Sans doute l'incapacité fondamentale à communiquer que révèlent tous les protagonistes. La mère d'Éric n'a jamais jugé bon de lui parler de son père, lequel n'a de son côté jamais pensé ensuite à expliquer à son fils retrouvé ce qui avait pu l'amener à disparaître. Chez les Toulouse, après la première apparition de Freddy, « on n'a plus eu de conversation ». M. Robert n'a jamais parlé non plus de cette étrange substitution. « C'était une drôle d'histoire, se contente-t-il de constater. Éric était adoptif pour tout le monde. On lui a jamais parlé de ce qu'il avait fait. »

Chacun semble, devant la caméra, découvrir les problèmes de l'autre, se contentant d'avouer son incompréhension, sans exagérer ni l'introspection ni la remise en cause. « Il se faisait des idées », affirme la mère, qui avouera quand même à la fin : « Cette histoire-là m'angoisse. Je me sens un peu responsable de ne pas lui avoir dit la vérité. » L'équipe de Mireille Dumas a réuni pour l'image la mère et le fils, dont on sent qu'ils parlent pour la première fois de tout cela. Et le dialogue tourne vite court, d'hésitations en questions mal posées, tué dans l'œuf par des années de non-dit. Mais au moins Éric Robert sait-il aujourd'hui comment et pourquoi il s'appelle Éric Robert.

[illegible] de la [illegible] a été fait.

Chacun peut bien avoir [illegible] un cas [illegible] lorsque [illegible] [illegible] [illegible] [illegible] [illegible] son incompréhension [illegible] [illegible] [illegible] [illegible] [illegible] [illegible] [illegible] [illegible] [illegible] [illegible] [illegible] [illegible] [illegible] à la fin [illegible] [illegible] [illegible] [illegible] [illegible] [illegible] [illegible] [illegible] [illegible] [illegible] [illegible] avec [illegible] [illegible] [illegible] [illegible] [illegible] [illegible] [illegible] [illegible] pour [illegible] la [illegible] [illegible] [illegible] [illegible] [illegible] [illegible] [illegible] [illegible] [illegible] etc. [illegible].

Conclusion

Peut-on conclure ce livre ? Sans doute pas, car ce serait mettre un point définitif à des destins qui se définissent justement par ce qu'ils ont d'inachevé, par ce devenir possible qui s'exprime autant dans l'attente atroce des parents que dans l'envie de revenir du disparu.

Des histoires de disparus, il y en a d'autres, qui ne sont souvent que des répétitions de celles ici racontées. Toutes, à des niveaux divers, narrent la même impossible conquête du bonheur. À de très rares exceptions près, la disparition n'amène qu'un supplément de malheur : malheur intolérable de ceux qui restent et souffrent sans comprendre, malheur souvent répété du disparu, qui laisse très rarement derrière lui l'angoisse qui l'a poussé à fuir.

Et pourtant, peut-on condamner cette démarche éternelle, l'accabler sous les accusations souvent méritées de lâcheté, d'égoïsme ? Sans doute pas, car elle est aussi l'expression d'une volonté plus forte que tout, d'une envie de dire « non » au désespoir, l'un de ces multiples ressorts sans lesquels la machine humaine ne serait justement qu'une machine. Faut-il ne la jauger qu'à ses souvent tristes résultats ? Pas uniquement.

Au terme de ce voyage, et même après en avoir constaté les ravages, comment ne pas être convaincu aussi qu'il y a quelque chose de fascinant, de profondément émouvant, d'intensément vivant dans cette grande illusion que se sauver, c'est aussi se sauver ?

Post-scriptum

L'écriture de ce livre a pris dix-huit mois. Au moment de le conclure, j'ai voulu savoir ce qu'il en était de ceux que j'avais rencontrés.

Chapitre 2

Le juge qui s'occupe de l'affaire Lenotre a décidé de refermer le dossier. La famille a fait appel.

Mme Belloir n'a toujours pas de nouvelles de Fabrice. Elle a beaucoup attendu d'une courte séquence d'un *52 sur la une* diffusé en juin 2000 et consacré aux disparitions, mais rien n'a suivi.

La femme de M. Barbey a été retrouvée noyée dans une rivière le 14 mai, soit six mois après sa disparition, qui avait eu lieu le 6 décembre, et sans que l'on puisse déterminer s'il s'agit d'un accident ou d'un suicide. M. Barbey continue de militer à « Disparition espoir », dont il est devenu trésorier.

Cécile Vallin et Tatiana Andujar n'ont toujours pas donné signe de vie.

Chapitre 4

M. Arnoult dirige toujours « Disparition espoir ». Il n'y a rien de nouveau concernant sa fille.

Philippe Bastien et Frédéric François continuent d'animer « SOS recherche personnes disparues », mais l'absence de sponsors les inquiète de plus en plus pour l'avenir.

Chapitre 5

Alain Gouby est toujours sous contrôle judiciaire, mais n'est plus soumis qu'à devoir aller signer une fois par mois au commissariat, ce qui lui permet de reprendre une activité professionnelle, même si elle est « calme ». Diane a passé le mois d'août avec sa mère, sans que le père en ait de nouvelles pendant ce temps. Mais elle vit toujours avec lui.

Reconnu par sa famille malgré son déguisement après son passage à *Ça se discute,* le docteur Martin a été arrêté.

Chapitre 6

Henri le papetier travaille toujours dans son foyer d'handicapés. Il n'a pas repris contact avec sa famille.

Jean-François n'a toujours pas recontacté sa mère. Mais il semble de plus en plus hésitant à l'idée de le faire. Sa maladie ne s'est pas aggravée, et il a recommencé à sortir.

François Sauveterre et Michel Lenoble n'ont pas réapparu.

Hugues Berg n'a pas retrouvé de nouvelle compagne.

Jean-Michel Arnaud et ses parents continuent de se voir.

Claude Tremblay s'est rapproché de ses fils en s'installant à Strasbourg et garde le contact avec eux.

Remerciements

Je tiens bien évidemment à remercier tous les disparus et toutes les familles de disparus qui ont bien voulu me faire confiance. Je ne les renommerai pas ici : ils se reconnaîtront. Ceux qui ne sont pas dans ce livre et à qui j'ai pris du temps voudront bien m'en excuser : il n'était pas possible d'y faire figurer tout le monde.

Je remercie également ceux qui m'ont fait profiter de leur savoir : Régis Airault, Dominique Camus, Jean-Marie Abgrall, Édouard Zarifian, Claude Halmos, François Rivière, Jean Geney, Jacky Choisel, Christophe Dumazer, Patricia Fagué, le colonel Peron, Jean-Dominique Merchet, Anne-Sylvie Pharabod, Philippe Kieffer, Alain Dubois, Sylvie Noachovitch, Pierre Lassus, Jean-Louis Brassat et les éducateurs du centre de la Croix-Nivert, les associations « Disparition espoir » et « SOS recherche personnes disparues ». Un merci particulier à Michel Auffret, Daniel Beaucher et tous les membres de la Brigade d'enquête sur les atteintes à la personne, qui ne m'ont jamais repoussé.

Enfin, pour leur aide à un titre ou à un autre, je remercie Odile Abgrall, Audrey Dauman, Jean-Paul Bossuat, Mireille Dumas, Hervé Claude, Ségolène Rivoire et Gilles Bornstein de *Ça se discute*, Nadine Bonhotal.

Et, comme d'habitude, Françoise, qui fut la première lectrice de ce livre, comme elle l'a été de tous les autres.

BIBLIOGRAPHIE

Il n'existe que deux livres récents sur les disparitions. L'un est essentiellement pratique, l'autre aborde surtout les disparitions d'enfants :

Patricia Fagué, *Disparus ? Comment les retrouver*, Marabout, 1998.

Jacques Mazeau, *Enquête sur les disparitions*, Favre, 1999.

Les autres ouvrages cités abordent de façon connexe le thème des disparitions et m'ont servi pour rédiger divers passages de ce livre :

Jean-Marie ABGRALL, *La Mécanique des sectes*, Payot, 1996.

Régis AIRAULT, *Fous de l'Inde*, Payot, 2000.

AMNESTY INTERNATIONAL, *Les Disparus : enquête sur une nouvelle technique de répression*, Éd. du Seuil, 1981.

Dominique CAMUS, *Voyage au pays du magique*, Flammarion, 1994.

François CHOBEAUX, *Les Nomades du vide*, Actes Sud, 1996.

Marie DARRIEUSSECQ, *Naissance des fantômes*, POL, 1998.

Alain DUBOIS, *Service des disparitions*, Vauvenargues, 1998.

Dashiell HAMMETT, *Le Faucon de Malte*, Gallimard, 1930.

Pierre LASSUS, *L'Enfance sacrifiée*, Albin Michel, 1997.

Sylvie NOACHOVITCH et Claude ALEXIS, *L'Avocate et le Voyant*, Michel Lafon, 2000.

Armelle OGER, *Et si l'on changeait de vie*, Lattès, 2000.
Jacques PRADEL et Jean-Marie PERTHUIS, *Perdu de vue*, Lattès, 1992.
Jacques PRADEL et Jean-Marie PERTHUIS, *Perdu de vue 2*, Lattès, 1995.
François RIVIÈRE, *Agatha Christie, duchesse de la mort*, Le Masque, 2001.

Articles

J. ARVEILLER, « Le voyage automatique », *Évolution psychiatrique*, 1996.
Dominique BAUMAN-PAUVAREL et Christian MEJEAN, « Les fugues, un problème de distance », *Gérontologie*, 1993.
Denis BOURGEOIS, Aneta SKULSKA et Patrick ANDRIANASOLO, « À propos des circulaires de signalement de patients psychiatriques », *Psychologie médicale*, 1994.
COLLECTIF, « Autour du voyage pathologique », *Annales médicopsychologiques*, 1993.
V. DEBRAY, « Voyage pathologique », *Psynergie*, 1993.
C. PASQUET et C. SICOT, « Une fugue en hiver à 94 ans... Discussion clinique », *Concours médical*, 1995.
Anne-Sylvie PHARABOD, "Perdu de vue", ethnographie d'un *reality-show* », *Cinéma, rites et mythes contemporains*, École pratique des hautes études, Sciences religieuses, 1993.

Table

6795

Composition Chesteroc International Graphics
Achevé d'imprimer en France (Manchecourt)
par Maury-Eurolivres
le 11 juin 2003.
Dépôt légal juin 2003. ISBN 2-290-33188-0

Éditions J'ai lu
84, rue de Grenelle, 75007 Paris
Diffusion France et étranger : Flammarion